Niedersachsen in alten Karten

Niedersachsen in alten Karten

Heiko Leerhoff

Niedersachsen in alten Karten

Eine Auswahl von Karten des 16. bis 18. Jahrhunderts
aus den niedersächsischen Staatsarchiven

1985

KARL WACHHOLTZ VERLAG NEUMÜNSTER

Umschlag: Ausschnitt aus der Karte von Burg und Flecken Oldersum.
Um 1580 (Gesamtaufnahme: siehe Nr. 48)

Vorderes Vorsatzblatt: Karte der Herrschaft Plesse.
1582 (Ausschnitt: siehe Nr. 11)

Hinteres Vorsatzblatt: Ausschnitt aus Blatt Stade
der Kurhannoverschen Landesaufnahme.
1764–1786 (vgl. Nr. 71)

ISBN 3 529 05109 8

Alle Rechte, auch die des auszugsweisen Nachdrucks,
der fotomechanischen Wiedergabe und der Übersetzung, vorbehalten
Karl Wachholtz Verlag, Neumünster

Schutzumschlagentwurf: Ingrid Thern-Steinhaus
Satz und Druck: Karl Wachholtz Verlag, Neumünster und Niedersächsisches Landesverwaltungsamt - Landesvermessung - Hannover
Fotos: Niedersächsisches Staatsarchiv Bückeburg; Nr. 49: O. Hoppe, Braunschweig
Skizzen und Umzeichnungen: Erwin Raeth, Kiel
Reproduktionen: Repro-Technik, Kiel
Einband: Alster Buchbinderei, Hamburg

Zum Geleit

Dieser Band gibt aus den reichen Beständen der niedersächsischen Staatsarchive die schönsten und instruktivsten handgezeichneten Karten des sechzehnten bis achtzehnten Jahrhunderts wieder. Jede Karte ist für sich ein besonderes Werk, manche gar ein Kunstwerk. Es wird dem Betrachter hohen ästhetischen Genuß bereiten, sich die Vielfalt und Feinheit älterer niedersächsischer Kartographie bis ins Detail im Bild vergegenwärtigen zu können.

Der Betrachter muß zugleich Leser sein, wenn er die Karten ganz verstehen will; denn jede Karte steht in einem historischen Zusammenhang. Jede hat eine Entstehungsgeschichte und erfüllte zu ihrer Zeit einen Zweck. Der Autor hat unter Mitarbeit einiger seiner Kollegen diese Zusammenhänge, soweit es ging, entschlüsselt und in seinem Erläuterungstext dargeboten. Der Leser gewinnt bei der Lektüre oft tiefe Einblicke in größere oder kleinere Vorgänge und Begebenheiten der niedersächsischen Geschichte.

Dank des Mitwirkens der niedersächsischen Landesvermessung eröffnet sich dem Leser und Betrachter des Bandes schließlich noch eine dritte Dimension. Die in den Erläuterungstext häufig eingefügten Kartenausschnitte und -skizzen geben in der Regel den gegenwärtigen Zustand der auf dem alten farbigen Kartenbild dargestellten Kulturlandschaft wieder, sinnfällig kann sich der Betrachter also überraschende Kontinuitäten, etwa im Baubestand oder im Wegenetz, oder auch extreme Diskontinuitäten vor Augen führen. Er kann so Beharrung wie historischen Wandel in unserem Kulturraum über mehrere Jahrhunderte hinweg regelrecht wahrnehmen. Es gibt nur wenige Dinge, die das Geschichtsbewußtsein, das die Landesregierung fortzubilden bemüht ist, in so wirkungsvoller Weise fördern können.

Ich danke allen, die an dem Werk beteiligt waren, insbesondere dem Autor. Ich freue mich über die enge und fruchtbare Zusammenarbeit zwischen der niedersächsischen Landesvermessung und der Archivverwaltung, ohne die der Band nicht sein Aussehen gewonnen und seinen Informationsgehalt erlangt hätte. Ich beglückwünsche den Verlag zu seiner Publikation und wünsche dem Buch eine weite Verbreitung.

Niedersächsischer Ministerpräsident

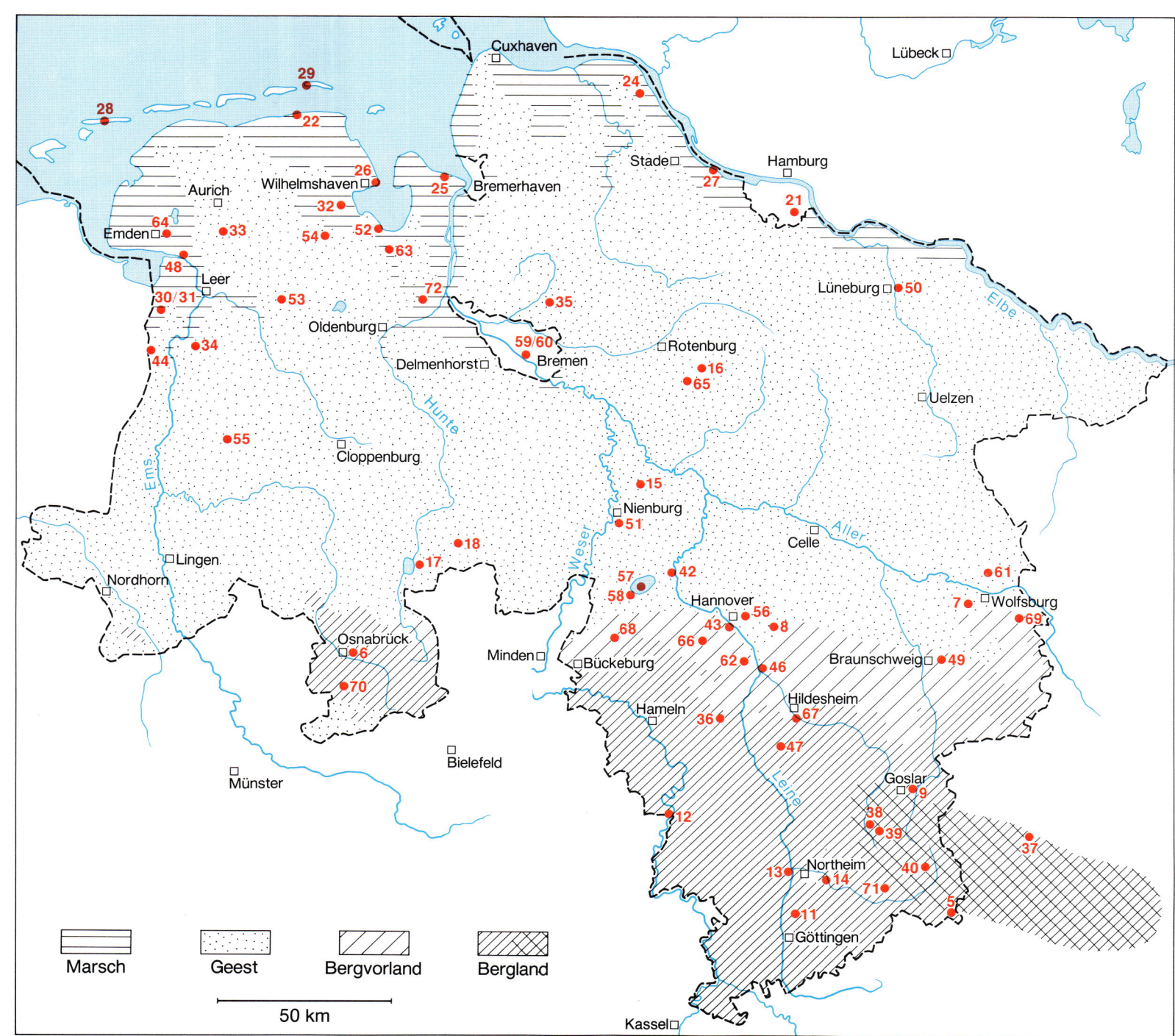

● = Mittelpunkt bzw. Hauptort der reproduzierten Karte. (Nicht eingetragen sind die großräumigen Karten Nr. 1–4, 10, 19, 20, 23, 41 und 45)

Inhaltsübersicht

	Seite
Vorwort	9

Frühe Übersichtskarten ... 11
1. Karte des Herzogtums Braunschweig-Lüneburg. 1590 ... 12
2. Karte von Ostfriesland. 1595 ... 15
3. Karte von Ostfriesland. 1595 (1634/35) ... 16
4. Karte der Grafschaft Oldenburg. Um 1648 ... 19
5. Karte des Stifts Walkenried. 1672 ... 20
6. Karte des Freigerichts Mündrup bei Osnabrück. 1581 ... 23
7. Ämteratlas des Fürstentums Lüneburg: Blatt Fallersleben. Um 1600 (1678/79) ... 24
8. Karte des Amtes Koldingen. 1698 ... 27

Grenz- und Prozeßkarten ... 29
9. Karte des nördlichen Harzes bei Goslar. Um 1530 ... 30
10. Grenze zwischen dem Stift Münster und der Grafschaft Lingen. 1564 ... 33
11. Karte der Herrschaft Plesse. 1582 ... 34
12. Grenze zwischen dem Stift Corvey und dem Amt Polle. 1586 ... 37
13. Ansicht des Klosters Höckelheim und seiner Gemarkung. Ende 16. Jh. ... 38
14. Das Rhumetal zwischen Katlenburg und Elvershausen. Um 1649 ... 41
15. Karte des Dorfes Anderten bei Rethem/Aller. 1573 ... 42
16. Abriß des Dorfes Rosebruch bei Rotenburg/Wümme. 1572 ... 45
17. Der westliche Grenzbereich der Grafschaft Diepholz. Ende 16. Jh. ... 46
18. Grenze des Amtes Auburg. Ende 16. Jh. ... 49
19. Chorographia der Hildesheimischen Stiftsfehde. 1591 ... 50
20. Karte der Elbe von Geesthacht bis zur Mündung. Um 1569 ... 55
21. Karte der Elbniederung bei Harburg. Um 1620 ... 56
22. Karte von der „Goldenen Linie". Grenzvergleich zwischen Oldenburg und Ostfriesland. 1667 ... 59

Küstenschutz und Landgewinnung ... 61
23. Karte der Unterweser und des Jadebusens. Nach 1615 ... 62
24. Karte mit Prospekt des Wischhafener Deichbaus. 1720 ... 65
25. Abriß von den Beerbraken bei Tettens. 1721 ... 66
26. Plan zur Verstärkung der Deiche um das Dauensfeld. 1743 ... 69
27. Plan von der Lage des Elbdeiches im Alten Land. 1752 ... 70
28. Bericht über eine Bereisung der Insel Juist. 1715 ... 73
29. Karte vom Westteil der Insel Wangerooge. 1782 ... 74
30. Abriß des Augenscheins von Bunderneuland. 1610 ... 77
31. Karte von Bunderneuland. Nach 1628 ... 78
32. Atlas der alten und neuen Groden im Amt Neuenburg. 1635 ... 81

Moorkolonisation, Forstwesen, Bergbau ... 83
33. Karte von Lübbertsfehn bei Aurich. 1704 ... 84
34. Abriß von der Fehnsiedlung Papenburg. 1. Hälfte 18. Jh. ... 87
35. Generalkarte der Moore zwischen Bremen und Bremervörde. 1755 ... 88
36. Karte des Elzer Stadtwaldes. 1739 (1781) ... 91
37. Atlas der Unteren Forsten im Fürstentum Blankenburg. 1732 ... 92
38. Kupferstich der Bergstädte Wildemann, Lautenthal und Grund. 1606 ... 95
39. Atlas der Wasserableitungsstollen zwischen Wildemann und Zellerfeld. 1675 ... 96
40. Seigerriß der Gruben Samson und Catharina Neufang in St. Andreasberg. 1727 ... 99

Wege und Wasserstraßen ... 101
41. Reise- und Wegekarte von Hannover nach Kassel und Hildesheim. 1722 ... 102
42. Skizze zur Ausbesserung einiger Straßen im Amt Neustadt/Rbge. Vor 1770 ... 105
43. Die Chaussee von Hannover nach Hameln. 1780 ... 106
44. Projekt eines Schiffahrtskanals von der Ems zur Aa im Groninger Land. 1587 ... 109
45. Skizze zu einem Kanalprojekt zwischen Oker und Bode. 1575 ... 110
46. Karte von der Zerstörung der Uferbefestigung bei Ruthe an der Leine. 1677 ... 113

Burgen, Festungen, Städte, Dörfer ... 115
47. Burg, Dorf und Gemarkung von Wrisbergholzen bei Alfeld. 1589 ... 116
48. Burg und Flecken Oldersum bei Emden. Um 1580 ... 119
49. Klappriß des Braunschweiger Burgplatzes und der näheren Umgebung. Um 1600 ... 120
50. Abriß der Landwehren um Lüneburg. 1576 ... 123
51. Karte der Stadt Nienburg an der Weser. 1634 ... 124
52. Plan der Festung Christiansburg bei Varel. Vor 1694 ... 127
53. Perspektivische Ansicht der Festung Apen. Nach 1730 ... 128
54. Ansicht und Grundriß des Schlosses Neuenburg. 1712 ... 131
55. Karte des Jagdschlosses Clemenswerth im Hümmling. 1804 ... 132
56. Plan für eine neue Befestigung der Stadt Hannover. Um 1740 ... 135
57. Plan von der Festung Wilhelmstein im Steinhuder Meer. Um 1767 ... 136
58. Plan vom „Wilhelmsteiner Feld" am Steinhuder Meer. Um 1775 ... 139
59. Grundriß von der Altstadt Bremen mit dem kurhannoverschen Grundbesitz. 1750 ... 140
60. Grund- und Aufriß vom Dekanathof („Eschenhof") in Bremen. 1750 ... 143
61. Wiederaufbauplan des Rundlingsdorfes Hoitlingen (nördlich von Wolfsburg). 1767 ... 144
62. Grundriß der vom Brand zerstörten Stadt Pattensen. 1733 ... 147

Flurkarten und Landesvermessungen ... 149
63. Neues Vorwerk Jade mit den Ländereien auf dem Warp. Vor 1644 ... 150
64. Spezialkarte der Gemarkung Uphusen bei Emden. 1669–1673 ... 153
65. Zehntkarte des Dorfes Wittorf bei Rotenburg/Wümme. 1754 ... 154
66. Zehntkarte der Wüstungsgemarkung Steder im Calenberger Land. 1764 ... 157
67. Karte der Feldmark von Marienburg bei Hildesheim. 1723 ... 158
68. Schaumburg-lippische Landesvermessung: Ämter Stadthagen und Hagenburg. 1754 ... 161
69. Braunschweigische Landesvermessung: Feldriß von Groß Twülpstedt. 1758 ... 162
70. Osnabrücker Landesvermessung: Gemarkung des Dorfes Oesede bei Osnabrück. 1787 ... 165
71. Kurhannoversche Landesaufnahme: Blatt Herzberg. 1785 ... 166
72. Oldenburgische Landesvermessung: Vogtei Moorriem an der Unterweser. 1797 ... 169

Ausgewählte allgemeine Literatur ... 171

Nähere Angaben und Literatur zu den einzelnen Karten ... 171

Vorwort

Der vorliegende Kartenbildband stellt eine Reihe von Altkarten ganz besonderer Art vor, die heute in den Archiven verwahrt werden und nur wenig bekannt sind. Sie heben sich deutlich von den bekannteren gedruckten Karten, den Holzschnitten und Stichen ab, die teils als Einzelblätter, teils als Atlanten von Bibliotheken, Museen und privaten Liebhabern gesammelt werden und von denen einzelne Beispiele im ersten Kapitel wiedergegeben sind. In der Hauptsache aber geht es bei den folgenden Blättern um handgezeichnete, oft reizvoll kolorierte Einzelstücke, die in der Regel nicht für den Druck bestimmt waren und damit der breiteren Öffentlichkeit unzugänglich blieben.

Die Besonderheit der vorgestellten Karten und Pläne besteht darin, daß sie zumeist im Rahmen der staatlichen Verwaltung entstanden und im Laufe der Zeit – ebenso wie nicht mehr benötigte Urkunden und Akten – von den Behörden an die zuständigen Archive abgegeben worden sind. Für einen konkreten Einzelfall geschaffen, gehörten sie als Unterlagen oder Anlagen zu einem bestimmten Verwaltungsvorgang; oft sind sie erst im Archiv aus den dazugehörigen Akten herausgenommen und zur besseren Verwahrung in die Kartenabteilungen gebracht worden.

Im allgemeinen zeigen sie nur ein kleines Gebiet, zumeist in recht großem Maßstab. Sie beschränken sich häufig auf das für den Einzelfall Wesentliche: Auf Grenzkarten z. B. ist des öfteren nur die Grenzlinie mit Grenzzeichen wie Marksteinen, Pfählen, Landwehren und ähnlichem dargestellt – das umliegende Gebiet jedoch bleibt ausgespart. Zur Gruppe der Flurkarten läßt sich feststellen, daß auf ihnen zumeist nur die vermessenen Ackerflächen genau wiedergegeben werden; die Lage des Dorfes, der Gärten, Wiesen usw. ist nur summarisch eingetragen. Man kann also festhalten, daß es sich um thematische Karten für ganz bestimmte Zwecke handelt. Als Hilfsmittel von Verwaltung und Justiz führten sie ein verborgenes, oft von strengster Geheimhaltung umgebenes Dasein.

Auch heute noch zählen die Kartenabteilungen zu den wenig genutzten und erforschten Beständen in den Archiven. Abgesehen von dem besonderen Komplex der Landesvermessungen des 18. Jahrhunderts, gibt es bislang nur wenige Untersuchungen über die Entwicklung des Vermessungs- und Kartenwesens im niedersächsischen Raum. Herkunft, Ausbildung und Berufsmerkmale der Kartenhersteller und der Landmesser sowie die Entwicklung der Vermessungs- und Kartierungstechnik sind bis heute nur ungenügend geklärt. Auch Untersuchungen über den Einsatz der Karten für die verschiedenen Bereiche der staatlichen Verwaltung, wie sie Ernst Pitz für den Raum des Herzogtums Braunschweig durchgeführt hat, fehlen für die übrigen Territorien Niedersachsens.

Ganz allgemein läßt sich beobachten, daß im 16. Jahrhundert die Anfertigung von Karten für Verwaltung und Justiz sichtlich nur auf besondere Anlässe beschränkt war. So finden sich höchst beachtliche Karten in den Prozeßakten des Reichskammergerichtes, in denen es um Gebiets-, Grenz- oder Hoheitsstreitigkeiten ging. Mit der Intensivierung der landesherrlichen Verwaltungstätigkeit und der damit einhergehenden Ausweitung der Aufgabenbereiche des Staates nahm im Laufe des 17. und 18. Jahrhunderts dann auch die Verwendung von Karten stärker zu. Sie dienten unter anderem als Unterlagen für Deichbau und Landgewinnung, Moorkolonisation, Forstverwaltung und Bergbau, Kanal- und Wegebau, Militär- und Festungswesen, Neuanlage von abgebrannten Ortschaften und – nicht zuletzt – zur Erfassung abgabepflichtigen Grundbesitzes. Mit dem gesteigerten Einsatz der Karten wuchsen auch ihre Zuverlässigkeit und der Grad der Übereinstimmung mit dem dargestellten Objekt. Dies ging allerdings zum Teil auf Kosten der unmittelbaren Anschaulichkeit, denn das Kartenbild wurde zunehmend abstrakter, und es entstand eine eigene „Kartensprache". Ihren Höhepunkt erreichte die Vermessungs- und Kartierungstätigkeit für staatliche Zwecke in der 2. Hälfte des 18. Jahrhunderts. Es genügte nun nicht mehr, aus einem konkreten Anlaß einzelne Karten anfertigen zu lassen, vielmehr erschien es zweckmäßig, sich durch eine systematische Vermessung und Kartierung eines ganzen Territoriums ein umfassendes Kartenwerk zu schaffen, auf das man für die verschiedensten Zwecke jederzeit zurückgreifen konnte.

Bisher war von Karten nur als Dokumenten der staatlichen Verwaltung die Rede, die von dieser in Auftrag gegeben wurden und somit Aufschluß über ihre Tätigkeit geben. Unabhängig hiervon sind die Karten heute wichtige Quellen für ältere Landschafts-, Siedlungs- und Wirtschaftsverhältnisse. Diese Altkarten bewahren den Zustand vor den tiefgreifenden Veränderungen seit dem 19. Jahrhundert. Bei behutsamem methodischen Vorgehen ist es sogar möglich, mit Hilfe der alten Karten die Entwicklungsgeschichte der Kulturlandschaft bis ins Mittelalter zurückzuverfolgen.

Aus den umfangreichen Kartenbeständen der niedersächsischen Staatsarchive – allein das Hauptstaatsarchiv Hannover besitzt über 30 000 handgezeichnete Karten – kann in diesem Bildband nur eine kleine Auswahl vorgestellt werden. Trotz des Bemühens um einen charakteristischen Querschnitt mußte die Zusammenstellung angesichts der Fülle der Karten und der Vielzahl der möglichen Aspekte letztlich subjektiv bleiben. Zumeist wurde den bildhaft-anschaulichen Karten des 16. und 17. Jahrhunderts der Vorzug gegeben, da gerade diese frühen Karten den meisten Betrachtern reizvoll erscheinen dürften. Auf den hohen Quellenwert der Altkarten für historische, siedlungsgeographische und vermessungsgeschichtliche Fragestellungen wird bei der Erläuterung der einzelnen Karten eingegangen. Bewußt wurde von den wichtigsten Landesvermessungen im Raum des heutigen Niedersachsens ein charakteristisches Blatt in den Band aufgenommen.

Da die ausgewählten Karten im Original die unterschiedlichsten Maße und Formate aufweisen, erzwang ihre Wiedergabe in einem Buch mit einem festen, vorgegebenen Format bestimmte Kompromisse. Der größte Teil der Karten konnte zwar – ungeachtet gelegentlicher Randbeschneidungen – ganz wiedergegeben werden, ein Teil jedoch wird nur im Ausschnitt abgebildet, weil in der sonst notwendigen allzu starken Verkleinerung der Karteninhalt nicht ausreichend erkennbar gewesen wäre. Gerade auf eine genaue Wiedergabe und gute Lesbarkeit der Einzelheiten wurde besonderer Wert gelegt. Wo der Platz es zuließ, sind die nur ausschnittsweise reproduzierten Karten durch Gesamtaufnahmen in Schwarzweiß ergänzt worden.

Die vielen Stücken beigefügten Ausschnitte aus den modernen topographischen Karten sollen – wie auch die Skizzen – in erster Linie dem Betrachter bei der räumlichen Einordnung der Altkarten helfen. Um die Orientierung zu erleichtern, sind häufiger Pfeile für die Blickrichtung, Rechtecke für den wiedergegebenen Kartenausschnitt oder einzelne topographische Details aus den Altkarten in Rot auf den Beikarten eingetragen. Trotz ihres durchweg kleineren Maßstabes erlauben die Beikarten außerdem einen Vergleich zwischen Früherem und Heutigem. Dies gilt nicht nur im Hinblick auf kartographische Genauigkeit und unterschiedliche Seh- und Darstellungsweisen, sondern auch für die Problematik von Kontinuität und Wandel im Landschaftsbild.

Ausgangspunkt für den vorliegenden Kartenbildband war eine Ausstellung, die unter dem gleichen Titel vor einigen Jahren in den Staatsarchiven von Niedersachsen und Bremen gezeigt worden ist. Der größere Teil der damals ausgestellten Karten ist auch in diesen Band aufgenommen, einzelne Stücke sind aus technischen und thematischen Gründen gegen andere, teilweise erst kürzlich entdeckte Karten ausgetauscht worden. Den Kollegen, die an dieser Auswahl sowie an der sachlichen Erläuterung der Karten durch vielfältige Nachforschungen mitgewirkt haben, fühle ich mich zu großem Dank verpflichtet, wie auch jenen, die eigene Textbeiträge beigesteuert haben: Jürgen Asch (Nr. 8), Christine van den Heuvel (Nr. 6, 10, 16–18, 34, 36 und 55), Wilhelm Lührs (Nr. 59 und 60) und Norbert Steinau (Nr. 66). Der farbige Druck der topographischen Beikarten ist das Verdienst des Niedersächsischen Landesverwaltungsamtes – Landesvermessung –, dessen Mitarbeiter in stets zuvorkommender Weise auf meine Wünsche eingingen; ihnen gilt deshalb mein besonderer Dank.

Hannover, im Juli 1985   Heiko Leerhoff

Frühe Übersichtskarten

Nach der dürftigen Überlieferung zu schließen, haben im Mittelalter Karten – von der Seefahrt abgesehen – offensichtlich nur eine geringe praktische Bedeutung gehabt. Charakteristisch für diese Zeit erscheinen jene Karten, die – entsprechend dem damaligen Weltbild – die Erde von der Gestalt her als kreisförmige Scheibe, vom Thema her als Ort biblischen Heilsgeschehens zeigen. Als eines der schönsten Beispiele durfte die wohl Anfang des 14. Jahrhunderts in Niedersachsen entstandene, im Zweiten Weltkrieg leider vernichtete Ebstorfer Weltkarte gelten.

Mit der Renaissance begann eine neue, bedeutende Epoche in der Geschichte des Kartenwesens: Man entdeckte in dieser Zeit die Erde in ihrer ganzen Gestalt und in ihren Teilen gleichsam neu. Seit dem Ende des 15. Jahrhunderts schufen Gelehrte dank ihrer geographischen, astronomischen und mathematischen Kenntnisse und Erfahrungen mit zunehmender Genauigkeit Globen und Karten von der Erde sowie von einzelnen Erdteilen, Ländern und Territorien. In Form von Holzschnitten und Stichen trug die noch junge Druckkunst zu einer raschen Verbreitung dieser Karten bei. Schon bald nach der Mitte des 16. Jahrhunderts war das Kartenmaterial so reichhaltig, daß sich die Idee aufdrängte, es in Buchform in einem Atlas zusammenzufassen. Als erster hat Abraham Ortelius aus Antwerpen diese Idee konsequent in seinem erstmals 1570 erschienenen „Theatrum orbis terrarum" verwirklicht, das bis 1612 über vierzig – wiederholt erweiterte – Auflagen erlebte. Seinem Beispiel sind bald weitere, vornehmlich niederländische, Kartenverleger gefolgt.

Freilich verlief die Entwicklung im 16. Jahrhundert nicht gleichmäßig. Während es für einige Landschaften und Territorien schon früh recht genaue Übersichtskarten gibt, bildeten andere lange Zeit gewissermaßen weiße Flecken, auch wenn sie in groben Umrissen auf sehr großräumigen Karten, etwa von ganz Deutschland, mit enthalten sind. Hierzu zählen auch weite Gebiete des heutigen Niedersachsens. So bringt der Ortelius-Atlas erst 1590 eine, zudem recht mangelhafte, Karte des Herzogtums Braunschweig-Lüneburg (Nr. 1). Eine Sonderstellung nimmt die kleine Grafschaft Ostfriesland ein, für die aus der 2. Hälfte des 16. Jahrhunderts ein knappes Dutzend verschiedener Karten nachweisbar ist (siehe Nr. 2). Unter diesen ragt die bemerkenswert genaue Karte von Ubbo Emmius (Nr. 3), die bis zum Anfang des 19. Jahrhunderts immer wieder nachgedruckt worden ist, heraus. In ähnlicher Weise haben in den Jahrzehnten um 1600 andere Kartographen für die verschiedenen Territorien innerhalb des heutigen Landes Niedersachsen den dann jahrhundertelang gültigen Typus geschaffen, so J. Mellinger für das Fürstentum Lüneburg (1593; vgl. Nr. 7), C. Dauthendey für die südlichen welfischen Fürstentümer (1623) und J. Gigas für die Bistümer Osnabrück (1628) und Hildesheim (um 1630). Genauere Übersichtskarten, die diese älteren Territorialkarten verdrängen konnten, entstanden erst aufgrund der systematischen Landesvermessungen im 18. Jahrhundert.

Die Länder- oder Territorialkarten des 16. und 17. Jahrhunderts bieten einen allgemeinen Überblick, gewissermaßen eine Art „Generalinventar" des Staates. Sie zeigen die wichtigsten Gewässer, die Städte und Flecken, zahlreiche Dörfer und Adelssitze, den ungefähren Verlauf der Landesgrenzen sowie gelegentlich auch die Unterteilung des Landes in Verwaltungsbezirke. Derartige Übersichtskarten konnten besonders in großräumigen Territorien für Verwaltungszwecke allerdings nicht voll genügen. So hat Johann Mellinger nicht nur, wie erwähnt, eine kleinmaßstäbige Übersichtskarte vom Fürstentum Lüneburg herausgebracht, sondern kurz vor 1600 auch einen Ämteratlas dieses Territoriums (Nr. 7). Darin ist jedes einzelne lüneburgische Amt mit seinen Kirchspielen jeweils auf einem Einzelblatt dargestellt, so daß sich trotz der schematisierenden Zeichnung insgesamt ein recht zuverlässiger Überblick über die Verwaltungseinteilung auf der unteren Ebene ergibt.

Diesem Ämteratlas vergleichbar sind die Ämterkarten von Villiers, die gut hundert Jahre später im Kurfürstentum Hannover entstanden (vgl. Nr. 8). Genau dargestellt sind darauf nur die Grenzen; die Einzelheiten innerhalb der Ämter sind lediglich nach der ungefähren Lage eingetragen worden. So mochten diese Karten insbesondere für die landesherrliche Grenz- und Hoheitsverwaltung von Wert sein, als Vorläufer der kurhannoverschen Landesaufnahme wird man die Karten von Villiers aber nur sehr bedingt ansprechen können. Auch wenn es, wie Villiers selber zugab, bereits zu dieser Zeit durchaus möglich war, exakte Karten von größeren Gebieten anzufertigen, so war indessen die Bereitschaft für eine systematische Vermessung wegen des erforderlichen großen Aufwandes erst in der 2. Hälfte des 18. Jahrhunderts vorhanden (vgl. Nr. 68–72).

Nr. 1

Karte des Herzogtums Braunschweig-Lüneburg
Kupferstich aus A. Ortelius, Theatrum orbis terrarum. 1590

Der abgebildete Kupferstich darf als eine der ältesten Übersichtskarten welfischer Territorien gelten. Er beeindruckt durch den sauberen Stich, das klare Schriftbild und die ansprechende Kolorierung. Auf den ersten Blick scheint auch die Topographie gut getroffen. Das „Gerippe" der Karte bilden die größeren, ungefähr lagerichtig eingetragenen Flüsse: im Norden die Elbe, im Westen die Weser, im Landesinnern die Aller („Alre"), Leine („Gleyn"), Innerste und Oker („Uker" bzw. „Onara"). Doch bei näherem Hinsehen entdeckt man zahlreiche Fehler: entstellte Ortsnamen (z. B. „Ruerne" für Ruthe, „Schwarns" für Schwarmstedt, „Rußelen" für Essel), falsche Lage der Orte (Elze, knapp 20 km nördlich von Alfeld gelegen, ist hier südlich dieser Stadt zu finden; Schnackenburg ist von der Elbe an die Ohre verlegt). Auch entsprechen Größe und Charakter der Ortschaften nicht immer der Realität (das Städtchen Peine erscheint z. B. bedeutender als Hannover). Auch das Gewässernetz weist manche Fehler auf, so im Bereich der oberen Leine oder in der Lüneburger Heide. Hier liegen z. B. Walsrode („Walser hode") und Soltau nicht an der südwestlich gerichteten Böhme, sondern an der „Sauer" und an der zunächst nordwestlich fließenden „Lenza", beides erfundene Flüsse. Auffälligerweise fehlt ein so großes Gewässer wie das Steinhuder Meer. Der Harz ist nur in seinem West- und Südteil durch einzelne Hügel (in der sogen. „Maulwurfshügelmanier") angedeutet, dabei ist der Rammelsberg vor den Toren Goslars in den Südharz verlegt. Das Leine- und Weserbergland erscheint weder als bergiges noch als bewaldetes Gelände – dagegen sind in der Lüneburger Heide zahlreiche Wälder zu finden.

Selbst die Darstellung der Grenzen weist erhebliche Mängel auf, wie sich im Vergleich mit der Beikarte leicht erkennen läßt. Das Herzogtum Braunschweig-Lüneburg war im 16. Jh. unter den verschiedenen Linien des Welfenhauses in mehrere Fürstentümer aufgeteilt; die Karte zeigt der Grenzziehung und Kolorierung nach nur Lüneburg (rot) und Braunschweig (grün). Wichtige welfische Gebiete sind ausgeklammert: das zu Calenberg gehörige Fürstentum Göttingen, der größte Teil des bis 1596 selbständigen Fürstentums Grubenhagen sowie das Hannoversche Wendland. Auch bleibt unberücksichtigt, daß die Welfen 1582 bzw. 1585 die Grafschaften Hoya und Diepholz erworben hatten. Andererseits werden nicht-welfische Territorien, so das Hochstift Hildesheim und die Reichsstadt Goslar, gleichsam dem Fürstentum Braunschweig einverleibt.

Da es von anderen Territorien wesentlich zuverlässigere Karten aus jener Zeit gibt, ist zu vermuten, daß sich Ortelius von ortsfremden Kräften aufgrund recht unzureichender Unterlagen diese Karte zusammenstellen ließ, um – 20 Jahre nach der Erstauflage – endlich in der vierten Erweiterung seines Atlasses eine sichtlich vorhandene Lücke in der Reihe der Übersichtskarten deutscher Territorien zu schließen. Daher erscheint es nicht zufällig, daß dieses Blatt im Unterschied zu den meisten anderen Blättern keinen Autor nennt.

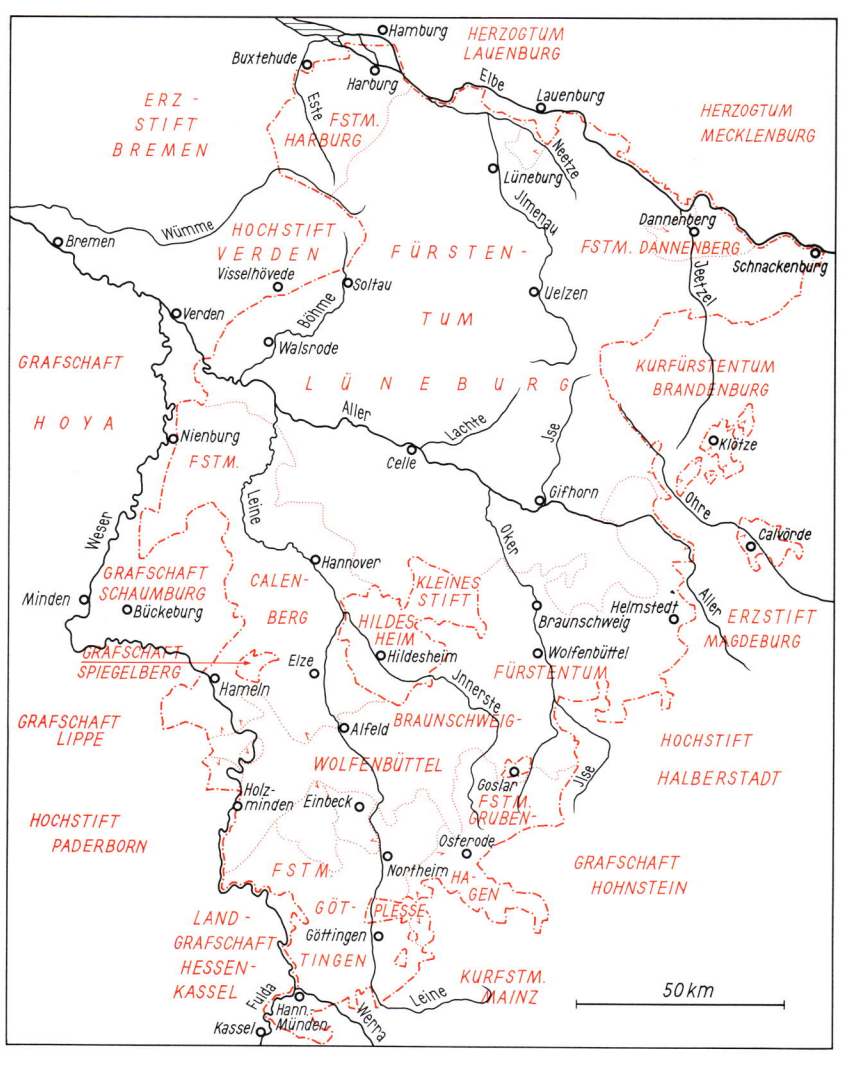

Die welfischen Territorien um 1580

Nr. 2

Karte von Ostfriesland

Von Johannes Florianus. Kupferstich aus A. Ortelius, Theatrum orbis terrarum. 1595

Von keinem der heute zu Niedersachsen gehörenden Territorien sind im 16. Jh. so viele verschiedene Übersichtskarten entstanden wie von Ostfriesland, von dem sich ein knappes Dutzend aus den Jahren 1564 bis 1595 nachweisen läßt. Hier macht sich die unmittelbare Nachbarschaft zu den Niederlanden bemerkbar, die in jener Zeit nicht nur in Schiffahrt und Handel, sondern auch in der Kartographie eine führende Rolle erlangten. Während der niederländischen Freiheitskämpfe hielt sich Ostfriesland neutral und wurde so Zufluchtsort vieler niederländischer Flüchtlinge. Darunter befanden sich zahlreiche Kaufleute, die unter neutraler Flagge ihren Handelsgeschäften weiter nachgehen konnten. In kurzer Zeit stieg Emden zu einer der größten Hafenstädte Europas auf, und die kleine Grafschaft Ostfriesland zog in jenen Jahren wiederholt die Blicke Europas auf sich. So nimmt es nicht wunder, daß sowohl in Kreisen der Gelehrten, wie auch in Politik und Wirtschaft das Bedürfnis nach kartographischen Darstellungen Ostfrieslands geweckt wurde und Kartenhersteller dem Rechnung zu tragen suchten.

Zu den niederländischen Glaubensflüchtlingen gehörte auch der Rektor der Lateinschule zu Antwerpen, Johannes Florianus (1522–1585). Von 1566 bis 1572 ist er als Rektor an der Lateinschule zu Norden und anschließend als Prediger in Pilsum (südwestlich von Greetsiel) nachweisbar. Spätestens 1582 in die Niederlande zurückgekehrt, fiel er 1585 in die Hände der Spanier und fand ein gewaltsames Ende. Seine Schriften verraten neben theologischen und literarischen auch geographische Interessen. So übersetzte er z. B. eine wichtige Quelle für die Kenntnis Nordafrikas, Leos 1550 publizierte „Beschreibung von Afrika", ins Lateinische, das damals, im Zeitalter des Humanismus, allgemein die Sprache der Gelehrten war.

Florianus ist der Autor der hier farbig abgebildeten Karte, die 1595 erstmals in den Atlas von Ortelius aufgenommen wurde. Bemerkenswert ist, daß es sich um eine zweite Fassung handelt. Denn schon 1579, in der zweiten Erweiterung seines Atlasses, hatte Ortelius eine Ostfrieslandkarte von Florianus gebracht. Diese mit manchen Mängeln behaftete Karte – z. B. war sie nicht nach Norden, sondern nach Nordwesten ausgerichtet – hat offensichtlich den Verfasser oder den Verleger so wenig befriedigt, daß sie 1595 durch eine vollständige Neufassung ersetzt wurde. Freilich, auch sie weist z. T. starke Verzeichnungen auf. Der Jadebusen ist bis zur Unkenntlichkeit entstellt; die Nordküste zu stark durch Buchten und Flußmündungen zerklüftet; die Inseln Borkum und Juist sind zu tief nach Süden verschoben. Die Ems ist überbreit und schematisch in glattem Bogen, ohne ihre natürlichen Windungen, dargestellt. Das südöstliche Landesinnere ist stark zusammengedrängt. Auffällig überdimensioniert – in der Breite fast um das Dreifache – ist die Westermarsch bei Norden. Dies ist umso erstaunlicher, als Florianus mehrere Jahre in Norden gelebt hat.

Die Ursache derartiger Unstimmigkeiten ist in den damaligen Kartierungsverfahren zu suchen. Zwar kannte man bereits verschiedene Vermessungsmethoden (z. B. Kreisschnittverfahren, Methode des Vorwärtseinschneidens, Bussolenzüge), die bei konsequenter Anwendung gute Ergebnisse erbrachten. Wegen des dazu erforderlichen erheblichen Aufwandes für Karten größerer Räume beschränkte man sich jedoch auf wenige Messungen und stützte sich im übrigen auf den Augenschein und die Entfernungsangaben und Lageschätzungen von Reisenden und anderen Gewährsleuten. Sofern vorhanden, zog man auch gern bereits vorhandene Karten zu Rate. So hat Florianus für die Darstellung des östlichen Ostfrieslands offensichtlich die 1579 in Antwerpen gedruckte Ostfrieslandkarte von Laurentius Michaelis benutzt und damit z. T. auch die starken Verzeichnungen der Michaelis-Karte mit übernommen.

Neben den beiden Figuren in altfriesischer Tracht (links unten) verdient vor allem die Beikarte Beachtung. Sie zeigt das Gebiet des Dollarts, eines Meereseinbruchs, der infolge schwerer Sturmfluten im Spätmittelalter entstanden war und dem zahlreiche Orte zum Opfer gefallen waren. Die Erinnerung an diese Landverluste war Ende des 16. Jhs. noch lebendig. 1574 beauftragte der Rat der Stadt Emden den Landmesser Jacob van der Meersch, eine Karte von dem untergegangenen Land anzufertigen. So glaubwürdig seine Darstellung mit den Flüssen, Binnenseen und Dörfern auch erscheint, sie hält kritischen Nachprüfungen nicht stand. Als Meersch seine Karte entwarf, kannte man nur noch die Namen vieler untergegangener Orte und hat sie mit gelehrter Phantasie einander zuzuordnen versucht. Diese Karte ist mehrfach kopiert worden, sie findet sich nicht nur auf der Karte des Florianus, sondern auch auf dem Nachstich der Ostfrieslandkarte von Ubbo Emmius (s. Nr. 3) – ein Zeichen für das historische Interesse jener Epoche.

Nr. 3

Karte von Ostfriesland
Von Ubbo Emmius. 1595. Nachstich von Willem Blaeu. 1634/35

Den Höhepunkt in der dichten Reihe der Ostfrieslandkarten des 16. Jhs. bildet der „Typus Frisiae orientalis" des Gelehrten Ubbo Emmius (1547–1625). Als Sohn eines lutherischen Pfarrers zu Greetsiel geboren, erwarb er seine Schulbildung in Emden, Bremen und Norden (hier war Florianus – siehe Nr. 2 – sein Lehrer). Nach dem Theologiestudium in Rostock und Genf zog er, als überzeugter Reformierter heimgekehrt, das Katheder der Kanzel vor. Nacheinander war er Rektor der Lateinschulen in Norden (ab 1579), Leer (ab 1587) und Groningen (ab 1595) und zuletzt Professor für Griechisch und Geschichte und erster Rektor an der Groninger Universität. Sein Hauptwerk ist die „Rerum Frisicarum historia", die erste zusammenhängende, kritische Darstellung der friesischen Geschichte, mit der er angesichts der heftigen innerostfriesischen Auseinandersetzungen seinen Zeitgenossen nahezulegen versuchte, daß der Kampf um ständische Vorrechte gegen den Landesherrn gleichbedeutend sei mit der Wahrung des guten alten Friesenrechts auf Freiheit.

Zur Illustrierung dieses Geschichtswerkes hat Emmius, wie er ausdrücklich erklärt, von Anfang an den Plan gehabt, eine geographische Karte zu zeichnen, die genauer sein sollte als alle bisherigen Ostfrieslandkarten. Zu diesem Zweck hat er seinen eigenen Worten nach „die ganze Gegend und alle ihre Teile" aufgesucht, um die Lage und die Entfernung der Städte, Dörfer und sonstiger Örtlichkeiten zueinander mit Hilfe von Winkelmessungen zu ermitteln. Das Ergebnis dieser systematischen Erkundungen hat Emmius 1595 als Kupferstich herausgebracht. Stolz nennt er die Karte einen „Typum absolutissimum", also eine überaus vollständige Abbildung Ostfrieslands – mit Recht, wie man im Vergleich mit anderen zeitgenössischen Ostfrieslandkarten, wie etwa der von Florianus, zugestehen muß. Besonders der Westteil Ostfrieslands erscheint wirklichkeitsgetreu und genau wiedergegeben. Gewisse Verzeichnungen sind bei den Inseln und den nicht zur Grafschaft Ostfriesland gehörenden Gebieten – Jeverland und Küste des Groningerlandes – zu beobachten. Die Qualität der Emmius-Karte war so offenkundig, daß bis zum Anfang des 19. Jhs. alle Übersichtskarten von Ostfriesland direkt oder indirekt auf sie zurückgehen. Insbesondere wurde sie durch die großen niederländischen Atlantenverleger Hondius, Visscher, Blaeu und Janssonius verbreitet. Dem Atlas von Blaeu ist der hier abgebildete Nachstich entnommen. Er unterscheidet sich nur geringfügig von dem – heute sehr seltenen – Erstdruck von 1595: Die Küste des Groningerlandes ist berichtigt, der Polder Bunderneuland im Dollart (vgl. Nr. 30 und 31) und der Ellenser Damm im Jadebusen (vgl. Nr. 32) sind nachgetragen; die Beikarte vom Dollart (vgl. Nr. 2) hat einen Stadtplan von Emden verdrängt, und die Kartusche ist dem Zeitgeschmack nach umgestaltet. Der topographische Inhalt des Erstdruckes aber ist bis ins Detail exakt übernommen. Als Erläuterung zu seiner Karte hat Ubbo Emmius eine „genaue geographische Beschreibung Ostfrieslands" verfaßt, die er mit einem Nachdruck der Karte der Gesamtausgabe seiner „Rerum Frisicarum historia" von 1616 anfügen ließ: Geschichtswerk, Karte und geographische Beschreibung zusammen sollten eine umfassende Kenntnis seiner friesischen Heimat vermitteln.

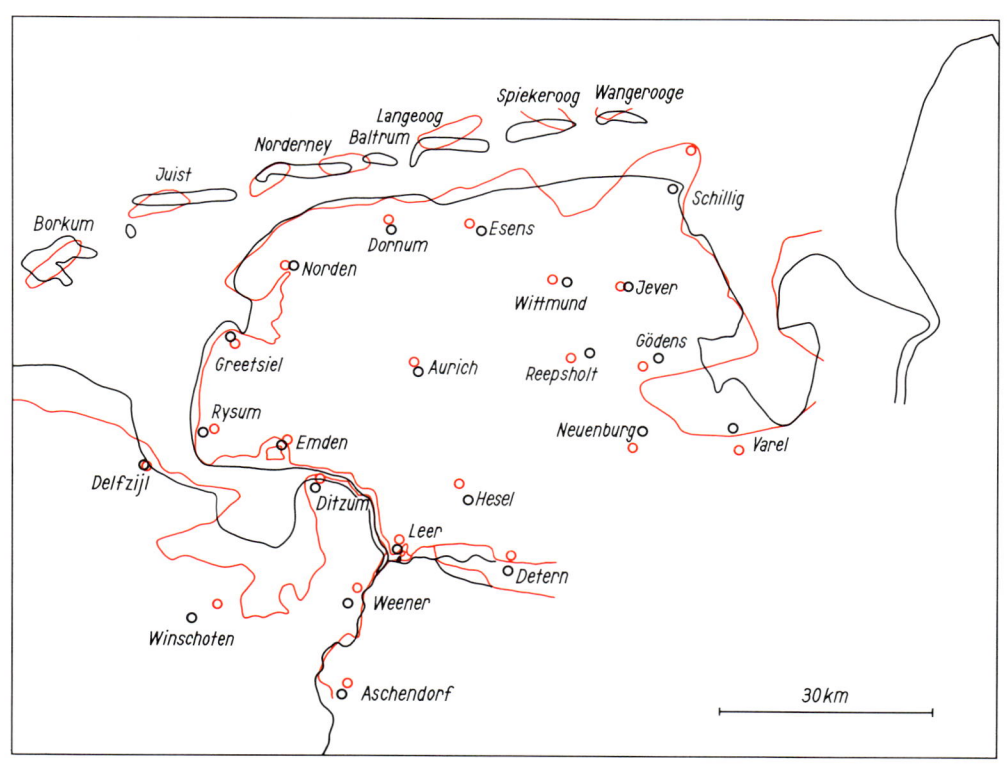

Schwarz: heutiger Zustand
Rot: Küstenlinie und Lage ausgewählter Orte auf der Karte des Ubbo Emmius von 1595 (nach A. Lang)

Karte der Grafschaft Oldenburg
Um 1648

Die hier abgebildete Karte der Grafschaft Oldenburg darf zu den schönsten Territorialkarten jener Zeit gerechnet werden. Sie gleicht in ihrer feinen Linienführung, in der Schriftgestaltung einer gestochenen Karte. Doch es ist ein handgezeichnetes, kostbares Einzelstück, schon äußerlich daran erkennbar, daß es auf Pergament gemalt ist und daß nicht nur die Buchstaben der Kapitalschrift mit Gold überhöht, sondern zahlreiche Orte durch einen goldenen Punkt ausgezeichnet sind.

Auf den ersten Blick mag ein wenig irritieren, daß die Karte nach Osten ausgerichtet ist; die Nordsee – hier Oceanus Germanicus genannt – befindet sich also links im Kartenbild, das beherrscht wird von der zartgrünen Kolorierung der Oldenburgischen Lande. Abgesehen von dem Olivgrün der zur Stadt Bremen gehörenden Gebiete, sind die übrigen Anrainer in hellen Gelb- und Rottönen wiedergegeben; als wichtigste seien genannt: oben das Erzbistum Bremen, rechts oben die Grafschaft Hoya, rechts unten das Bistum Münster und schließlich links unten die Grafschaft Ostfriesland.

Dargestellt sind die Ortschaften, die Gewässer, Wälder und Moore; nur vereinzelt sind Wege eingezeichnet. Soweit entspricht der Karteninhalt zeitgenössischen gestochenen Territorialkarten, auch wenn die bildhaften Ortssignaturen hier besonders vielfältig abgewandelt erscheinen und die Wiedergabe der weiten Moorgebiete mit einer zarten wolkenartigen Strichelsignatur selten graphisch so überzeugend gelungen ist. Über das zu Erwartende hinaus bemüht sich die Karte um eine detaillierte Beschreibung der z. T. strittigen Grenzen gegenüber dem Münsterland und Ostfriesland, insbesondere aber um eine genaue Wiedergabe des Küstenbereichs. Dunkelgrün umsäumt sind die neu eingedeichten Lande, hellgrün sind die hohen Deichvorlande, die als Weideland genutzt werden können. Davor erstreckt sich das Wattgebiet – angedeutet durch die gepunktete Flächensignatur –, durchzogen von Wasserrinnen, den Balgen. Im breiten Unterlauf der Weser sind zahlreiche Inseln, „Sände" zu sehen, auch Seezeichen sind eingetragen: die rotgemalten Pricken entlang der Wattkanten, die Tonnen entlang der Stromrinne der Weser, auf der Insel Wangerooge die 1630 errichtete Feuerbake (vgl. unten Nr. 23). Die Tonnen wie die Sände werden in der Legende links unten namentlich aufgeführt. Die Karte versteht sich also nicht nur als Territorialkarte, sondern zugleich als Seekarte: Sie stellt die natürlichen Hindernisse der Schiffahrt dar und die Maßnahmen zur Sicherung der Schiffswege. Die Einbeziehung der Schiffahrtsthematik in diese Territorialkarte erscheint nicht zufällig. Sie gehört in die Regierungszeit des bedeutenden oldenburgischen Grafen Anton Günther (1607–1667), der wiederholt seine Leistungen für die Sicherung der Schiffahrt hervorgehoben hat. Wahrscheinlich hat er sogar den Auftrag zur Anfertigung der Karte erteilt, die in ihrer kostbaren, kunstvollen Ausführung dazu beitragen konnte, das Repräsentationsbedürfnis des Landesherrn zu befriedigen, sein Ansehen zu steigern.

Leider verschweigt die Karte den Namen ihres Zeichners. In Frage kommt einmal der niederländische Kupferstecher Gerhard Muntinck, der in den zwei Jahren vor seinem Tod 1649 in Oldenburg tätig und u. a. mit der Verfertigung einer Landkarte für den Grafen beauftragt war. Die in Johann Just Winkelmanns „Oldenburgische Friedens- und der benachbarten Örter Kriegshandlungen" von 1671 enthaltene Oldenburgkarte trägt den Vermerk: gezeichnet von Gerhard Muntinck, gestochen von Johann Nutzhorn. Dieses Stück deckt sich so weitgehend mit unserer Pergamentkarte – selbst die Sände, Tonnen und Pricken sind hier in der gleichen Weise abgebildet –, daß man sicher sein möchte, daß der Stecher diese Pergamentkarte als Vorlage benutzt hat. Zwischen dem Tod Muntincks und der Veröffentlichung des Stichs liegen über 20 Jahre – wußte man da noch sicher, daß Muntinck der Autor der anonymen Karte war? Aufgrund etlicher stilistischer Merkmale (Gestaltung der wappengeschmückten Kartusche, der Windrose, der Kapitalschrift, die Vorliebe für sparsame Goldüberhöhung) möchte man die handgezeichnete Karte einem anderen Kartenzeichner zuschreiben: Johann Conrad Musculus, geboren 1587 in Straßburg, jahrzehntelang in Oldenburg als Buchbinder, Wallmeister und Landmesser tätig und bald nach 1650 gestorben. Musculus hat zahlreiche Karten im landesherrlichen Auftrage gezeichnet (vgl. unten Nr. 32 und 63). Wiederholt hat er – vor 1640 – auch eine „auf Pergament gerißene Landtafel" angefertigt, so daß außer den stilistischen Kriterien auch seine in jahrelanger Vermessungstätigkeit erworbenen Kenntnisse insbesondere des oldenburgischen Küstenraumes ihn als Verfasser unserer Karte wahrscheinlich machen.

Nr. 5

Karte des Stifts Walkenried
Von Johannes Zacharias Ernst. 1672

Das Anfang des 12. Jhs. gegründete Zisterzienserkloster Walkenried am Rande des Südharzes entwickelte sich im 13. Jh. zu einem der reichsten Klöster dieses Ordens in Nord- und Mitteldeutschland, was noch heute die eindrucksvollen Reste der Klosteranlage bezeugen. Es besaß nicht nur zahlreiche landwirtschaftliche Großbetriebe (sogen. Grangien), vor allem in der „Goldenen Aue", sondern hatte Anteil am Silberbergbau im Rammelsberg bei Goslar und an der Eisenerzgewinnung im Westharz. Da für die Verhüttung der Erze viel Holz erforderlich war, erwarb das Kloster schrittweise die nördlich angrenzenden Harzwaldungen. Diese Waldgebiete bildeten zusammen mit dem Klosterbezirk ein geschlossenes Territorium, das auch erhalten blieb, als mit dem allmählichen Niedergang des Klosters im 15., vor allem aber im 16. Jh., die entfernteren Besitzungen verloren gingen. 1557 hielt die Reformation endgültig Einzug in das Kloster – es wurde, gemäß den Vorstellungen Luthers, in eine evangelische Klosterschule umgewandelt mit der Bestimmung, die Schüler auf ein künftiges Theologiestudium vorzubereiten. Diese Schule hat über hundert Jahre bis 1668 bestanden.

Das Walkenrieder Stiftsgebiet, das Ende des 30jährigen Krieges an die Welfen gefallen war, gelangte 1671 durch Tausch unter den welfischen Linien an das Fürstentum Braunschweig-Wolfenbüttel. Diesen Besitzwechsel nahm der ehemalige Konrektor der Klosterschule, Johannes Zacharias Ernst, zum Anlaß, die hier abgebildete Übersichtskarte des Stiftsgebietes dem neuen Landesherrn, Herzog Rudolf August, „in tiefster Ergebenheit" – wie es in der Kartusche mit dem goldverzierten Monogramm des Fürsten heißt – zu widmen. Sie bietet eine bemerkenswert genaue Darstellung des Harzes um Walkenried, Wieda, Zorge und Hohegeiß mit ungewöhnlich zahlreichen Orts- und Flurnamen. Die Karte ist zudem mit einem feinen Gradnetz überzogen, und an den Seitenrändern sind Breitengrad und Minuten angegeben. Dies läßt vermuten, daß Ernst mit astronomischen Instrumenten an verschiedenen Orten die Polhöhe gemessen hat. Dank ihrer Zuverlässigkeit ist die Karte lange von der braunschweigischen Justizkanzlei in Grenzangelegenheiten benutzt worden; auch hat sich die Kammer 1743 eine Kopie für Forstzwecke herstellen lassen. Falls Ernst die Widmung seiner Walkenried-Karte mit Hoffnungen auf Beschäftigung in landesherrlichen Diensten verbunden hatte, so haben sie sich wenigstens teilweise erfüllt: Er wurde in der Folgezeit mehrfach zu Vermessungsarbeiten herangezogen, u. a. zu einer mehrjährigen Vermessung der Forsten im Kommunionharz, der den verschiedenen welfischen Linien gemeinsam gehörte.

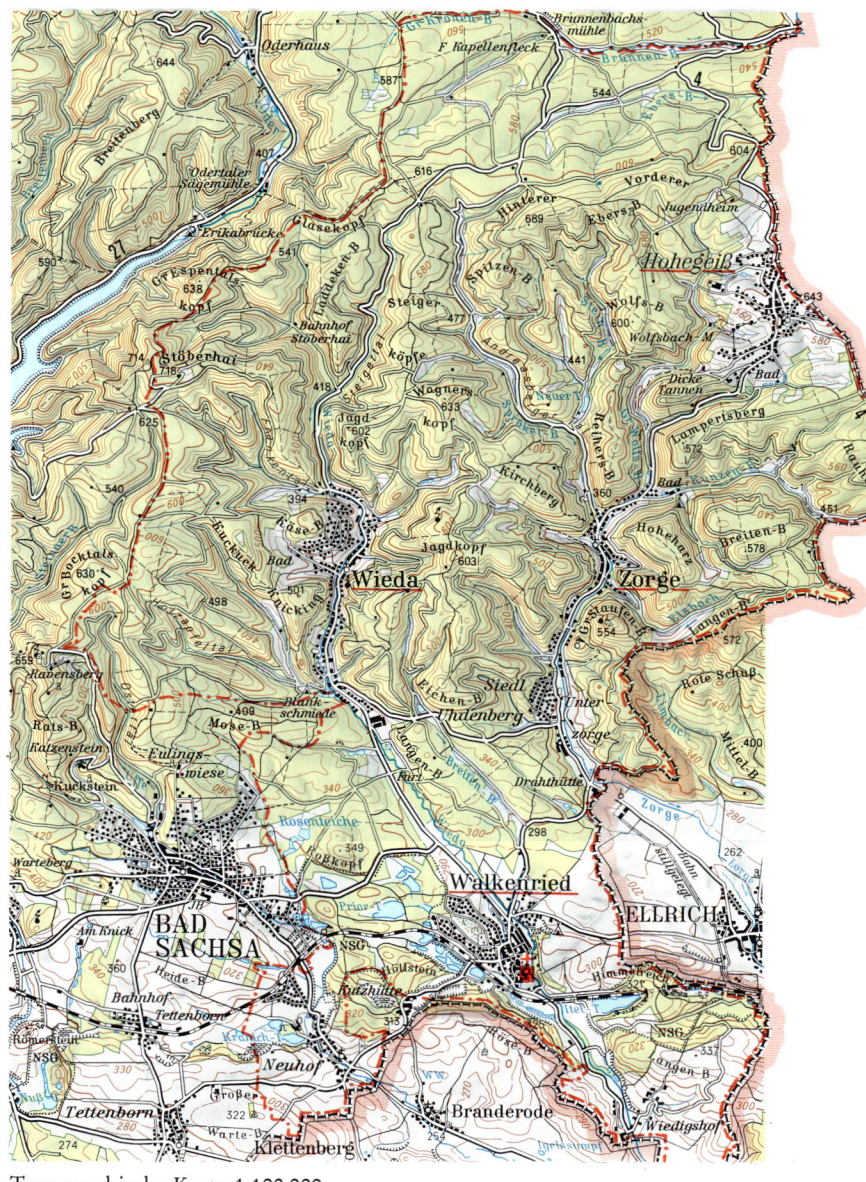

Topographische Karte 1:100 000
Rote Linie: Grenze des ehem. Stifts Walkenried

Karte des Freigerichts Mündrup bei Osnabrück
Von Arnold Mercator. 1581

Die Karte stammt aus der Feder von Arnold Mercator (1537–1587), dem ältesten Sohn von Gerhard Mercator, dem wohl bedeutendsten Kartographen des 16. Jhs. Über seinen Vater, der als Kosmograph des Herzogs von Jülich 1569 in Duisburg u. a. eine Weltkarte „ad usum navigantium" herausgegeben hatte, stand Arnold Mercator in enger Beziehung auch zu anderen berühmten Kartographen und Mathematikern seiner Zeit, wie den in Löwen lehrenden Gemma Frisius und Abraham Ortelius aus Antwerpen. Arnold Mercator selbst hat neben der kartographischen Aufnahme einzelner Territorien und Städte – so für das Erzstift Trier und die Stadt Köln – auch kleinere Karten angefertigt, zu denen auch diese schlichte, aber dennoch bildlich klare und recht exakte Übersichtskarte von dem Freistuhl „Muidendorff" – heute Mündrup im Kreis Osnabrück – zu rechnen ist. Auf der Karte sind sämtliche zum Gerichtsbezirk des Freistuhls Mündrup gehörigen Orte mit einem Kreuz bezeichnet, einschließlich der Kirchspiele innerhalb der Stadtmauern von Osnabrück. Trotz skizzenhafter Vereinfachung der Darstellung stellt die Zeichnung eine getreue Wiedergabe der Realität dar: Die Lage der Orte zueinander, der Verlauf der Flüsse Hase und Düte, die grundrißartige Darstellung der Stadt Osnabrück lassen gute Ortskenntnis des Kartenzeichners sowie genaue Vermessungstechnik vermuten. Lediglich die fein gestrichelte Grenze des Freigerichtsbezirks ist schematisiert dargestellt.

Im Jahre 1148 hatte Graf Otto von Ravensberg als Entschädigung für die Unterstützung des Bischofs Philipp von Osnabrück bei der Belagerung der Burg zu Holte – in der Karte als das „verfallen hauß Holte" bezeichnet – von diesem die Freigrafenrechte an dem Freistuhl zu Mündrup erhalten. Seit 1391 war der Bischof als Pfandherr wieder Inhaber der freigräflichen Rechte. Anlaß zur Entstehung dieser Karte im Jahre 1581 war vermutlich die Bemühung des Osnabrücker Bischofs und des Herzogs von Jülich als Graf von Ravensberg, den seit Jahrhunderten schwelenden Streit um die räumliche Zuständigkeit und die Befugnisse des Freigerichts beizulegen.

Die Freigerichte oder Freistühle waren aus mittelalterlichen, auf Königsbann begründeten Grafschaftsgerichten entstanden. Im Hochstift Münster, in den westfälischen Teilen des Erzstiftes Köln sowie in den Bistümern Osnabrück, Paderborn und Minden sind zahlreiche Freistühle z. T. bis ins 16. Jh. hinein nachgewiesen.

Die Bezeichnung dieser Gerichte erklärt sich aus der ursprünglichen Zuständigkeit für den freien Teil der Bevölkerung, der sich jedoch infolge des überregionalen Jurisdiktionsanspruches und der reichsweiten Anerkennung dieser Gerichte während des 15. Jhs. auch die übrigen Bewohner eines Ding-(= Gerichts-)bezirks anschlossen. Da die Freigerichte vor allem für die hohe Strafgerichtsbarkeit zuständig waren, galten sie im 14. und 15. Jh. als Garanten für die Einhaltung der Landfriedensbestrebungen. Der Einfluß der Freigerichte ging seit der Mitte des 15. Jhs. merklich zurück. Die Gründe lagen in der Umständlichkeit des Verfahrens, der ungenügenden Kodifizierung des Rechtes, den Schwierigkeiten bei der Vollstreckung und den wachsenden Zweifeln an der persönlichen und sachlichen Kompetenz der Gerichtspersonen. Die schrittweise Übernahme des schriftlich fixierten römischen Rechts in den Gerichtsinstanzen der genannten westfälischen Territorien im 16. Jh. sorgte für eine weitere Vereinheitlichung der Rechtsbeziehungen und verdrängte letztlich die Freigerichte.

Topographische Übersichtskarte 1:200 000
Rot: die zum Gerichtsbezirk des Freistuhls Mündrup gehörigen Orte bzw. Kirchspiele

Nr. 7

Ämteratlas des Fürstentums Lüneburg: Blatt Fallersleben
Von Dr. Johann Mellinger. Um 1600. Kopie von 1678/79

Dr. Johann Mellinger, um 1540 in Halle geboren, von 1582 bis zu seinem Tode 1603 als Hofmedicus in Celle tätig, hatte sich schon in jüngeren Jahren als Schulrektor zu Weimar und Jena insbesondere durch seine Thüringen-Karte von 1568 einen Namen gemacht. In seinen Celler Jahren brachte er 1593 eine kleinmaßstäbige Karte des Fürstentums Lüneburg heraus, die im 17. Jh. durch Nachstiche weite Verbreitung fand. Ein Kartenwerk besonderer Art stellt sein „Ämteratlas" dar, der 42 handgezeichnete Karten von den einzelnen Ämtern und Vogteien des Fürstentums Lüneburg sowie eine Übersichtskarte enthält. Die Entstehungszeit – ob vor oder nach der Lüneburg-Karte von 1593 – muß offen bleiben. Die einzige nachweisbare Ausfertigung von Mellinger selbst aus dem Jahre 1600 ist seit dem Zweiten Weltkrieg verschollen, aber glücklicherweise ist das Werk Ende des 17. Jhs. mehrfach kopiert worden.

Wie an der abgebildeten Karte des Amtes Fallersleben abzulesen ist, zeigen die Blätter als „Inselkarten" jeweils nur das einzelne Amt. Der Amtsbezirk ist untergliedert in Kirchspiele, die in verschiedenen Farbtönen koloriert sind. Wichtige Flüsse, Waldungen, gegebenenfalls auch größere Moor- und Heidegebiete sind eingetragen. Die Ortschaften werden durch verschiedene Signaturen gekennzeichnet: Eine viertürmige Silhouette bedeutet ein „Städtlein", eine dreitürmige ein „Fürstliches Haus", ein Gebäude mit mittlerem Turm ein adeliges Gut, eine Kirche ein Kirchdorf und eine rote Scheibe ein einfaches Dorf.

Leicht ließen sich Ungenauigkeiten, auch grobe Verzerrungen und Fehler aufdecken. Angesichts der Größe des Fürstentums Lüneburg und der Zahl der zu erfassenden Orte – ingesamt sind über 1700 in dem Atlas dargestellt – bleibt die Leistung Mellingers dennoch höchst beachtlich. Zur Methode ist nur bekannt, daß er die Karten auf Verlangen seines Landesherrn „auf gewisse geometrische Art" gefertigt habe. Während die Einzeichnung der Orte sicher auf kontrollierten Schätzungen beruht, scheinen die Kirchspielgrenzen, weil unvermessen, bewußt schematisch gezeichnet zu sein. Für den Hauptzweck des Atlasses konnte dies genügen; er bot der landesherrlichen Verwaltung einen Überblick über die Einteilung des Landes in Ämter und Vogteien – also in die Gerichts- und Verwaltungsbezirke der unteren Ebene – und über Zahl, Namen und Lage der dazugehörigen Dörfer, Kirchspiele, Flekken und Städte. Das verschollene Exemplar von 1600 trug ausdrücklich den Vermerk, daß es für die landesherrliche Kanzlei bestimmt war. Die zahlreichen Kopien sprechen für die langandauernde Wertschätzung dieses Atlasses.

Westlicher Teil des ehem. Amtes Fallersleben
Schwarze Linien: Gemeindegrenzen von 1912
Rote Linien: Grenzen der Kirchspiele nach Mellinger

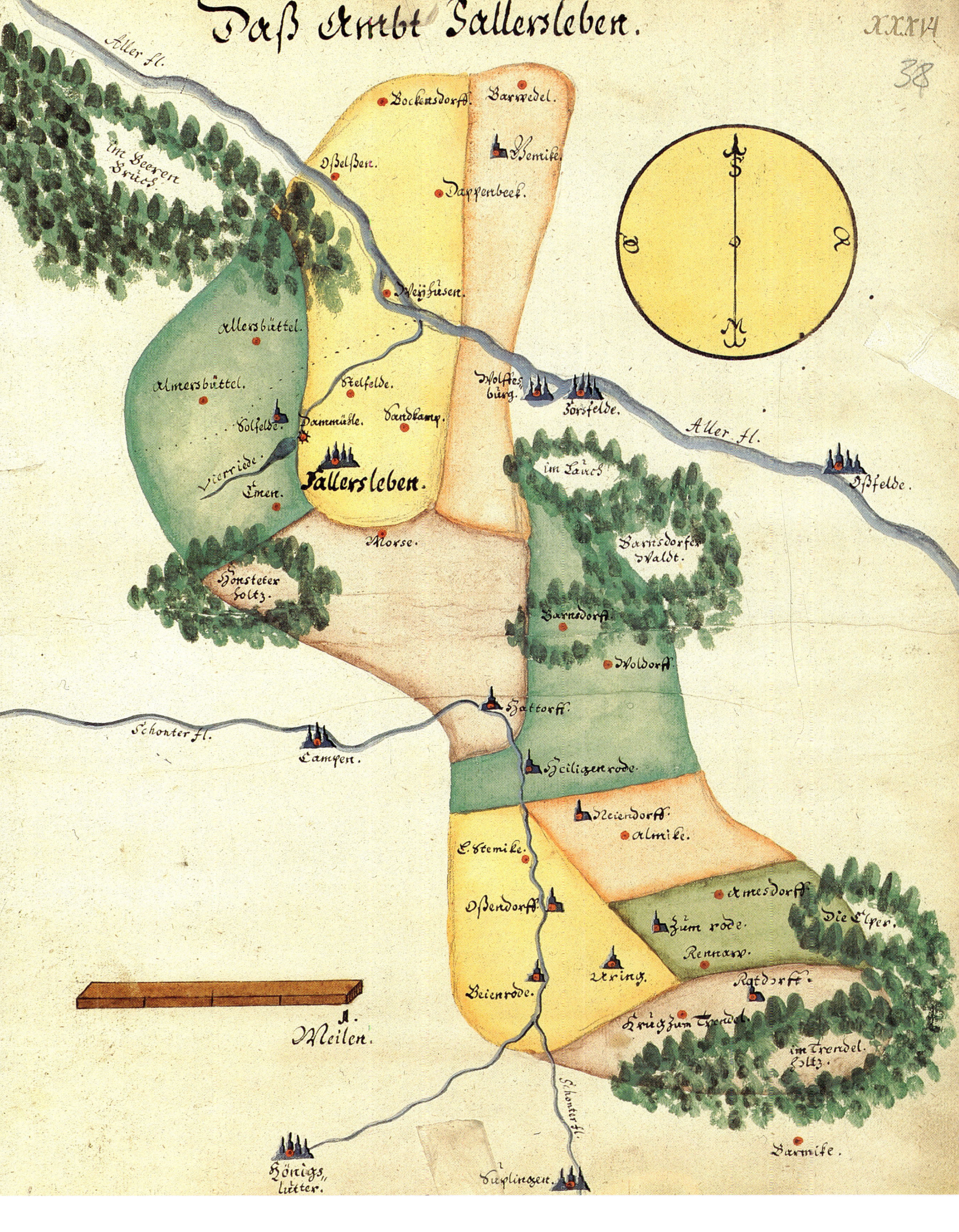

Karte des Amtes Koldingen
(Südöstlich von Hannover). Von Gouffier de Bonnivet gen. de Villiers. 1698

Gut hundert Jahre nach Mellingers Ämteratlas von dem Fürstentum Lüneburg (siehe Nr. 7) ließen die Geheimen Räte zu Hannover von 1697 bis 1732 die Ämter der Territorien Calenberg, Göttingen, Grubenhagen, Hohnstein, Hoya und Diepholz kartenmäßig aufnehmen. Beauftragt wurde damit der französische Ingenieur de Villiers, der seit 1687 zunächst als Festungsbauer in hannoverschen Diensten stand. Eine genaue kartographische Darstellung des Landes und seiner Ämter besaß man damals noch nicht. Villiers Arbeit, die in zahlreichen sauber gezeichneten und kolorierten Amtskarten und Grenzrissen ihren Niederschlag gefunden hat, stellt daher eine echte Pionierleistung dar. Für viele Ämter bildet die Villierssche Karte die erste einigermaßen lagegetreue Wiedergabe. Viele seiner Karten tragen den Titel „Carte très exacte ...", doch dieser Anspruch auf Genauigkeit trifft nur bedingt zu. Gemäß der Generalinstruktion, gedruckt am 17. Februar 1699, hatte Villiers die Amtsgrenzen, vor allem die Grenzen zu Nachbarterritorien, „accuratissime abzumessen und in den Abriß zu bringen". Innerhalb eines Amtes sei jedoch „so große Exactitude nicht nötig", es genüge, daß die Dörfer, Adelssitze, Zollstätten, Mühlen, Flüsse, Holzungen, Berge, Moore, die wichtigsten Straßen und Wege „bloß der Situation nach und ohne accurate Abmessung in den Abriß gebracht werden".

Diese summarische Darstellungsweise läßt sich an der im Ausschnitt wiedergegebenen Karte des Amtes Koldingen gut ablesen. Die Leine, andere Wasserläufe und auch die Wege sind überbreit gezeichnet. Auch die Dörfer erscheinen unverhältnismäßig groß – man vergleiche sie mit dem Grundriß der Stadt Hannover (links oben). Langgestreckte Höhenrücken wie der Kronsberg werden als eine Kette von Hügeln dargestellt. Die Verteilung der Acker-, Wiesen- und Ödlandflächen wirkt stark vereinfacht. Dafür ist auf die genaue, auf Vermessung im Gelände beruhende Wiedergabe der Amtsgrenzen erkennbar großer Wert gelegt worden. Die Zahlen entlang der farbigen Grenzlinien verweisen auf die dazugehörige Grenzbeschreibung.

Das Amt Koldingen hat, bedingt durch seine Lage am Schnittpunkt dreier Landesgrenzen, eine wechselvolle, bisher nicht völlig aufgehellte Entwicklung erlebt. Ehemaliges Reichsgut und bischöflich hildesheimische Grundherrschaft treffen wir hier in Gemengelage. Im Spätmittelalter überschnitten sich welfische und stifthildesheimische Ansprüche und führten im Gefolge der Hildesheimer Stiftsfehde zu einer außerordentlich komplizierten Territorialstruktur, die sich noch in der vorliegenden Karte widerspiegelt. So sei auf eine besondere Merkwürdigkeit hingewiesen: Eine durch starke Ein- und Ausbuchtungen auffallende Grenzlinie umschließt die Gemarkungen der Dörfer Ahlten, Anderten, Bilm, Ilten und Höver. Es handelt sich um eine zum Fürstentum Lüneburg gehörende Exklave, die we-

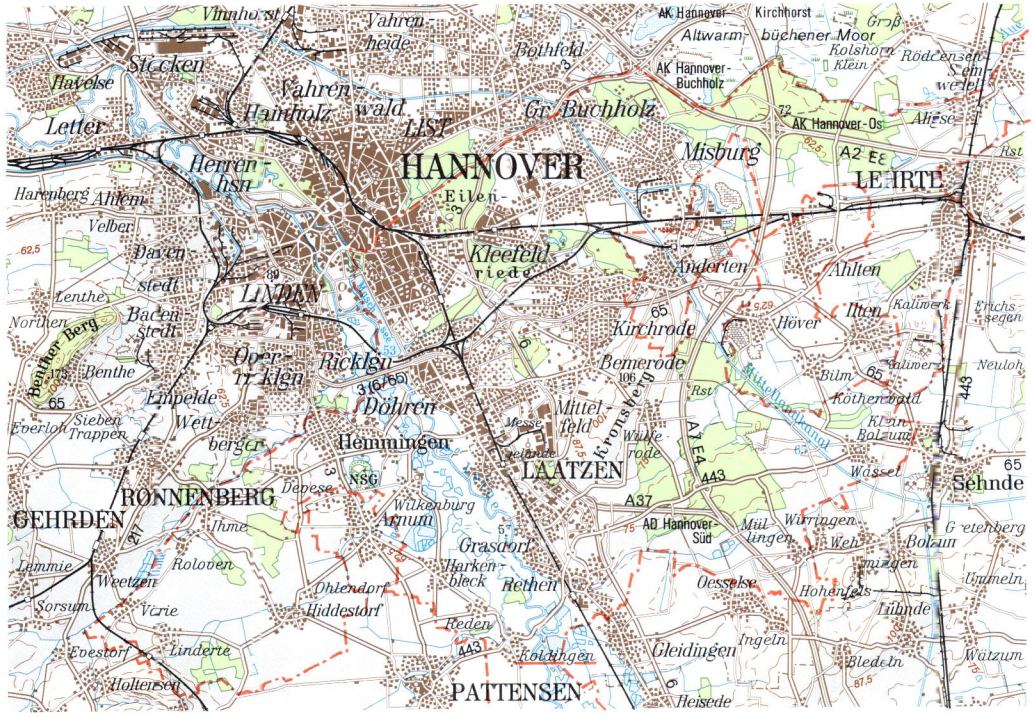

Topographische Übersichtskarte
1:200 000
Rote Linien: Grenzen des Amtes Koldingen um 1698

sentliche Teile der Amtsvogtei Ilten, des sog. „Großen Freien", umfaßt. Diese sonderbare Grenzziehung geht auf den Mindener Vertrag von 1512 zurück, der die bislang zu Calenberg gehörenden „Freien vor dem Walde" dem Fürstentum Lüneburg zuwies.

Nicht durch Grenzlinien herausgehoben ist das ebenfalls zum Siedlungsgebiet der „Freien vor dem Walde" gehörende, 1671 vom Celler Fürstentum an das Amt Koldingen abgetretene sog. „Kleine Freie". Es bestand aus den Dörfern Döhren, Wülfel und Laatzen. Zwischen dem Großen und Kleinen Freien lagen die Dörfer Kirchrode, Bemerode und Wülferode (zur ehem. Vogtei Kirchrode gehörig). Hierbei handelt es sich im Kern um eine wahrscheinlich im 10. oder 11. Jh. angelegte Rodungsinsel der Hildesheimer Kirche, die später als eine Villikation des Bischofs von Hildesheim in Erscheinung tritt. Ihre Zugehörigkeit zu welfischem oder Hildesheimer Territorium war lange umstritten. Erst der Braunschweiger Rezeß von 1643, der die Rückgabe des in der Hildesheimer Stiftsfehde okkupierten Gebietes an das Hochstift regelte, sprach die Vogtei Kirchrode endgültig dem Fürstentum Calenberg zu.

Älter als die zuletzt genannten drei Rodungsorte sind die Siedlungen der seit ca. 1230 nachweisbaren Freien. Heute führt man sie nicht mehr – wie im 19. Jh. – auf die sächsischen Gemeinfreien zurück, sondern sieht in ihnen Bauern, die von den Karolingern auf Königsgut unter besonderem Schutz angesiedelt wurden. Sie waren von Diensten und Abgaben mit Ausnahme eines relativ bescheidenen Königszinses befreit, aber zum Wehrdienst verpflichtet. Im Zuge des inneren Landesausbaus konnten sie im Laufe der Jahrhunderte weiteres Land zu ähnlich günstigem Recht dazuroden und hielten in Ilten ihr Freiengericht ab. Noch auf unserer Karte sind die zum Großen Freien gehörenden, „auf dem Boden des Köthenwaldes" liegenden Orte Ahlten, Bilm, Ilten und Höver als Waldrodungen zu erkennen. Die räumliche Nähe zu den großen Villikationskomplexen des Domstiftes Hildesheim und lehnsrechtliche Bindungen zur Hildesheimer Kirche deuten auf ursprüngliche Schutzaufgaben der Freien für den im Kern ebenfalls aus Königsgut stammenden Grundbesitz des Bistums Hildesheim hin. Im Verlauf des 18. Jhs. veränderte sich der absonderliche Grenzverlauf im Nordosten des Amtes Koldingen erheblich. Es verlor größere Flächen, so daß die in der Exklave eingeschlossenen Orte des Großen Freien unmittelbar an den übrigen Teil der Vogtei Ilten Anschluß fanden.

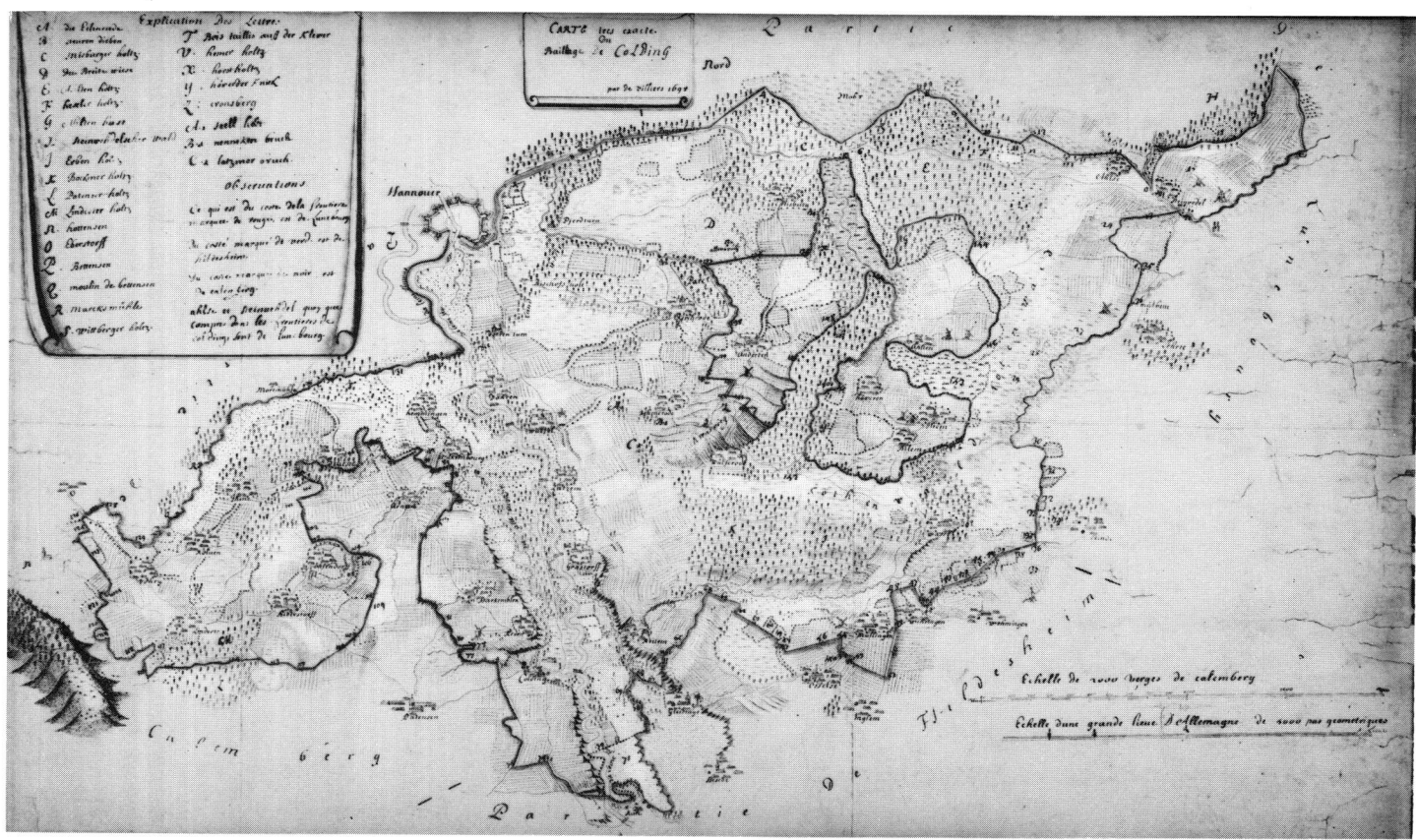

Karte des Amtes Koldingen. Gesamtaufnahme

Grenz- und Prozeßkarten

Seit man im 16. Jahrhundert die Karte als Hilfsmittel für die landesherrliche Verwaltung entdeckte, hat man sie für recht verschiedenartige Zwecke genutzt – z. B. als Übersicht über die Verwaltungseinteilung eines Territoriums (vgl. Nr. 7) oder zur Begutachtung von Kanalprojekten (vgl. Nr. 44 und 45). Die Mehrzahl dieser frühen Karten ist jedoch im Zusammenhang mit Grenzziehungen und Streitigkeiten über Hoheitsgebiete und -rechte entstanden. Dies erscheint nicht zufällig, denn in jene Zeit fallen die Festigung und der Ausbau des Territorialstaates, der auch räumlich allmählich klarere Konturen gewinnt. Hinzu kommt, daß sich für die Verdeutlichung räumlicher Verhältnisse die Karte förmlich anbietet. Anschaulicher als mit beschreibenden Worten läßt sich auf ihr darstellen, welche Gebietsansprüche man hat oder auf welchen Grenzverlauf man sich einigen will.

Ein Großteil der im folgenden Kapitel abgebildeten Karten stammt aus Akten des Reichskammergerichts. Dieses höchste Gericht im deutschen Reich – 1495 gleichzeitig mit der Verkündigung des „Ewigen Landfriedens" gegründet – war für Klagen gegen Fürsten und andere reichsunmittelbare Stände zuständig und bildete die oberste Berufungsinstanz für alle Stadt- und Landgerichte. Zwar war die Gerichtsbarkeit in mancher Weise eingeschränkt und sah sich seit dem Ende des 16. Jahrhunderts der Konkurrenz des Reichshofrats ausgesetzt; auch wies sie manche Mängel auf, so etwa überlange Prozeßdauer infolge der Arbeitsüberlastung des Gerichts. Im großen und ganzen aber hat das Reichskammergericht wesentlich zur Beseitigung der Fehde und zur Begrenzung von Willkürherrschaft beigetragen, und seine Tätigkeit hat sich normierend auf die gesamte Rechtsprechung im deutschen Reich ausgewirkt.

Das Reichskammergericht saß – vom heutigen Niedersachsen aus gesehen – fernab in Speyer bzw. seit 1693 in Wetzlar. Um die fehlende Ortskenntnis der Richter auszugleichen, wurde deshalb im „Jüngsten Reichsabschied" von 1654 vorgeschrieben: Wenn es um „Gräntzen, Weydgäng, Jagden und andere dergleichen Jura und Gerechtsamkeiten" ginge und eine Beweisaufnahme vor Ort nötig sei, so „solle zu des Richters besserer Information eine jede Parthey einen richtigen Abriß" produzieren. Auch vorher schon wurden Karten gern als Beweismittel vorgelegt, oder das Gericht bzw. die mit der Ortsbesichtigung beauftragten Kommissare ordneten die Anfertigung eines „Abrisses des Augenscheins" an. Derartige Prozeßkarten zeichnen sich häufig durch starke Bildhaftigkeit und Anschaulichkeit aus. Beliebt ist die Ansicht aus der Vogelschau; gelegentlich finden sich ungewöhnliche Darstellungsweisen wie Rundumsicht (vgl. Nr. 48) und Klappriß (vgl. Nr. 49). Ein außerordentliches Vorstellungsvermögen bezeugt Krabbes „Chorographia der Hildesheimer Stiftsfehde" (Nr. 19), auf der der weite Raum zwischen Lüneburger Heide, Harz und Mittelweser aus der Vogelschau dargestellt ist.

Diese Karte Krabbes kann auch als ein anschauliches Beispiel dafür dienen, daß die Darstellungen auf den Prozeßkarten oftmals nicht frei sind von Einseitigkeit und Parteilichkeit. Im Auftrage des beklagten Braunschweiger Herzogs angefertigt, zeigt sie nur die Kriegsverwüstungen, die die hildesheimischen Truppen in den welfischen und benachbarten Territorien angerichtet hatten. Ungewöhnlich große, unsymmetrisch in das Kartenfeld eingefügte Kartuschen verdecken jene Gegenden, in denen die Truppen der welfischen Herzöge in der gleichen zerstörerischen Weise gehaust hatten. Für den Auftrag der Gerichtskommissare, denen diese Karte überreicht wurde, mochten diese Gebiete unerheblich sein, denn die Kommissare sollten nur die Schäden untersuchen, die die hildesheimische Partei verursacht hatte; doch der tatsächliche Ablauf der Stiftsfehde wird dadurch einseitig dargestellt und der Anteil der beklagten Partei geschickt verschleiert.

Nicht nur in Verfahren vor dem Reichskammergericht hat man sich der Karten bedient, sondern auch in Prozessen vor landesherrlichen Gerichten, wie Einzelbeispiele belegen (vgl. Nr. 15 und 30). Grenzkarten spielten in Prozessen als Informations- und Beweismittel eine große Rolle; in außergerichtlichen Auseinandersetzungen dienten sie als Mittel zur Teilung des strittigen Gebietes (vgl. Nr. 12) und zur urkundlichen Fixierung des neuen Grenzverlaufes (vgl. Nr. 22). Gerade aufgrund dieses konkreten Zweckes der Neuaufteilung bzw. der Neufestlegung der Grenze bieten derartige Karten über eine gütliche Einigung gelegentlich interessante Einblicke in die Vermessungstechnik jener Zeit.

Nr. 9

Karte des nördlichen Harzes bei Goslar
Um 1530

Die äußerlich unscheinbare Karte darf als eine der ältesten in Niedersachsen überlieferten Karten und als älteste Karte des nordwestlichen Harzes gelten. In ihrer kartographischen Darstellung greift sie ihrer Zeit weit voraus. Außerdem interessiert sie als ein Dokument in den folgenschweren Auseinandersetzungen zwischen der reichsfreien Stadt Goslar und dem Herzog von Braunschweig-Wolfenbüttel.

Der Wohlstand Goslars beruhte seit dem Ende des 14. Jhs. auf der Ausbeutung der Rammelsberger Erzgruben. Die Berghoheit hatte die Stadt allerdings nur gegen Pfandzahlung von den Braunschweiger Herzögen erworben, ebenso die im weiten Umkreis der Stadt gelegenen Forsten im Harz, die für den Bergbau und den Hüttenbetrieb unentbehrlich waren. 1525 und 1527 zahlte Heinrich d. J. die Pfandsummen zurück und vertrat den Standpunkt, daß das Berg- und Hüttenwerk sowie die Forsten um Goslar nun ganz allein ihm unterständen. Da er der Stadt jedes Recht am Rammelsberg absprach, mußte sie sich wehren. Über 25 Jahre zog sich der Konflikt hin und beschäftigte in nicht geringem Maße Kaiser und Reich. Am Ende, im Riechenberger Vertrag von 1552, mußte die Stadt auf das Bergwerk und den größten Teil der Forsten verzichten – die Macht eines aufstrebenden Landesfürsten hatte gesiegt, der allmähliche Niedergang Goslars begann.

Die Karte trägt weder Titel noch Jahreszahl. Doch aufgrund zahlreicher innerer Merkmale darf man davon ausgehen, daß sie um 1530 in Wolfenbüttel entstanden ist. Die nach Süden ausgerichtete Karte soll die umstrittenen Forstgebiete südlich von Goslar darstellen. Auf dem wiedergegebenen Ausschnitt erkennt man unten die Stadt mit ihrem doppelten Mauerring, von dem sich bis heute imposante Reste erhalten haben. Oberhalb der Stadt ist der Rammelsberg eingetragen. Im nordöstlichen Umkreis der Stadt liegen die Ruinen der Stifte auf dem Petersberg und auf dem Georgenberg und der Kirche zum Heiligen Grabe, die die Goslarer 1527 zerstört hatten aus Furcht vor einem militärischen Angriff des Herzogs. – Deutlich erkennt man den Lauf der Oker mit ihren Nebenflüssen. Von den verschiedenen Grenzlinien ist nur die schwarze Grenzlinie vollständig zu sehen. Sie soll den „Kaiserforst" in unmittelbarer Umgebung Goslars umschließen, der nach Meinung der Stadt ihr vom Kaiser übertragen war. Die Linie verläuft nach Westen über das Granetal, Hahnenklee („Honenkloffscha Wischk"), Spiegeltal, weiter zum Mittelberg im Süden, dann im Westen an der Oker entlang, bis sie in einem Bogen nördlich der Stadt den Kreis schließt. Von diesem Kaiserforst blieb der Stadt nach dem Riechenberger Vertrag etwa die Hälfte als Stadtforst.

Dem heutigen Betrachter fallen wohl als erstes die bildlichen Darstellungen der Einzelgebäude, Türme, Hütten, Sägemühlen usw. auf sowie die Wiedergabe einzelner Berge in der Art von Maulwurfshügeln. Doch kartengeschichtlich ist bemerkenswert, daß sich der Zeichner hauptsächlich der Grundrißdarstellung bedient. Das gilt für die Stadt, die Wege und Flüsse. Selbst die Berge werden überwiegend durch eine Umrißlinie markiert, eine leichte Schummerung deutet Plastizität an. Im allgemeinen kennt man Grundrißdarstellungen von Bergen erst aus Karten des 18. Jhs. Das gibt dieser Karte ihren besonderen Rang, auch wenn sie gegenüber der Wirklichkeit vielfach verzerrt ist.

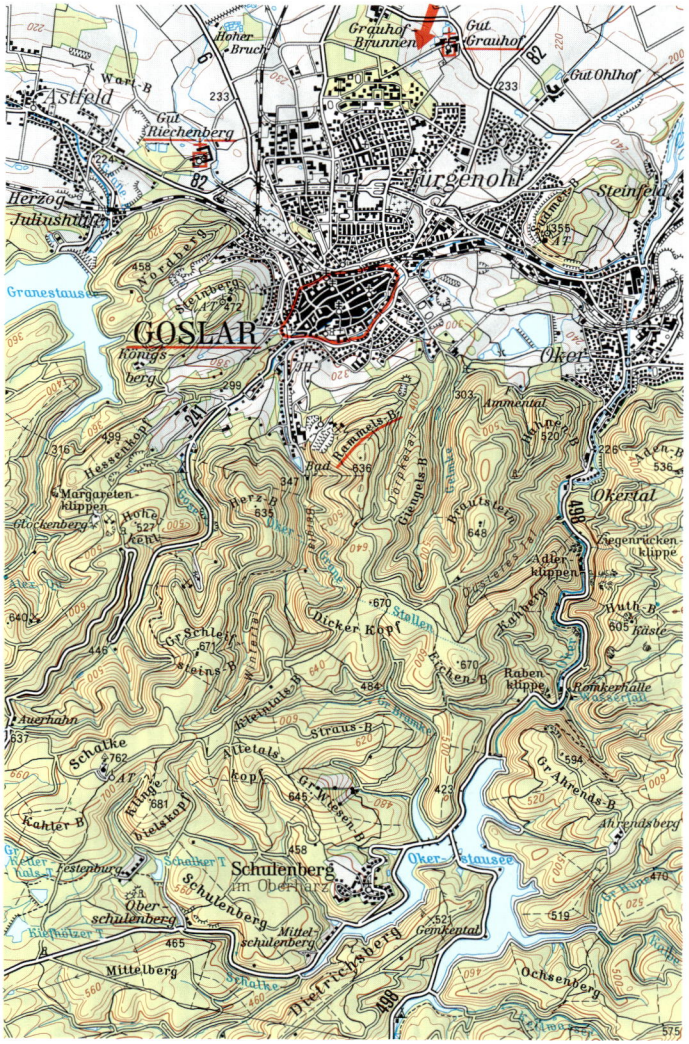

Topographische Karte 1:100 000; Pfeil: Blickrichtung

n Sricht Van   OESTEN   Manstrich

Am Roden dike en Sten   Wisch   Sten in des Leuen ortkamp
Vp der Wedenstrate en Sten   Sinder Johans haus
                Grauwe Sten   Em Sten am Schotkamp
Deppene   Brock Molle   Lingeschewische
        Scheide Sten am Bromerrick Dike
                                                    Duy holt

                Meinerings Haus   Hopsten   Nije Flotte
Schapen   Kleine Mer   Dat hillige Meer
        otmar strate En Sten   Vffelen
        Visschehoff   Hopster Molle   Stoppel
    Hertzigenort   Schilten gerdt

                        Vorbrinck   Hopster marck
            Woeste   grankant   marck Sten
                                                                        horstler moorck

                    Saligenort   Salige
                                Spellerwalt   Wuluessens fort
                        Toofheide

                        Hüler land
                Speller Butschop   Spellerwalt
Runcke Molle   Speller Bruge
                Vennehaus

WESTEN

Die Grenze zwischen dem Stift Münster und der Grafschaft Lingen
Kopie einer Karte von Hermann tom Ring aus dem Jahre 1564

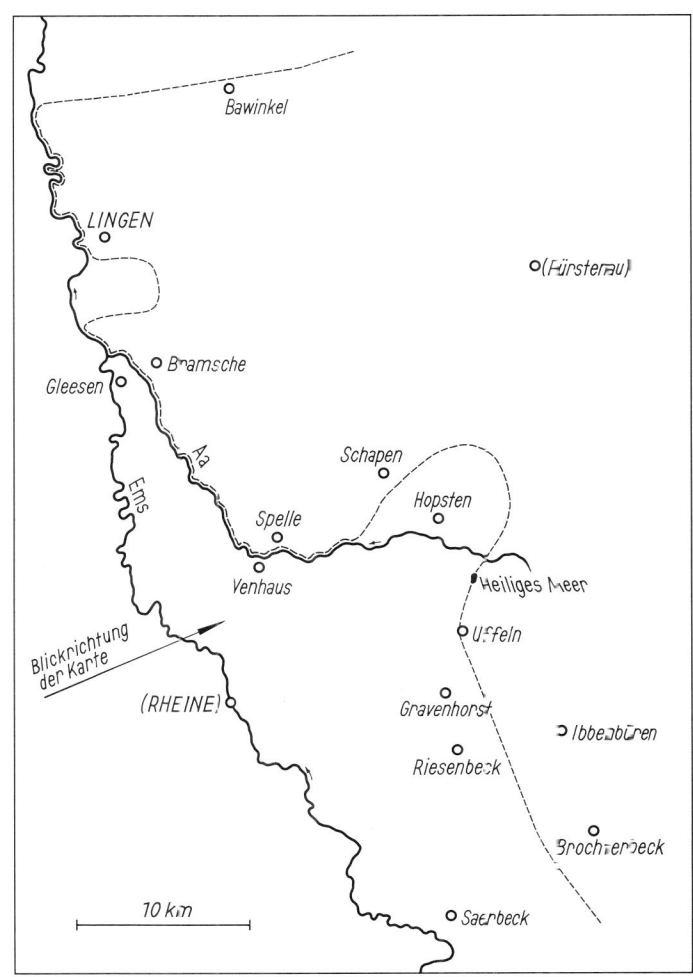

Charakteristisch für zahlreiche Grenzkarten früherer Jahrhunderte zeigt dieses Blatt nur den Grenzverlauf selbst: Die Flächen beiderseits des „Schnaedts" – gelb („gell") das münstersche, weiß („witt") das lingensche Gebiet – bleiben leer, während auf der punktierten Grenzlinie mit Zeichen und Schrift die einzelnen Grenzmale eingetragen sind: Steine, Pfähle, Landwehren, Bäume, Berge, Gewässer, Brücken, Mühlen, Häuser, Gärten, Wiesen und Kämpe. Lediglich zur Orientierung sind außerdem noch einzelne grenznahe Orte eingezeichnet. Häuser und Ortschaften werden in Kavaliersperspektive dargestellt, Berge, Wälder, einzelne Bäume und Wallhecken sind durch bildhafte Darstellung kenntlich gemacht. Auffällig ist das fast diagonal verlaufende rote Fadenkreuz mit den Himmelsrichtungen: die Zeichnung hatte sich dem Kartenformat anzupassen, so daß Verzerrungen in der Wiedergabe unvermeidlich waren. So bezeichnet die gerade Linie auf dem Kartenblatt – vom Hahnen (östlich von Haselünne) bis zur Ems – die Nordgrenze der Grafschaft Lingen, dann die Ems und die weit ausgebuchtete Linie bis hin nach Brochterbeck bei den Tecklenburger Bergen die West- und Südgrenze.

Obwohl die Karte den Charakter einer vereinfachten Lageskizze hat, ist der Gesamtverlauf der Grenze angesichts der großen räumlichen Entfernungen recht gut getroffen. Bei der hier abgebildeten Karte handelt es sich um eine zeitgenössische, etwas vereinfachende Kopie der ersten bekannten Karte des bedeutenden münsterschen Malers Hermann tom Ring (1521–1597). Es darf als sicher gelten, daß die damaligen Meßmethoden mit Bussole (Winkelgerät) und Meßkette auch von tom Ring angewandt wurden, der – wie die Karte

Gestrichelte Linie: ungefährer Grenzverlauf nach der Karte von Hermann tom Ring

zeigt – diese Techniken mit guten Geländekenntnissen geschickt zu verbinden wußte. Seine Karte entstand offensichtlich im Zusammenhang mit dem Grenzvertrag von 1564 zwischen Münster und Lingen, das zu jener Zeit zu den spanischen Niederlanden König Philipps II. gehörte.

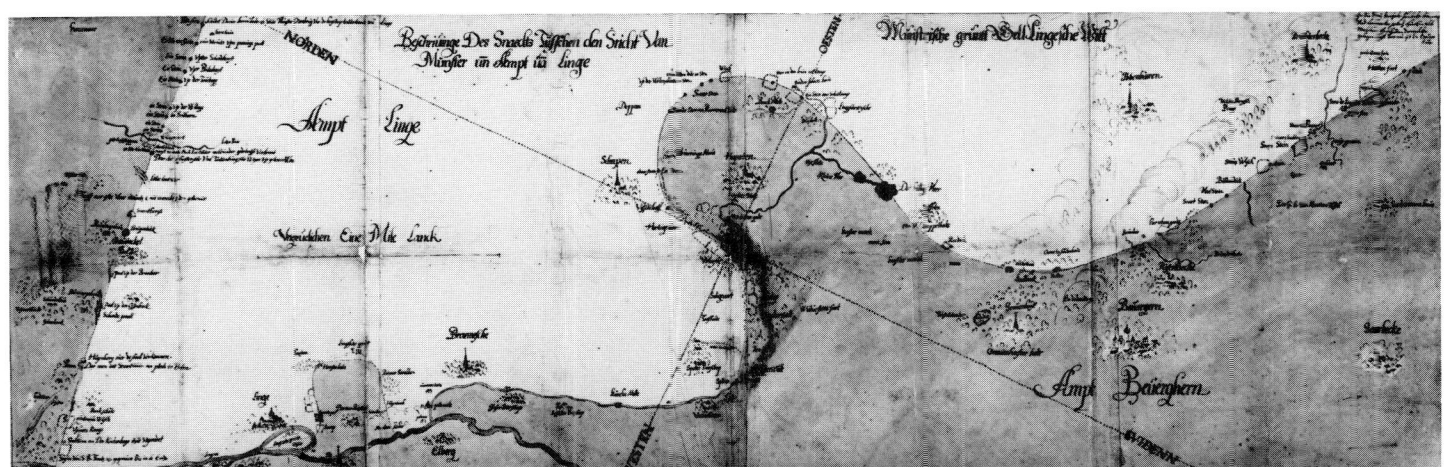

Gesamtaufnahme

Nr. 11

Karte der Herrschaft Plesse
Von Joist Moers. 1582

Ein anschauliches Beispiel für die Geschicke kleinerer Territorien bietet die Geschichte der Herrschaft Plesse nördlich von Göttingen. Ursprünglich ein Lehen der Bischöfe von Paderborn, hatten die Edelherren von Plesse im Laufe des 14., Anfang des 15. Jahrhunderts es verstanden, diese Lehnsbindung abzustreifen; sie besaßen die Burg Plesse und eine Reihe umliegender Dörfer als ihr „frei eigen Gut". Im Jahre 1447 jedoch gingen sie eine neue Lehnsbindung ein: Sie trugen ihre Herrschaft dem Landgrafen von Hessen zu Lehen auf. Dies war kein Einzelfall – auch andere Herren und Grafen gaben in jener Zeit ihre Selbständigkeit auf. Sie waren offensichtlich nicht mehr in der Lage, sich allein gegenüber mächtigeren Nachbarn zu behaupten. Indem sich die Herren von Plesse in die Lehnsabhängigkeit der entfernteren Landgrafen von Hessen begaben, gewannen sie einen Schutzherrn gegenüber den unmittelbar benachbarten welfischen Herzögen.

1571 starb das Geschlecht der Herren von Plesse aus; aufgrund der Lehnsabhängigkeit fiel die Herrschaft Plesse an Hessen. Damit wollten sich die Herzöge von Braunschweig-Lüneburg nicht abfinden, da dieses Gebiet als Enklave in ihrem Territorium lag. Unter Berufung auf ältere Hoheitsrechte beanspruchten sie die Plesser Herrschaft für sich. Jahrelang führten sie eine Art Kleinkrieg gegen das nunmehr hessische Amt Plesse, vor allem durch Forttreiben von Vieh, Schädigung von Ernte, Weide, Forst und Fischgewässer. Der Landgraf von Hessen sah sich genötigt, wegen derartiger Übergriffe wie überhaupt wegen des Heimfalls der Herrschaft Plesse verschiedene Prozesse vor dem Reichskammergericht in Speyer gegen die welfischen Herzöge zu führen. Diese Prozesse sind zu keinem Abschluß gekommen. Die Landgrafen blieben im tatsächlichen Besitz der Herrschaft. Erst 1816 wurde die hessische Enklave in das Königreich Hannover eingegliedert.

Einem der Reichskammergerichtsprozesse entstammt die abgebildete Karte aus dem Jahre 1582. Auf Wunsch der hessischen Anwälte wurde der hessische „geschworene Geometer und Abrisser" Joist Moers verpflichtet, er solle die strittige südöstliche Grenze des Plesserwaldes „durch gewisse geometrische Instrumenta observiren und in einen bestendigen Abriß" bringen. Die Tafel zeigt einen Ausschnitt von dem südwestlichen Teil der Herrschaft. Der Beginn der strittigen Grenze ist rechts unterhalb des Schriftbandes „Der Plesser Wald" zu finden, gekennzeichnet durch die Großbuchstaben A bis C. Aus dem satten Grün des Waldes hebt sich die Burg Plesse heraus. Zu Füßen der Burg liegt das Vorwerk Eddigehausen mit dem Weinberg dazwischen.

Auf der Karte erscheint die Burg noch unversehrt – erst in den Jahrzehnten nach dem Dreißigjährigen Kriege, als man den Verwaltungssitz in das bequemer gelegene Dorf Bovenden verlegt hatte, begann sie allmählich zu verfallen. Dank der Nähe der Universitätsstadt Göttingen wurde die Ruine seit dem 18. Jahrhundert zu einem beliebten Ausflugsziel und Sujet für Stammbuchblätter – der malerische Reiz von Ruine und Landschaft zog ebenso an wie der Hauch der Vergänglichkeit. Schon in einer „Zeit- und Geschichts-Beschreibung der Stadt Göttingen" von 1734 heißt es: „Hat jemand Belieben, sich die Zerstörung Jerusalems im kleinen vorzustellen, der begebe sich auf das alte Haus Plesse: gewiß er wird Gelegenheit genug finden, die ehemalige Beschaffenheit dieses alten festen Bergschlosses ... zu bewundern, und daneben die Wandelbarkeit des Glücks und der irdischen Dinge bei sich zu überlegen. Übrigens wird er in dem dran stoßenden Walde sein Vergnügen finden können, und die schöne Aussicht hat wenig ihresgleichen."

Topographische Karte 1:100 000
Pfeil: Blickrichtung des abgebildeten Kartenausschnitts

Erste Streitiger Ordt.

Der Erste Streitiger Ordt vnden
an der Landtstraß Nach der Weser biß
Zwischen den Allsberge der Weser
rechtgrundt, vnd Stellen, So nach
geometrischer arth In Vier seitig
Quadrates vnd Zwey Triangl,
Ordentlich vnd gabürlich gemacht,
Vnd hatt der Erste In Abriß mitt A
Notirter Quadrat.

30 Morg. 40.

Nr. 12

Die Grenze zwischen dem Stift Corvey und dem Amt Polle
Von Joist Moers. 1586

Joist Moers, der Zeichner der vorhergehenden Plessekarte, hat in einer anderen Grenzangelegenheit einen mit farbigen Skizzen illustrierten Bericht verfaßt, der einen kleinen Einblick in die Vermessungsmethoden jener Zeit gewährt. Seit 1572 stritten sich das Stift Corvey und der Braunschweiger Herzog vor dem Reichskammergericht um die Grenze zwischen Corvey und dem Amt Polle. Zur Ersparung weiterer Kosten einigte man sich jedoch auf eine gütliche Teilung der strittigen Waldgebiete zwischen der Weser und dem Köterberg. Beide Seiten bestimmten Landmesser, die Braunschweiger den vereidigten Visierer, Feld- und Holzmesser Johann Tiele, die Corveyer den genannten Joist Moers, die im Spätherbst 1586 gemeinsam das strittige Gebiet aufzunehmen hatten.

Mit Blick nach Westen hat Moers auf der hier wiedergegebenen ersten Skizze den „ersten streitigen Ort" zwischen der Weser und einem Punkt in der Nähe des Ascherberges dargestellt. Im Vordergrund ist die Weser angedeutet, rechts ist der Ahlsberg, links der Kiekenstein zu erkennen. Das strittige Gebiet ist als helle Fläche ausgespart; der rechte Rand bezeichnet die von dem Stift Corvey beanspruchte Grenze, der linke die von dem Amt Polle – diese prätendierten Grenzen liegen an der engsten Stelle über 90, an der breitesten über 900 Meter auseinander. Angesichts der unregelmäßigen Gestalt dieses Waldgebietes haben die beiden Landmesser es in vier Rechtecke (die sogen. „Quadrate" A, D, E, F) und drei Dreiecke (die sogen. „Triangel" B, C, G) aufgeteilt, da sich der Flächeninhalt von Rechtecken und rechtwinkligen Dreiecken leicht berechnen läßt. Freilich, schon die Skizze und erst recht die angegebenen Längenmaße der Seiten lassen erkennen, daß ihnen das nur unvollkommen gelungen ist. Gemessen wurde übrigens mit einer „in Pech gesottenen" Schnur (S) von acht Ruten (R) Länge; eine Rute entsprach etwa 4,66 m. Daß diese mehr überschlägige Berechnung damals genügte, zeigt sich auch an dem Teilungsverfahren: Die über die ganze Breite der strittigen Fläche verlaufenden Hilfslinien wurden halbiert und die so gefundenen Punkte miteinander verbunden. Die endgültige Festlegung der Grenze erfolgte erst zwei Jahre später nach einer abermaligen Vermessung in der gleichen Methode, die jedoch diesmal wesentlich genauer gehandhabt wurde. Im Beisein fürstlicher Räte von beiden Seiten wurde im November 1588 in zweitägiger Arbeit die Grenze zwischen Weser und Köterberg mit 132 Grenzsteinen und über 100 weiteren Grenzmarken wie Gräben, Hügeln und Malbäumen gekennzeichnet. Dieser Grenzabschnitt ist, wie die Beikarte zeigt, noch heute Landesgrenze gegen Nordrhein-Westfalen.

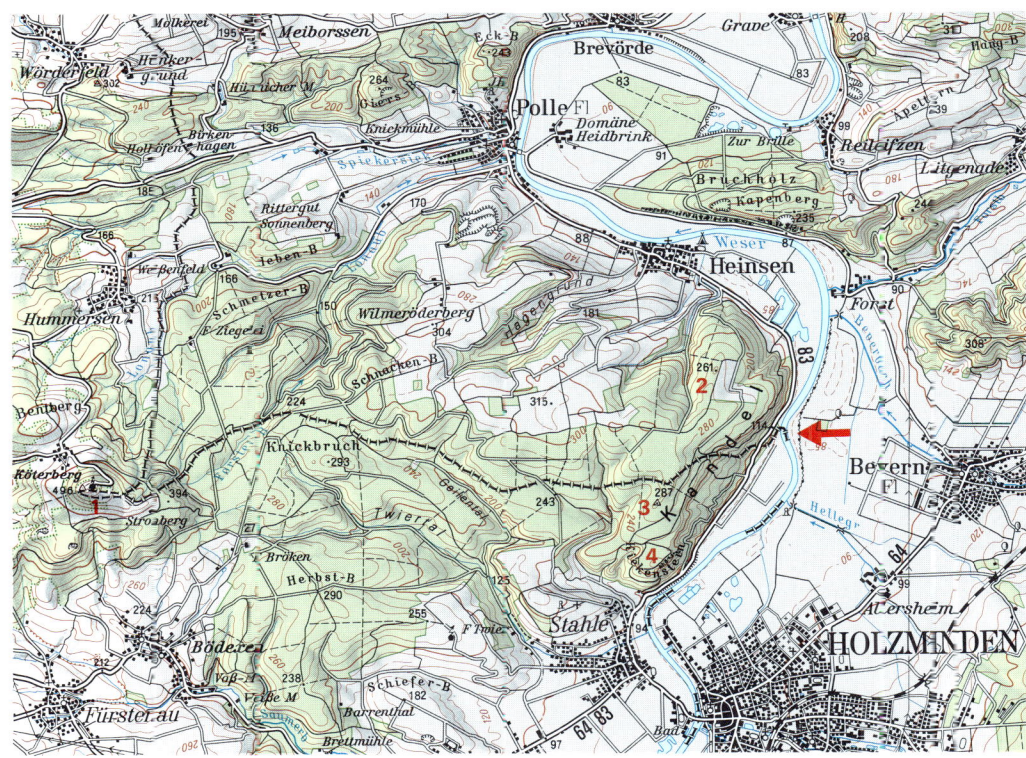

Topographische Karte 1:100 000
Pfeil: Blickrichtung der abgebildeten Skizze
1 Köterberg, 2 Ahlsberg, 3 Ascherberg
4 Kiekenstein

Nr. 13

Ansicht des Klosters Höckelheim und seiner Gemarkung
Ende 16. Jahrhundert

In Höckelheim, westlich vor den Toren von Northeim gelegen, haben die Herren von Plesse auf ihrem älteren Stammgut 1245 ein Zisterzienserinnenkloster errichtet. Nach Einführung der Reformation in der Herrschaft Plesse 1537 blieb es zunächst als evangelisches Damenstift bestehen. Die Klosterkirche diente den Herren von Plesse als Erbbegräbnis; hier wurde 1571 auch Dietrich IV. als letzter seines Geschlechtes beigesetzt – als sinnfälliges Symbol gab man ihm den zerbrochenen Wappenschild mit ins Grab. Als Teil des an Hessen heimgefallenen Lehens der Herren von Plesse entbrannten auch um das Kloster Höckelheim in den folgenden Jahrzehnten heftige Auseinandersetzungen zwischen den hessischen Landgrafen und den braunschweigischen Herzögen (siehe oben Nr. 11).

In diesem Zusammenhang ist die hier abgebildete eindrucksvolle Karte entstanden. Sie gleicht weniger einer Landkarte als einem Gemälde, da sie die Gegend nicht im Grundriß, sondern in Schrägansicht, aus der Vogelschau darstellt. Der Blick geht gen Westen; am Horizont sind die Orte Berwartshausen und Moringen und der mächtige Böllenberg zu erkennen, im Vordergrund die Leine und die mauernumschlossenen Klostergebäude von Höckelheim. Sichtlich sind nur die wichtigsten dargestellt – es soll sich um Torturm, Mühle, Konventshaus, Kirche mit Dachreiter und einen Wehrturm handeln. Zwischen Leine und Böllenberg erstrecken sich beiderseits des Flüßchens Moore die zum Kloster gehörenden Fluren und Wälder, deutlich von den benachbarten Ämtern durch die übergroß gezeichneten weißen Marksteine abgegrenzt. Rechts oben weist die Kirchenruine auf das wüst gewordene Dorf Radelfeshusen.

In dem mit „Tieffenthal" bezeichneten Waldstück zwischen dieser Ruine und der Leine erkennt man auf einer Lichtung die Gestalt eines Erhängten. Aus Akten erfährt man, daß 1574 der hessische Amtmann zu Plesse einen Selbstmörder, der sich bei Tiefental erhängt habe, zur Gerichtsstätte bei Eddigehausen habe bringen und – nach ergangenem Urteil – auf dem Richtplatz vor Bovenden öffentlich verbrennen lassen. Dieser Vorgang diente unter anderem als Beweis für die unangefochtene Jurisdiktion des hessischen Amtmannes im Höckelheimer Gebiet. Eine ähnliche Rolle dürfte die Bergung des Ertrunkenen gespielt haben, der im Bach der Moore unweit der Warte an der Leine eingezeichnet ist.

Von den Gebäuden des Klosters, das Anfang des 17. Jhs. aufgehoben wurde, hat sich nichts erhalten; auch die Grablege der Plesser Herren ist spurlos verschwunden. Die heutige Kirche ist ein Neubau aus dem Jahre 1794. Die Gemarkung von Höckelheim wird heutzutage von der Nord-Süd-Autobahn durchschnitten.

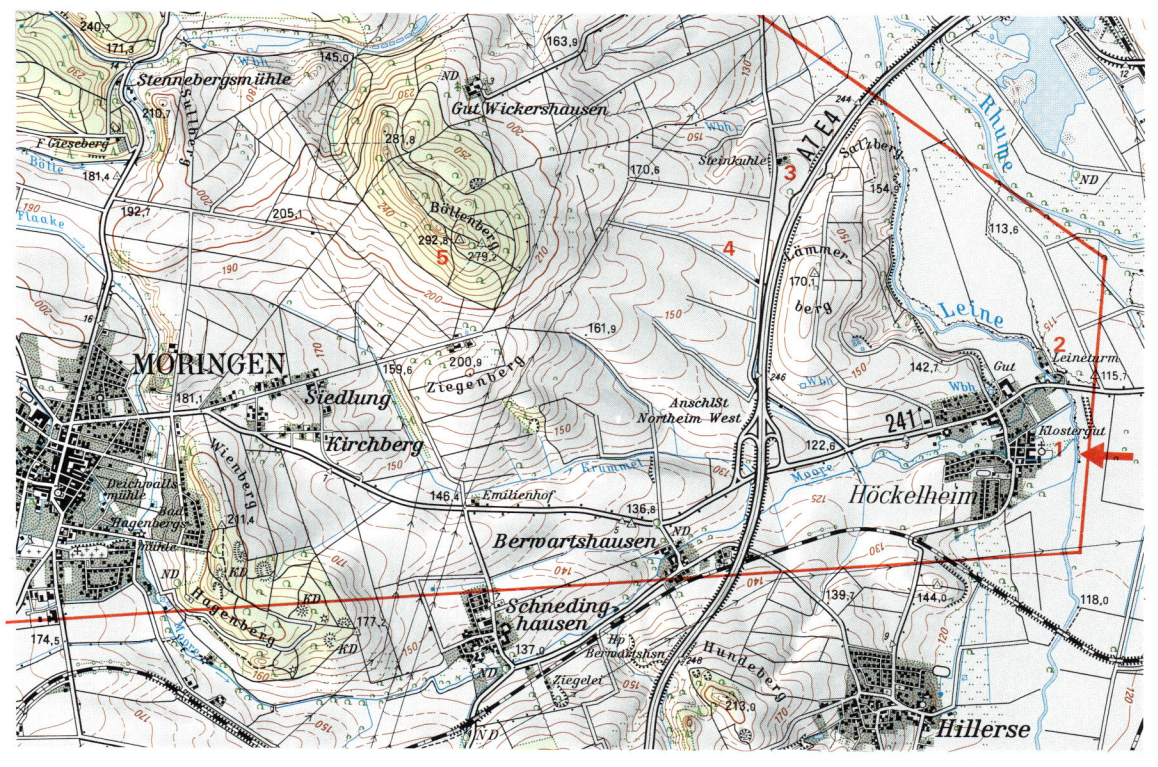

Topographische Karte 1:50 000
Pfeil: Blickrichtung des abgebildeten Kartenausschnitts
1 Kloster Höckelheim, 2 Northeimer Warte, 3 Zollhaus, 4 Wüstung Radelfeshusen, 5 Böllenberg

Das Rhumetal zwischen Katlenburg und Elvershausen
(Östlich von Northeim). Um 1649

Diese mit leichtem Pinsel in frischen Farben gemalte Ansicht des Rhumetales entstand im Zusammenhang mit Streitigkeiten zwischen dem Amt Katlenburg und der Dorfschaft Elvershausen, die zum Amt Brunstein gehörte. Es ging um Weideberechtigung und Strafgewalt des Amtes. Die Wiesen von Elvershausen lagen nämlich jenseits der Rhume und damit – so behaupteten es die Katlenburger – im Gebiet des Amtes Katlenburg. Die Bauern der Dorfschaft Duhm – auf der Ansicht im mittleren Vordergrund zu Füßen des Katlenburger Amtssitzes – pflegten ihr Vieh dorthin treiben zu lassen. Die Elvershäuser aber bestritten ihnen dieses Recht auf Koppelhutung. Wiederholt pfändeten sie etliche Schafe aus der Duhmer Herde, und am 17. April 1649 gingen sie so weit, den Schäfer Curdt Brandt gefänglich nach dem Brunstein abzuführen. Das war in den Augen des Katlenburger Amtmannes ein schwerer Eingriff in seine Jurisdiktion. Aufgrund seines sofortigen Protestes bei dem Amtmann zu Brunstein ist „der Kerl des andern Tages seines Arrests erlassen worden". Wenig später, am 4. Mai 1649, trafen sich vor dem Elvershäuser Steg über die Rhume beide Seiten, die Amtspersonen von Katlenburg, etliche Amtsuntertanen und die ganze Dorfschaft Duhm einerseits, der Amtmann zum Brunstein und die Dorfschaft Elvershausen andererseits, damit „ein Augenschein eingenommen werden möchte". Die Katlenburger wußten bei dieser Ortsbesichtigung ihren Standpunkt über die Samthutung, die der Dorfschaft Duhm mit den Elvershäusern auf deren Wiesen zustehe, und über die Grenzen der Amtshoheit, die bis an die Rhume reiche, energisch zu behaupten.

Den Katlenburger Berichten an die landesherrliche Regierung über diese oder ähnliche Vorgänge war offensichtlich die abgebildete Karte beigefügt. Der Lauf des Flusses, die Lage der Orte zueinander sind stark verzerrt; nicht nachmeßbare Genauigkeit, sondern sinnfälliger Eindruck von der ungefähren Situation des strittigen Gebietes war beabsichtigt.

Wie die Ansicht erahnen läßt, war Katlenburg – im Vordergrund links – kein gewöhnlicher Amtssitz, sondern blickte auf eine wechselvolle Geschichte zurück: Es war zunächst Stammsitz der 1106 ausgestorbenen Grafen von Katlenburg, dann Augustinermönchskloster und – nach Einführung der Reformation und vollständiger Säkularisation – Residenz des letzten Herzogs aus der Linie Braunschweig-Grubenhagen (gest. 1596). Im Dreißigjährigen Krieg zerstört, zeigt die Ansicht die teilweise wiederhergestellte Anlage: die neuerbaute Kirche mit dem Ostchor als Rest der ehemaligen Klosterkirche und links davon die Amtsgebäude mit den Ecktürmen als Reste des herzoglichen Schlosses – ein ähnlicher Anblick bietet sich dem Besucher auch heute noch.

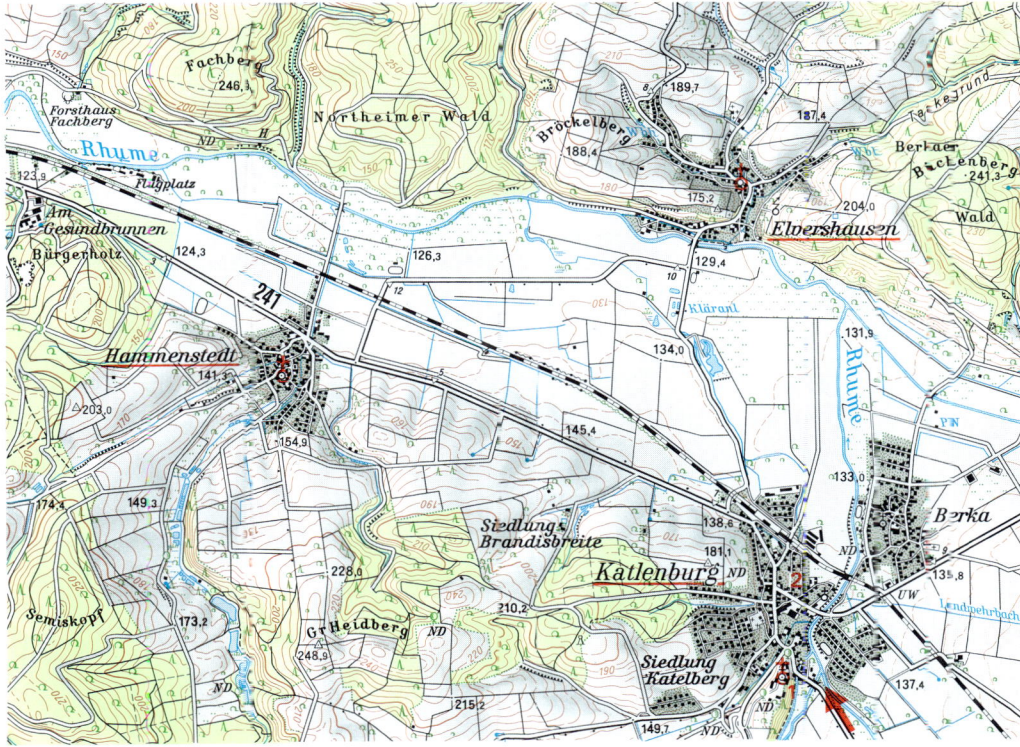

Topographische Karte 1:50 000
Pfeil: Blickrichtung des abgebildeten Kartenausschnitts
1 Amtsgebäude und Kirche von Katlenburg
2 Dorf Duhm

Nr. 15

Karte des Dorfes Anderten
(Südwestlich von Rethem/Aller). 1573

Die mit brauner Tinte auf grobem Papier gezeichnete Karte – besonders reizvoll durch die übergroße Figur des säenden Bauern – gehört zu einem langjährigen Prozeß, den die Einwohner von Anderten vor dem Hofgericht zu Celle gegen Ernst Ludolf v. Klencke und seinen Bruder geführt haben. Diese Herren v. Klencke besaßen das am östlichen Rand der Grafschaft Hoya gelegene Anderten von den Herzögen zu Braunschweig und Lüneburg zu Lehen. Die Bauern von Anderten beanspruchten das Recht, ihre Schweine zur Eichen- und Buchenmast in die Gehölze um Anderten zu treiben, dort auch Feuerholz zu sammeln und Bauholz zu schlagen. Dies Recht zu Mast und Holznutzung war ihnen auch in einem Rezeß von 1562 zugestanden, allerdings in den allgemeinen Worten: in der Holzung zu Anderten. Die Bauern bezogen diese Berechtigung auch auf ein Buchengehölz „Andertenburg" oder kurz „Burg" genannt. Die Herren v. Klencke bestritten dies: Wie die Urkunden über die Belehnung mit dem Dorf Anderten und der Andertenburg zeigten, sei dieses Gehölz ein besonderes Lehnsstück, das sie als ihren freien Forst allein gebrauchen dürften; auch sei es von den übrigen Gehölzen um Anderten räumlich klar getrennt. Die Bauern dagegen suchten durch Zeugenaussagen zu beweisen, daß sie seit Menschengedenken die Holzung genutzt hätten und daß diese keineswegs als separates Gehölz gelten könne. Um dieser Behauptung größeren Nachdruck zu verleihen, legte der Anwalt der Bauern dem Hofgericht den abgebildeten Abriß vor: Daraus gehe klar hervor, daß die streitige Holzung „inmitten et quasi in ipso centro" der übrigen Gehölze und Ländereien von Anderten liege. Diesen Abriß will der Anwalt verstanden wissen als einen „Augenschein, welcher gemeinem Spruch nach aller Zeugen bester ist".

Auf der Karte erkennt man im Vordergrund recht schematisch gezeichnet das Dorf Anderten, dahinter wechselweise Ackerflächen, z. T. von Flechtzäunen umgeben, und Waldstreifen. Schräg im Hintergrund verläuft der Heerweg von Nienburg nach Rethem. Der breiteste Waldstreifen in Kartenmitte soll das strittige Waldgebiet sein. Mit zwei verschiedenen, nicht leicht erkennbaren Signaturen deutet der Kartenzeichner dies an: Die Sternchen bezeichnen die äußere Grenze – sie verläuft teils entlang der Kämpe, teils quer durch das Waldgebiet. Kleine Kreise mit einem Punkt in der Mitte dienen als Flächensignatur. Offenkundig hat der Zeichner die Andertenburg stark nach Westen verschoben, um sie – im Interesse der Auftraggeber, der klagenden Bauern – in die Mitte der Gemarkung von Anderten zu rücken. Desungeachtet entsprach das Kartenbild wohl im wesentlichen der Wirklichkeit. Unmittelbar beim Dorf liegt die Altflur, hier „Feld" genannt. Die später hinzugekommenen Kampfluren liegen eingebettet in Laubgehölzen. Hierin spiegeln sich naturräumliche Gegebenheiten – die Kämpe liegen auf trockenen Bodenwellen, die Hudewälder in den feuchten Senken dazwischen. Wenn auch die Eichen- und Buchenwälder in der Zwischenzeit verschwunden sind, so läßt der Ausschnitt aus dem Meßtischblatt noch etwas von diesen Gegebenheiten erkennen.

Wie endete der Prozeß? Nach den nicht ganz vollständigen Akten zu schließen, mit einem Vergleich, der in puncto Mast und Holzung den Vorstellungen der Herren v. Klencke entsprach: Sie sollten die Andertenburg als ihr eigen Holz und Forst gebrauchen, und wo dieser Wald an die gemeine Markung stoße, solle ein Graben gezogen werden, um das Überlaufen der Schweine zu verhindern.

Preußische Landesaufnahme 1:25 000
Pfeil: Blickrichtung der abgebildeten Zeichnung
Rote gestrichelte Linie: Heerweg von Nienburg nach Rethem

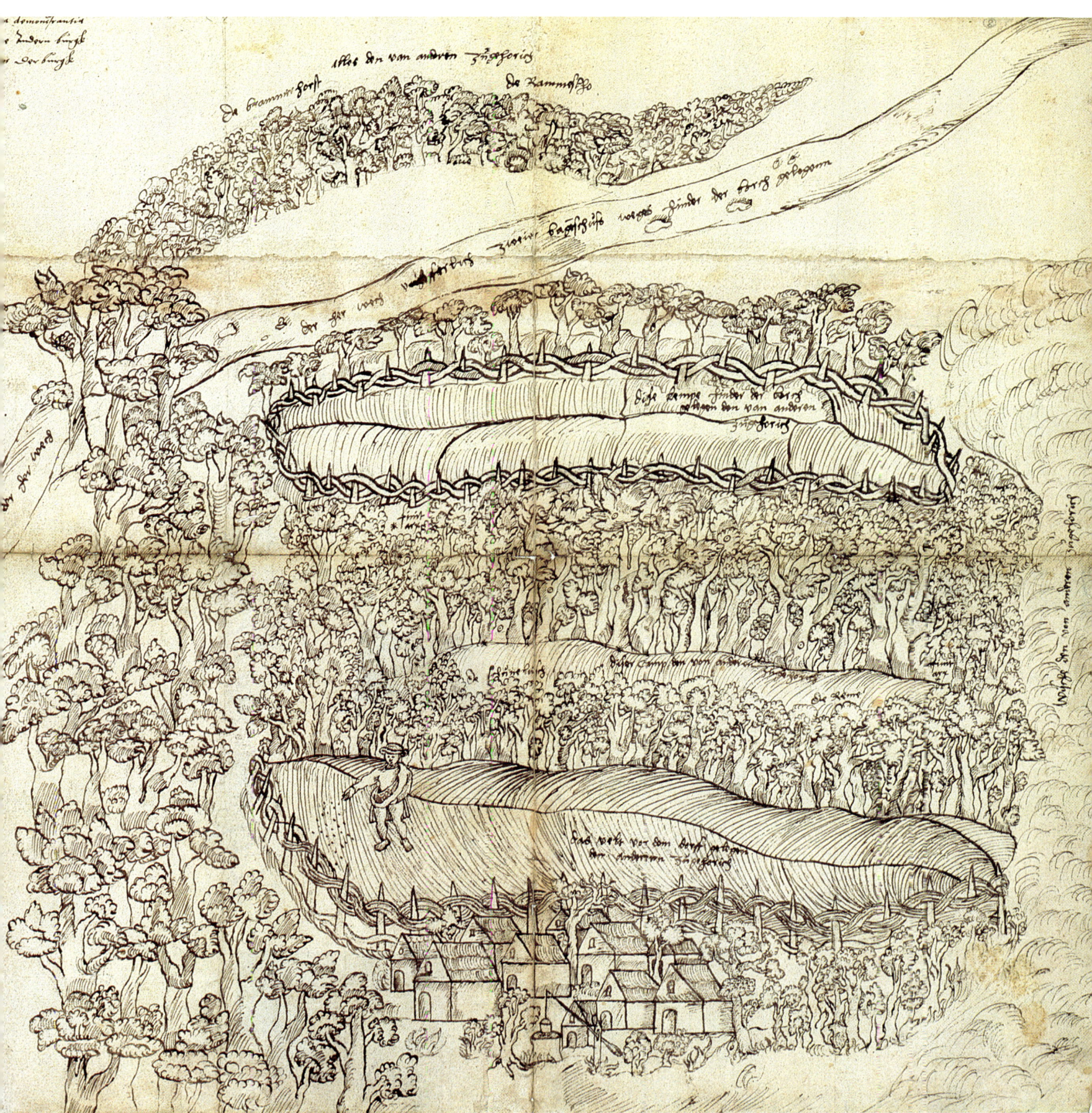

Abriß des Dorfes Rosebruch
(Südöstlich von Rotenburg/Wümme). 1572

Die Karte mit der Ansicht der drei Höfe des Dorfes Rosebruch im Hintergrund und dem „Berglin" im Mittelpunkt der Darstellung entstand im Rahmen des Prozesses um den Besitz der „Krummen Grafschaft", den die Grafen von Hoya von 1551 bis 1582 vor dem Reichskammergericht gegen den Bischof von Verden führten.

Die „Krumme Grafschaft" bezeichnete kein geschlossenes Territorium, sondern eine Reihe verstreuter Güter, verschiedener Rechte und Besitztitel in den verdenschen Ämtern Rotenburg und Verden sowie im benachbarten hoyaischen Amt Westen. Hierzu rechnete man auch das Dorf Rosebruch.

Mit diesem Ort ist eine Erzählung vom Ursprung der Grafen von Hoya verbunden, deren Wahrheitsgehalt aufgrund der ungesicherten Quellenlage allerdings nicht nachprüfbar ist. Dem Inhalt der Überlieferung zufolge soll um das Jahr 1184 ein aus Friesland vertriebener Häuptling namens Hajo mit den Schätzen, die er einem Kloster im Land Rüstringen geraubt hatte, einige Güter bei Rosebruch (Radesbroche) im Stift Verden gekauft und dort eine Burg errichtet haben, die der Verdener Bischof zerstören ließ. Nach einer anderen Quelle sei Hajo von den Einwohnern, deren Land er sich widerrechtlich angeeignet habe, vertrieben worden und an die Weser gezogen, um dort die Burg Hoya als Stammsitz der Grafen von Hoya zu erbauen.

Die in der „Krummen Grafschaft" gelegenen Güter haben eine wechselvolle Geschichte erlebt. Sie gehörten zwar zum lehnsherrlichen Obereigentum der Grafen von Hoya, dennoch haben diese die Grafschaft mehrfach auf Wiederkauf verpfändet: zunächst um die Mitte des 14. Jhs. an Herzog Wilhelm von Braunschweig-Lüneburg, 1385 ein zweites Mal an den Bischof von Verden gegen einen Betrag von 180 Mark. Da die Wiedereinlösung nicht erfolgte, blieb die „Krumme Grafschaft" im Besitz der Verdener Bischöfe. Der von den Grafen von Hoya 1551 angestrengte Reichskammergerichtsprozeß um die Wiedererlangung änderte nichts an diesen Besitzverhältnissen. Mit dem Erlöschen des Grafenhauses 1582 erübrigte sich eine juristische Lösung: Die „Krumme Grafschaft" verblieb endgültig im verdenschen Besitz, die Grafschaft Hoya fiel aufgrund von Lehnsanwartschaften an das Haus Braunschweig-Lüneburg.

Die hier abgebildete Karte schildert das Ergebnis einer Ortsbegehung, die von den Vertretern der Parteien unter der Leitung des kaiserlichen Kommissars Dr. Wilhelm Müller unternommen wurde, um das „Berglin", auf dem der Friese Hajo im 12. Jh. seine Burg errichtet haben sollte, im Gelände zu identifizieren. Die Kommission kam zu einem für die klageführende Partei negativen Ergebnis: Der von den Grafen von Hoya als Stammsitz beanspruchte Hügel sei viel zu klein, um auf diesem eine Burg zu errichten; er habe lediglich eine Länge von 34 Fuß (ca. 10 m). Die Grabungen, die man auf dem Hügel vornahm, führten gleichfalls nicht zur Freilegung der erhofften alten Fundamente, die der Beweis für eine Bebauung gewesen wären. Die Kommission war allerdings einem Trugschluß erlegen: Man erwartete eine größere Burganlage, „dar man doch zum geringsten mit Wagen und Pferde müsse zu- und abziehen können". Von den wesentlich kleineren Turmhügelburgen des hohen Mittelalters besaß man offenbar keine Kenntnis mehr.

In der Tat haben jüngere archäologische Untersuchungen ergeben, daß es sich bei diesem Objekt um eine sogenannte „Motte", eine der im 12. und 13. Jh. verbreiteten Turmhügelburgen, handelt. Diese waren relativ klein und bestanden lediglich aus einem Erdhügel, auf dem dann ein Wohnturm errichtet war. Hier bei Rosebruch umfloß der geteilte Schierenbach als Burggraben die Anlage. Heute sind der Burghügel, der noch 1959 als leichte Erhöhung zu erkennen war, vollständig eingeebnet und der Lauf des Schierenbaches begradigt.

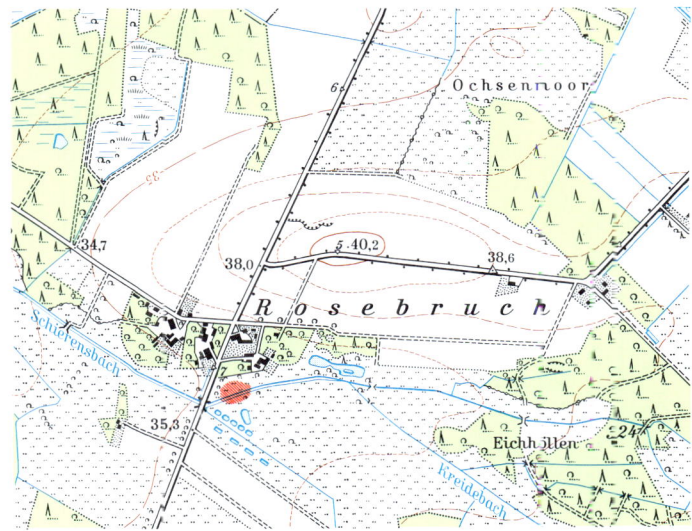

Topographische Karte 1:25 000
Rot schraffierte Fläche: ehem. Burgplatz

Nr. 17

Der westliche Grenzbereich der Grafschaft Diepholz
Ende 16. Jahrhundert

Vorlage dieser plastischen Skizze von der Hand eines unbekannten Zeichners ist eine von Heinrich Geißler 1593 im Auftrage des Reichskammergerichts angefertigte Prozeßkarte, die den strittigen Grenzverlauf zwischen der Grafschaft Diepholz – die seit 1585 aufgrund einer Lehnsanwartschaft zum Hause Braunschweig-Lüneburg gehörte –, dem Hochstift Osnabrück und dem Niederstift Münster klären sollte. Die Landesherren von Osnabrück und Münster beanspruchten seit alters her das Gebiet, das im Osten vom Oberlauf der Hunte, vom Westufer des Dümmers, von dem durch das Huntebruch fließenden Bach Wätering und im Norden von der Siller Landwehr und dem Flüßchen Dadau begrenzt wurde. Die Karte zeigt dagegen den Gebietsanspruch des Herzogs von Braunschweig-Lüneburg, der damit die alten westlichen Grenzforderungen der Grafen von Diepholz weiterhin aufrechthielt: Das Diepholzer Moor – in kräftigen Brauntönen großflächig eingezeichnet – einschließlich der Dammer Berge wird als gräfliches Territorium beansprucht. Osnabrücker und münstersches Hoheitsgebiet liegen aus der Perspektive des Zeichners gleichsam jenseits des Horizontes, wie die im oberen Kartenrand eingezeichnete, im Niederstift Münster liegende Stadt Vechta verdeutlicht.

Während des Prozesses führte die Diepholzer Partei u. a. die seit Jahrhunderten bestehenden Jagdrechte des Grafenhauses im Huntebruch als Beweis für die Besitzrechte ins Feld. Bereits 1321 beschwerten sich der Drost und die Burgmannen von Vechta bei ihrem Landesherrn, dem Bischof von Münster, daß Graf Rudolf von Diepholz unberechtigterweise einen großen Teil des zum Amt Vechta gehörigen „Huntebrochs" an sich gerissen habe. Dies ist die erste urkundliche Erwähnung des Huntebruchs. Tatsache ist, daß seit dieser Zeit die Grafen und Edelherren von Diepholz das Huntebruch und den Dümmer in ihren Machtbereich einbezogen und sie auch als die Initiatoren für die Urbarmachung und Besiedlung des einst unwegsamen Gebietes anzusehen sind. Die osnabrückische und münstersche Seite hielt dem entgegen, daß diese Wiesen seit alters her von Untertanen der Bischöfe als Weideland genutzt wurden. Die von dem Zeichner in der Karte dargestellte Szene – ein bewaffneter Mann treibt ein Pferd durch das Huntebruch – verdeutlicht möglicherweise die gräflichen Jagdrechte.

Das Gebiet um die Siller Landwehr und das Dadauflüßchen beanspruchte die Diepholzer Partei mit dem Hinweis, Landwehr und von der Dadau abgezweigte Wassergräben seien Verteidigungswerke der Diepholzer Bauern, die diese unter Anleitung des Drosten von Lemförde zum Schutz gegen das 1591 zu Vechta lagernde Kriegsvolk errichtet hätten. Die Karte zeigt im oberen Bild zwei Soldaten an der Dadaubrücke.

Zu einer Klärung der Grenzverhältnisse führte der Reichskammergerichtsprozeß nicht. Eine endgültige Regelung gelang erst im 19. Jahrhundert.

Topographische Übersichtskarte 1:200 000

Nr. 18

Grenze des Amtes Auburg
Ende 16. Jahrhundert

Aus der Feder des unbekannten Zeichners der vorangegangenen Karte stammt offenbar auch diese starkfarbige Skizze, die den nördlichen Teil des Amtes Auburg in der Grafschaft Diepholz darstellt. Nach dem Aussterben der Diepholzer Grafen im Mannesstamm 1585 erhielt das Haus Braunschweig-Lüneburg aufgrund einer seit 1517 bestehenden Lehnsanwartschaft die Grafschaft mit Ausnahme des Amtes Auburg, auf das die hessischen Landgrafen seit 1521 Anspruch erhoben. In diesem Jahr hatten die damaligen Grafen von Diepholz Philipp von Hessen Auburg zu Mannlehen übertragen. Mit dieser Übergabe erhofften sie sich die Abwendung der Reichsacht, die ihnen Karl V. für ihre Teilnahme an der Hildesheimer Stiftsfehde (vergleiche unten Nr. 19) auferlegt hatte und mit deren Vollstreckung der hessische Landgraf betraut worden war. 1559 wurde die hessische Lehnsanwartschaft durch den Kaiser bestätigt; sie trat 1585 mit dem Erlöschen des Diepholzer Grafenhauses in Kraft. Philipp Wilhelm von Cornberg, ein illegitimer Sohn des Landgrafen Wilhelm IV. von Hessen, übernahm die Verwaltung des Amtes Auburg, das ihm 1592 offiziell als hessisches Lehen übertragen wurde. Für die folgenden zwei Jahrhunderte unterstand Auburg der hessischen Regierung in Kassel. Bereits bei der Lehnsübertragung an den Landgrafen von Hessen im Jahre 1521 hatte das Haus Lüneburg einen Prozeß beim Reichshofrat angestrengt, der erst 1771 ergebnislos endete. Nach der Übernahme Auburgs durch Hessen und der Inbesitznahme der übrigen Grafschaft 1585 durch Braunschweig-Lüneburg versuchten beide Parteien auf dem Wege gütlicher Verhandlungen, die neben dem Prozeß einhergingen, die Markenstreitigkeiten bezüglich der Heidemahd, die zwischen Wagenfeld und Bockel auf der Auburger Seite und Rodemühlen und Kellenberg auf der Diepholzer Seite herrschten, beizulegen. 1591 kam es im Rahmen eines Vergleichs zu einer vorläufigen Grenzziehung. Diese sollte „zu Ende der Dannhorst nach der Awburge, daher und schnurstracks auf den Keldenberger Immenzaun, von dannen über die Hembsler Kohedrift gleich über auf den Rodemoller Berg gehen, bis an die Mitte zwischen den beiden daselbst belegenen Steinen, daselbst Aufworf mit beiderseits Zuordnung gemachet werden soll. Gleich gegen den hohen braker Camp, von dannen schnors recht bis auf die Wische nach der Vinckenstette" gehen. Der Zeichner hält diese Situation in seiner Karte fest: Die Skizze entspricht recht genau der gegebenen Grenzbeschreibung. Allerdings wurde die hier gezogene Markengrenze, „darüber" – so die Bemerkung auf der Karte – „sich beider Fürsten Räthe Anno 91 den 8 Junii uf Ratification der Fürsten (welche doch nicht erfolget) verglichen", weder von der hessischen noch von der lüneburgischen Seite offiziell anerkannt. Wie eine jüngere Karte von 1720 belegt, bestand die Grenze de facto während des 18. Jahrhunderts fort. Erst die Abtretung Auburgs unter Zustimmung Hessens an das Königreich Hannover im Jahre 1815 gemäß einer zwischen Preußen und Hannover getroffenen Vereinbarung klärte endgültig die Grenzverhältnisse.

Die Skizze ist von Nordwesten aus gesehen: Die Orte Rodenmühlen („Roenmöle") und Kellenberg („Kellen-Barch") mit dem westlich anschließenden, in kräftigen Brauntönen gezeichneten Moor liegen diesseits der Markengrenze und gehören zum diepholzischen Hoheitsgebiet. Die Grenze trennt die beiden Moorgebiete und verläuft direkt über der höchsten Erhebung des Kellenberges. Jenseits der Grenze auf hessischem Gebiet liegt der Ort Bockel und der Amtssitz Auburg („Ouw Borch") an der Wagenfelder Aue. Betont hat der Zeichner das Moor und Ödland von den landwirtschaftlich genutzten Flächen in der Nähe der Dörfer abgehoben. Von Norden nach Süden schlängelt sich auf der Karte die Landstraße, die in ihrem Verlauf etwa der heutigen Bundesstraße 239 von Rheden über Wagenfeld nach Lübbecke entspricht.

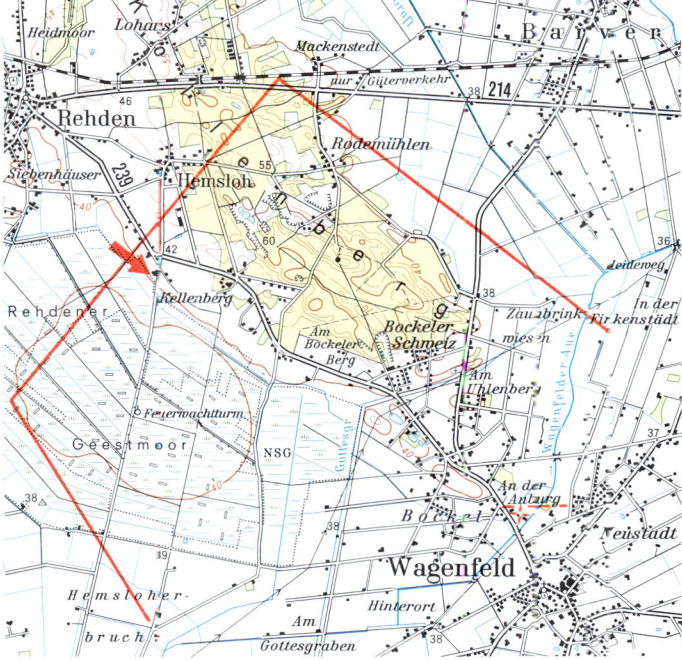

Topographische Karte 1:100 000
Pfeil: Blickrichtung der abgebildeten Karte

Nr. 19

Chorographia der Hildesheimischen Stiftsfehde
Von Johannes Krabbe. 1591

Eine der merkwürdigsten Karten aus den Akten des Reichskammergerichts ist diese „Chorographia oder Beschreibung" der Hildesheimer Stiftsfehde: Die 1590 entstandene, auf 1591 datierte Karte schildert Ereignisse, die damals mehr als zwei Menschenalter zurücklagen, nämlich die Kriegszüge, Belagerungen und Brandschatzungen der hildesheimischen Truppen im Raum zwischen Weser und Harz in den Jahren 1519 bis 1523. Damals hatten sich die Auseinandersetzungen des Bischofs Johann IV. mit dem Hildesheimer Stiftsadel zu einem kriegerischen Konflikt gesteigert, an dem fast alle benachbarten Fürsten beteiligt waren: auf der einen Seite Bischof Johann und Herzog Heinrich der Mittlere von Lüneburg, die Grafen von Schaumburg, Diepholz und Hoya und der Edelherr von Lippe, auf der anderen Seite Herzog Erich d. Ä. von Calenberg, Herzog Heinrich d. J. von Wolfenbüttel und dessen Bruder Franz, Bischof von Minden. Die hildesheimische Partei fügte den Calenbergern und Wolfenbüttlern zwar in der Schlacht bei Soltau am 28. Juni 1519 eine vernichtende Niederlage bei – doch der Sieg auf militärischem Felde ging auf dem politischen Felde wieder verloren. Kaiserlicher Druck bewirkte, daß am Ende im Quedlinburger Vertrag von 1523 das Stift Hildesheim den größeren Teil seiner Ämter an die beiden welfischen Nachbarn verlor.

Die Rückgabe dieser Stiftsgebiete suchten die Nachfolger Bischof Johanns in einem 1548 begonnenen, sich jahrzehntelang hinziehenden Reichskammergerichtsprozeß gegen die Herzöge zu Wolfenbüttel und Calenberg zu erwirken; das Urteil von 1629 gab den Hildesheimern recht, doch verzögerte sich die Wiederherstellung des Stifts in den Wechselfällen des 30jährigen Krieges bis 1643.

Im Rahmen dieses Prozesses ließ der Herzog von Wolfenbüttel den mit Zeugenbefragungen und Ortsbesichtigungen beschäftigten Kommissaren am 29. Dez. 1590 in Stolzenau diesen „gemalten Abriß" übergeben mit der Bitte, ihn „bei dem anbestimmten Augenscheine ... zu conferiren", d. h. bei den Ortsbesichtigungen zu vergleichen und zu überprüfen, damit später das Kammergericht in Speyer eine klarere Vorstellung von dem hildesheimischen Kriege habe. Zudem sollten „etliche alte Leute anstatt des Augenscheins abgehöret" werden, da der Krieg sich vor 70 Jahren zugetragen habe und seither „die außgebrandten Embter, Stette und Dörfer wieder aufgebauet und also nicht in allen Orten augenscheinliche vestigia sive signa apparentia (Spuren oder sichtbare Zeichen) deßelben Plünderns und Brennens vorhanden" sind. Tatsächlich reisten daraufhin die Kommissare innerhalb von 14 Tagen über Wunstorf, Pattensen, Calenberg, Gandersheim und Lichtenberg bis Wolfenbüttel, vernahmen 80 Zeugen, notierten die wichtigsten Orte mit Großbuchstaben in Abriß und Bericht (A–H) und bestätigten am Schluß des umfänglichen Protokolls ausdrücklich die Übereinstimmung des Abrisses mit dem Augenschein und den Zeugenbefragungen.

Der Abriß – rechts im Ausschnitt, auf den folgenden Doppelseiten verkleinert, aber ganz abgebildet – zeigt die heimgesuchten Gegenden wie im Panorama aus der Vogelschau mit Blick nach Süden. Den Hintergrund bilden links der Harz mit dem Brocken („Blocksberg"), das an die Leine stoßende Amt Gandersheim und rechts die Weser von Bodenwerder bis Minden. Im Vordergrund fließt die Aller. Ein Netz von Grenzlinien umschließt die wolfenbüttelschen und calenbergischen Ämter sowie die Nachbarterritorien Hildesheim, Schaumburg und Minden. Dargestellt sind der Einfall des hildesheimischen Bischofs und seiner Verbündeten in das Stift Minden (rechts), die Belagerungen von Calenberg (in der Mitte) und Wölpe bei Nienburg (rechts) und die Schlacht bei Soltau (unten), die freilich anders als hier abgebildet keine klassische Feldschlacht war, sondern ein Überraschungsangriff auf marschierende Truppen. – Mit wehenden Fahnen zieht das hildesheimische Heer durch das Land. Feuerlohe und dunkle Rauchwolken über den zerstörten Ortschaften lassen die Schrecken des Krieges deutlich werden; zwischen den Orten schwärmt einzeln oder in Trupps das Kriegsvolk aus, um zu plündern, rauben und brandschatzen – gerade hierüber wußten später noch die befragten Zeugen viel zu berichten.

Zeichner der Karte ist der in wolfenbüttelschen Diensten stehende, vielseitig begabte Goldschmied, Büchsenmacher, Instrumentenbauer, Landmesser, Astronom, auch Kalendermacher Johannes Krabbe aus Münden. Er hat für diese Karte nicht das ganze dargestellte Gebiet vermessen, wohl aber große Teile, nämlich die Lage der Ortschaften in den heimgesuchten Ämtern von Neustadt bis Gandersheim. Daß er selbst Wert und Rang seiner „Chorographia" recht einzuschätzen wußte, läßt sich an der Höhe der Summe ablesen, die er für sie von seinem Auftraggeber erbat: 100 Reichstaler.

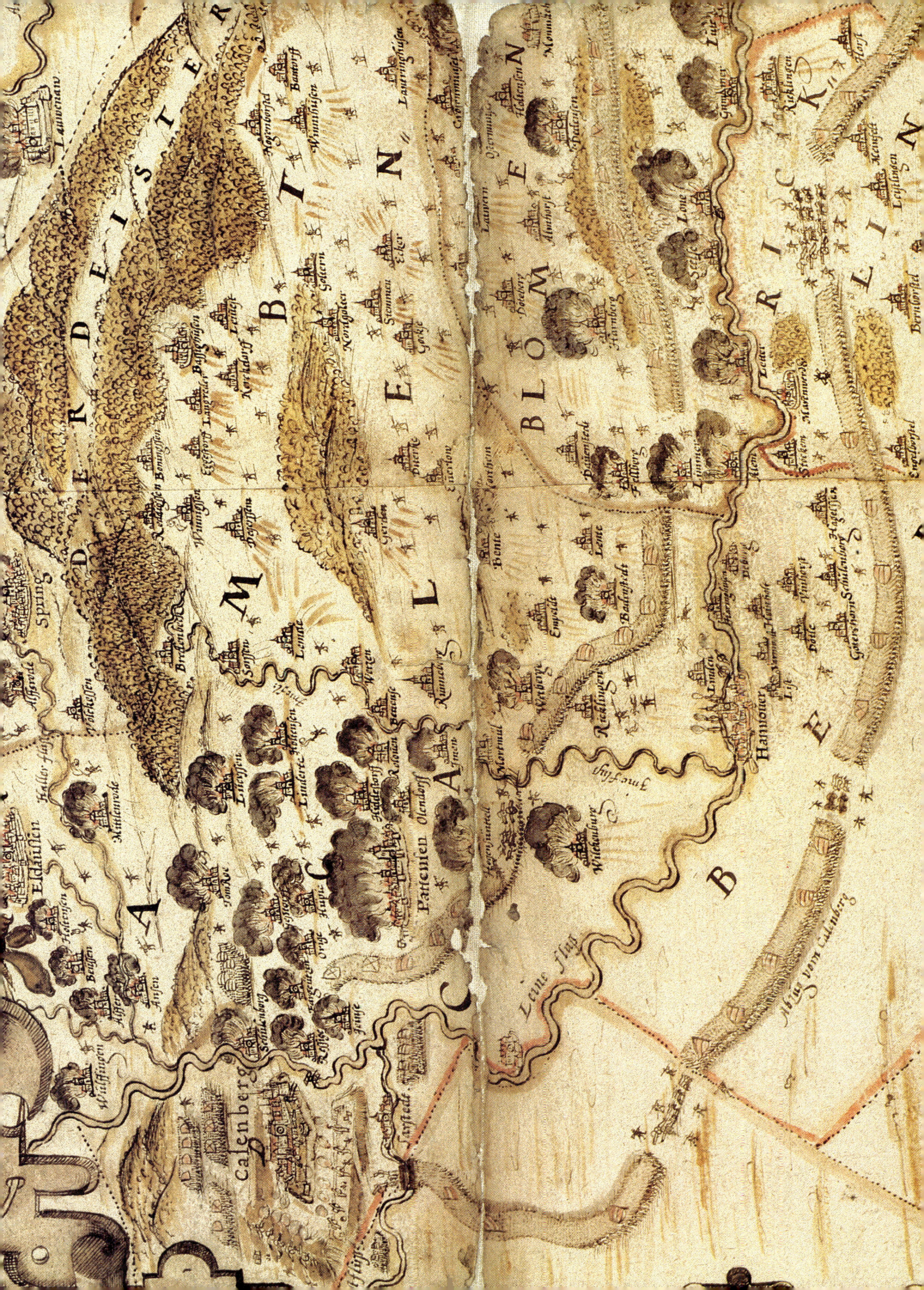

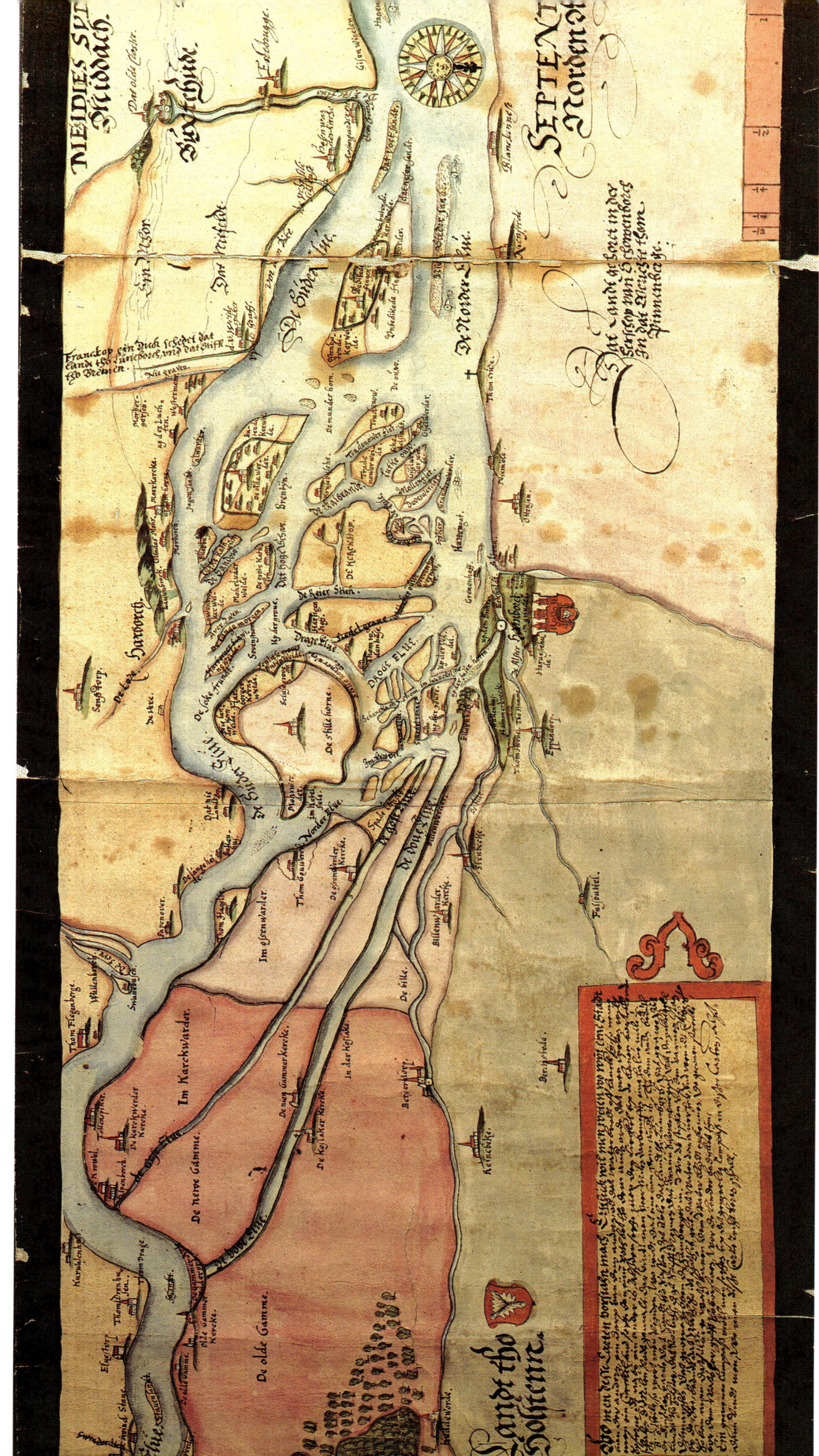

Nr. 20

Karte der Elbe von Geesthacht bis zur Mündung
Verkleinerte Kopie der Karte von Dominicus Drever (um 1569)

Die Tafel zeigt ein gutes Viertel einer schmalen, überlangen Karte, die mit Blick nach Süden den Verlauf der Elbe von Geesthacht bis zur Elbmündung darstellt. Zu sehen ist das Elbinselgebiet zwischen Harburg (oben) und Hamburg (unten).

Diese Elbkarte gehört zu den Unterlagen eines Komplexes von Reichskammergerichtsprozessen, die die Stadt Hamburg gegen die welfischen Herzöge zu Harburg und Celle, teilweise auch gegen die Städte Lüneburg, Stade und Buxtehude, und diese wiederum gegen Hamburg seit den 50er Jahren des 16. Jhs. führten. Hamburg verlangte die Anerkennung seines althergebrachten Privilegs, daß jedermann, der den Elbstrom auf- und abführe, bei Hamburg anlegen, Zoll zahlen und vor allem Getreide zunächst hier zum Verkauf anbieten müsse. Die welfischen Herzöge bestritten unter anderem die Gültigkeit des Stapelzwangs für die bei Harburg vorbeifließende Süderelbe und bestanden auf gerichtlicher Klärung der Frage, „ob nicht die Suder-Elbe ein größerer, tieffer und weyterer Strom sey dan die Norder-Elbe" und „ob nicht die Suder-Elbe ein eigen Stromb sey". Hamburg dagegen beharrte darauf, „das nur ein Elbe sei", die zwischen Harburg und Hamburg zwar durch viele Inseln geteilt werde, doch liefen alle Elbarme wieder zusammen zu einem Strom. Dieser Streit wurde nicht nur mit Worten, sondern auch mit Karten ausgefochten. Um eine Karte der Gegenpartei zu widerlegen, ließ Hamburg durch den Maler Melchior Lorich 1567 eine „sonderliche herliche mappam" der Elbe bis zur Mündung anfertigen, die schon durch ihre Größe beeindrucken mußte – die Karte ist über 12 Meter lang. Möglicherweise als direkte Antwort darauf hat Dominicus Drever um 1569 eine Karte des gleichen Raumes gezeichnet, längst nicht so kunstvoll und auch nicht so überwältigend in den Ausmaßen. Immerhin war sie mit ihren ursprünglich gut fünfeinhalb Metern doch so unhandlich, daß man etwa gleichzeitig eine auf ein Drittel verkleinerte Kopie herstellen ließ, aus der unser Ausschnitt stammt.

In ihr spiegelt sich die Auffassung der welfischen Herzöge: Auffällig breit ist die Süderelbe als der eigentliche Hauptstrom gezeichnet. Sie fließt keineswegs durch Hamburger Gebiet. Nach der Flächenkolorierung gehören die Elbinseln fast ausnahmslos zum welfischen (gelblich mit rosa Rand) oder schaumburgischen Territorium (hellviolett); Hamburgs Gebiet (grün) beschränkt sich auf kleine Flächen in unmittelbarer Stadtnähe. Diese Karte ignoriert also, daß Hamburg seit dem 14. Jh. zielstrebig eine Reihe von Elbinseln erworben, ja sich sogar auf dem südlichen Elbufer bei Moorburg unterhalb von Harburg festgesetzt hatte, um die Schiffahrt auch auf der Süderelbe zu kontrollieren und das behauptete Stapelrecht wirksam durchzusetzen. Offenbar argumentierte man welfischerseits damit, daß Hamburg diese Gebiete großenteils nur pfandweise innehabe, daß die Stadt also nur auf Zeit, bis zur Wiedereinlösung der Pfänder, darüber verfüge – die eigentlichen Landesherren aber seien die Herzöge von Braunschweig-Lüneburg bzw. die Grafen von Schaumburg-Pinneberg.

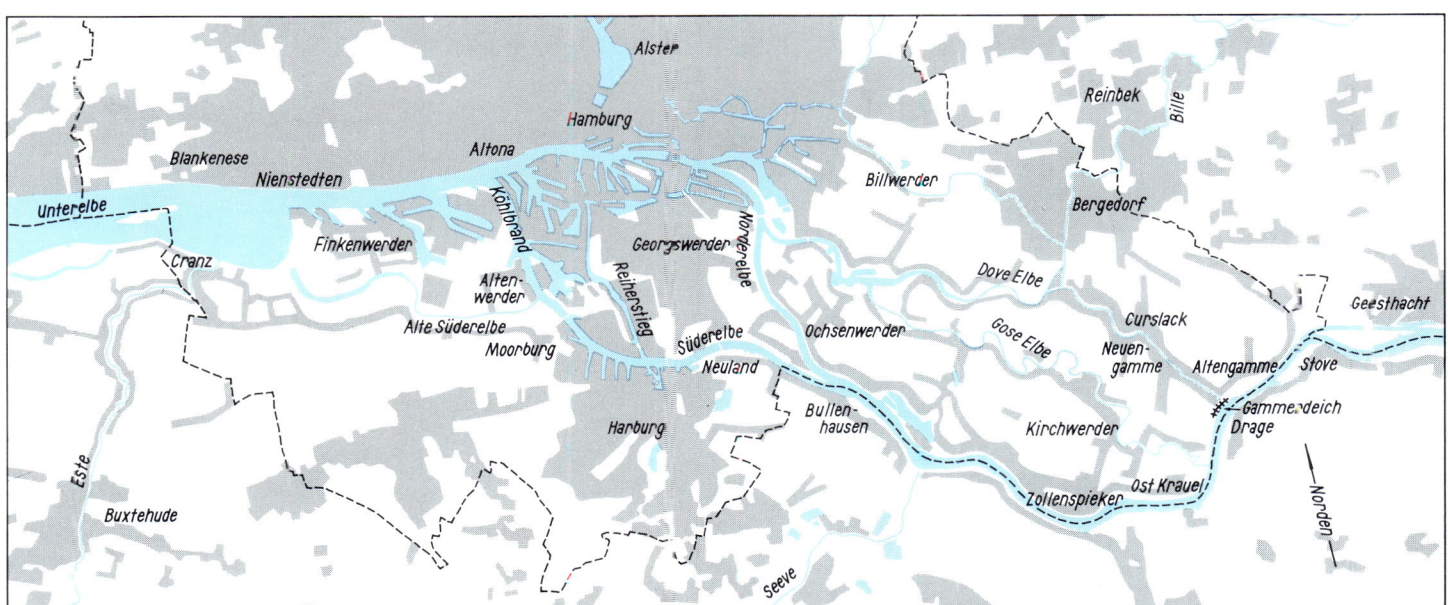

Heutiger Zustand des Elbinselgebietes zwischen Hamburg und Harburg

Nr. 21

Karte der Elbniederung bei Harburg
Um 1620

Auch diese Karte gehört dem Anschein nach zu den Auseinandersetzungen zwischen der Stadt Hamburg und den braunschweig-lüneburgischen Herzögen; auch sie bedient sich der Farbe, um die Besitzverhältnisse im Stromspaltungsgebiet der Elbe darzustellen: Die grünen Flächen gelten als lüneburgisch, die roten – mit kräftiger Umrandung – als hamburgisch. Im Unterschied zur vorhergehenden Karte von 1569 entspricht dies eher den tatsächlichen Gegebenheiten jener Jahrzehnte, nur ist die Darstellung der Elbinseln infolge der Schrägansicht stark verzerrt. Auch muß sich der Betrachter umorientieren – diese Karte ist wieder nach Norden ausgerichtet; oben am Horizont erkennt man die Silhouette der vieltürmigen Stadt Hamburg.

In der Beschriftung nimmt die Karte Bezug auf einen der Hauptstreitpunkte: den Gammerdeich. 1420 hatte sich Hamburg zusammen mit Lübeck in einer Fehde mit Sachsen-Lauenburg den Besitz der Vierlande erstritten (auf der vorhergehenden Karte übrigens rot = lauenburgisch dargestellt!). In der Folgezeit hatte man einen Elbarm – später die Dove (= Taube) Elbe genannt – durch den Gammerdeich abgeriegelt, um so die anliegenden Vierlande vor Hochwasser zu schützen. Die Folge war freilich, daß nunmehr „der gantze Fluß aufs Fürstenthumb Lüneburgk gezwungen" wurde und den südlichen Elbufern schwere Schäden zugefügt wurden. Wiederholt haben die welfischen Herzöge die Einreißung des Dammes verlangt, damit die Hochwasser durch die Dove Elbe – hier auf der Karte irrtümlich oder absichtlich Norderelbe genannt – einen schnellen Abfluß fänden. Als Hamburg 1554 sein Stapelrecht vor dem Reichskammergericht einklagte, erwiderten die Herzöge dies mit der Gegenklage auf Beseitigung des Gammerdeiches. Und *de jure* hatten sie hierin – wie auch in der Hauptsache – Erfolg. Im Reichskammergerichtsurteil von 1619 wurde Hamburg untersagt, die freie Schiffahrt auf der Süderelbe zu hindern, und dazu verurteilt, den Gammerdeich abzubauen. Durchsetzen ließ sich dieses Urteil freilich nicht. Hamburg legte Revision ein, und im Verlauf des 30jährigen Krieges versickerte der Prozeß. Hamburg hatte es verstanden, dank seiner wirtschaftlichen Überlegenheit seine Position an der unteren Elbe gegenüber den allmählich erstarkenden Landesfürsten zu behaupten. In bezug auf den Gammerdeich zogen die Lüneburger Herzöge daraus die Konsequenz: Es wurden künftig ernsthafte Anstrengungen zur Bedeichung der Elbmarschen und zur Verbesserung der Entwässerungsverhältnisse gemacht.

Den Mittelpunkt der Karte bildet das mit Wall und Graben befestigte Schloß Harburg, von 1527 bis 1642 Residenz einer Nebenlinie des Welfenhauses und von ihr in den Jahren um 1580 und 1620 im Renaissancestil prächtig ausgebaut. Davor erstreckt sich das Städtchen Harburg. Die eigentümlich längliche Form weist auf die Entstehung hin: Die erste Siedlung war auf einem künstlich geschaffenen Damm angelegt, der die in sumpfiger Niederung erbaute Burg mit der Geest verband.

Trotz mancher Versuche der landesherrlichen Regierungen in Celle und später in Hannover, den Hafen und Handel auszubauen, blieb Harburg angesichts der übermächtigen Konkurrenz Hamburgs bis ins 19. Jh. hinein eine bescheidene Kleinstadt. Der Anschluß Harburgs an die Eisenbahn nach Celle 1847, der Bau der Elbbrücken (1868 für die Eisenbahn, 1899 für den Straßenverkehr), moderne Hafenanlagen und nicht zuletzt Hamburger Kapital schufen die Voraussetzungen für die rasche Industrialisierung Harburgs. Der Raummangel Hamburgs, die Verflechtung mit der Hamburger Wirtschaft bewirkte, daß 1937 durch das Großhamburggesetz Harburg-Wilhelmsburg ebenso wie Altona und Wandsbek auf dem Nordufer der Elbe mit Hamburg vereinigt wurde.

Karte der Elbe bei Harburg (von Finkenwerder bis Altengamme). Gesamtaufnahme

Die „Goldene Linie"
Karte zum Grenzvergleich zwischen Oldenburg und Ostfriesland. Von Johann von Honart. 1667

Zu einer Grenzziehung besonderer Art ist es 1666 zwischen Oldenburg, als dem damaligen Besitzer des Jeverlandes, und Ostfriesland gekommen: nicht vorhandenes, sondern erst entstehendes Land galt es untereinander aufzuteilen.

Die Harlebucht reichte zu Beginn des Deichbaues, also in der Zeit um 1000 n. Chr., tief ins Landesinnere hinein, etwa bis Funnix und Berdum. Schwere Sturmfluten haben sie im 14. Jahrhundert teilweise noch bis Esens, Burhave und Wittmund vergrößert. Doch seit dem 15./16. Jahrhundert verlandete die Harlebucht allmählich. Es begann eine Epoche langsam voranschreitender Eindeichungen, bis mit dem Elisabethgroden von 1895 der heutige Zustand einer geraden Küstenlinie erreicht war, der nichts mehr von der alten Bucht erahnen läßt.

Das Gebiet südlich der Harlebucht gehörte teils zu Ostfriesland, teils zum Jeverland. Mit der zunehmenden Verlandung, mit dem Voranschreiten der Einpolderung erhob sich im 17. Jahrhundert der Streit, wo im anwachsenden Land die Grenze zwischen den beiden Territorien verliefe. Da vor der Harlebucht die ostfriesische Insel Spiekeroog und die jeverländisch-oldenburgische Insel Wangerooge liegen, einigte man sich am 22. Dezember 1666 schließlich auf eine Grenzlinie, die die Mitte zwischen beiden Inseln anpeilte. Jede Seite beauftragte einen Ingenieur, die Ostfriesen den aus den Niederlanden stammenden „beeidigten und am Hofe von Holland promovierten" Ingenieur Johann von Honart, die Oldenburger den jeverschen Ingenieur Falke. Das Ergebnis ihrer Vermessungen hält die hier abgebildete Karte fest.

Ausgangspunkt war der ostfriesisch-jeverländische Grenzpfahl auf dem 1658 erbauten Deich zwischen Neufunnixsiel und Neugarmssiel. Mit den beiden „Baken", die man auf den Rand der hohen Dünen im Osten von Spiekeroog und im Westen von Wangerooge setzte, bildete er ein rotes Vermessungsdreieck. Von diesem Grenzpfahl aus zog man eine „goldene Scheitlinie" zur Mitte der Verbindungslinie zwischen den beiden Baken. Die Farbe der „Scheitlinie" auf dieser Karte gab der Grenze ihren Namen: „Goldene

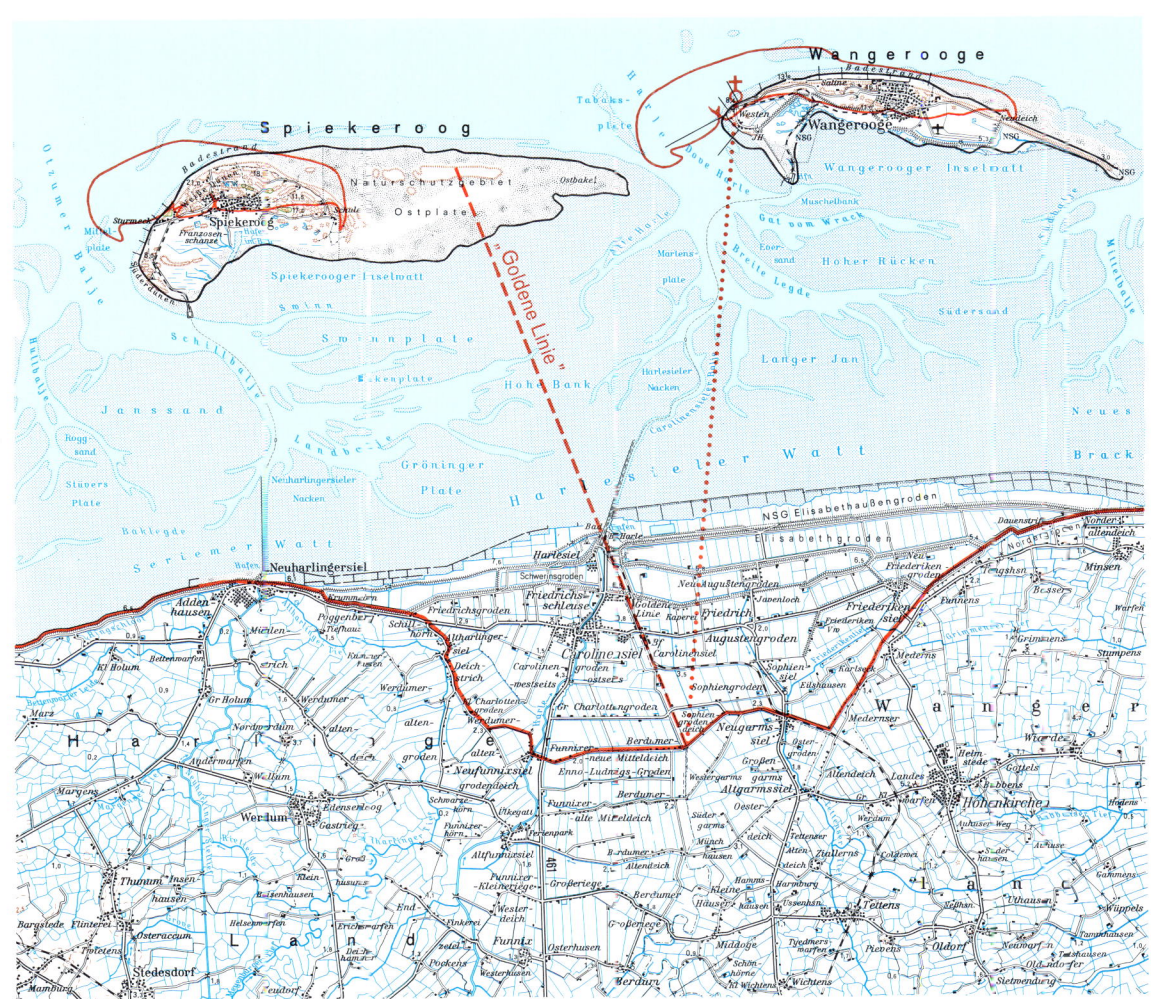

Topographische Karte 1:100 000, verkleinert auf ca. 1:130 000
Rote durchgezogene Linie: Küstenverlauf (Deichlinie) und ungefährer Umriß der Inseln um 1667
Gestrichelt: ‚Goldene Linie'
Gepunktet: Peillinie auf den Wangerooger Kirchturm

Linie", die nach dem Vertragstext „von nun an und fürters zu ewigen Tagen sollte gehalten und geachtet werden". Und in der Tat hat sie bis heute wenigstens im Bereich des festen Landes Bestand.

Die Karte enthält noch zwei weitere Linien, die von dem Grenzpfahl ausgehen. Das eine ist die Peillinie auf den Wangerooger Kirchturm. Nach ostfriesischer Auffassung hätte nach altem Herkommen diese die Grenzlinie sein müssen – ihr entsprach ja auch die Grenze des 1658 angelegten Enno-Ludwigs-Groden (während die Oldenburger die auf Spiekeroog zulaufende Kaptebalje – links neben dem linken Dreiecksschenkel – als Grenze ansahen). Um die wohl besser begründeten ostfriesischen Ansprüche endlich abzufinden, ist bei der erst Jahrzehnte später erfolgten Ratifizierung des Grenzvergleichs im Jahre 1743 den Ostfriesen eine Entschädigung von 11 000 Reichstalern zugestanden worden.

Die andere Linie, die über die Wangerooger Dünen hinwegführt, zeigt die Himmelsrichtung nach Norden an. Die Beschriftung vermerkt, daß von ihr die „Goldene Linie" um 20 Grad abweicht. Dank der genauen Vermessungen trägt diese Karte dazu bei, den Zustand der Küste, die Lage der Inseln vor gut drei Jahrhunderten zu rekonstruieren, und sie läßt im Vergleich mit modernen Karten erkennen, wie stark sich die Inseln infolge der Meeresströmungen seither ostwärts verlagert haben: die „Goldene Linie" verläuft heute über den Ostteil von Spiekeroog.

Küstenschutz und Landgewinnung

Die heutige Deichlinie entlang der niedersächsischen Küste ist das Ergebnis eines wechselvollen Kampfes der Küstenbewohner, die sich und ihr Land seit jeher vor den Meeresgewalten schützen mußten. Schon bald nach Christi Geburt zwang der allmähliche Anstieg des Meeresspiegels – man rechnet heute mit rund 25 cm in hundert Jahren – die Marschenbauern, ihre Wohnplätze durch Aufschüttungen künstlich zu erhöhen; es entstanden die noch heute in den Marschgebieten erkennbaren Dorf- oder Einzelhofhügel, Wurten oder Warfen genannt. Um die Jahrtausendwende entwickelte sich zum Schutz der Ländereien vor Überflutung und Versalzung allmählich der Deichbau. Im 13. Jahrhundert war die Deichlinie weitgehend geschlossen. Stolz auf das Geleistete wie verpflichtende Einsicht in die Notwendigkeit des Deichbaus spricht aus dem um 1300 aufgeschriebenen Rechtssatz aus Rüstringen: „Das ist auch Landrecht, daß wir Friesen eine Seeburg stiften und stärken müssen, einen goldenen Reif, der um ganz Friesland liegt."

Verheerende Sturmfluten haben aber immer wieder die Deiche zerstört und zu erheblichen Landverlusten geführt. Große Meereseinbrüche wie der Dollart (vgl. Nr. 2) und der Jadebusen sind erst in historischer Zeit im hohen und späten Mittelalter entstanden. Auch in der Neuzeit gab es wiederholt Sturmfluten katastrophalen Ausmaßes, so z. B. die „Weihnachtsflut" von 1717. Die danach notwendige Wiederherstellung der Deiche ist Gegenstand der beiden Karten Nr. 24 und 25. Es ging dabei um die Abriegelung metertiefer Rinnen, die die Sturmflut an Deichbruchstellen in das Land eingegraben hatte. Die Karte von der Schließung der „Beerbraken" (Nr. 25) macht zudem die planmäßige Organisation der Arbeit auf derartigen Großbaustellen anschaulich, auf denen oft mehrere hundert Menschen gleichzeitig beschäftigt waren.

Der Unterhalt der Deiche nebst den dazugehörigen Sielanlagen zur Entwässerung des Landes war seit jeher Pflicht der Marschbewohner, deren Ländereien durch den Deich unmittelbar geschützt wurden (vgl. Nr. 64). Diese Pflicht konnte zu einer so schweren Last werden, daß deichpflichtige Bauern freiwillig auf ihre Hofstelle verzichteten, weil sie sich nicht mehr in der Lage sahen, die für notwendig erachteten Deichverstärkungen mitzutragen. Ein solcher Fall hatte z. B. um die Mitte des 18. Jahrhunderts am Jadebusen letztlich die Konsequenz, daß der gefährdete, nur mit unverhältnismäßig hohen Kosten weiter zu erhaltende Deich zurückverlegt wurde (Nr. 26).

Angesichts der Bedeutung eines sicheren Küstenschutzes haben sich die landesherrlichen Verwaltungen im 17. und 18. Jahrhundert anhand von Karten einen Überblick über den Verlauf und Zustand der Deiche zu verschaffen gesucht. Eine derartige Kartenrolle vom Elbdeich im Alten Land (Nr. 27) gewährt, zusammen mit den Deichprofilen auf Karte Nr. 26, einen kleinen Einblick in die Deichbautechnik der vorindustriellen Zeit. Mangels haltbarer Materialien pflegte man die aus schwerem Kleiboden aufgeworfenen Deiche, die von der täglichen Flut erreicht wurden, mit Packwerk aus Reisigbündeln, mit Strohdecken oder mit hölzernen Pfahlreihen zu befestigen, Verfahren, die wegen ihrer Reparaturanfälligkeit höchst arbeitsaufwendig und kostspielig waren.

Während es den Marschenbewohnern gelang, mit den Deichen unter hohen Opfern und trotz mancher Landverluste dem Meer einen wirksamen Schutzwall entgegenzusetzen, erwiesen sich die Anstrengungen zur Erhaltung der Düneninseln bis ins 19. Jahrhundert hinein letztlich als vergeblich. So dokumentiert beispielsweise die Karte Nr. 28 den „Durchriß" der Insel Juist, die Karte Nr. 29 den ständig fortschreitenden Abbruch des Westendes von Wangerooge.

Den Landverlusten stehen aber auch erhebliche Landgewinne durch Eindeichungen vor allem in den großen Meeresbuchten gegenüber. Zwei Beispiele für Eindeichungen, für die Anlage von „Poldern" und „Groden", sind hier wegen damit verbundener besonderer Umstände ausgewählt: Als 1605 niederländische Unternehmer im ostfriesischen Teil des Dollarts den Polder Bunderneuland anlegten, führte dies zu einem jahrelangen Streit zwischen den anwohnenden Bauern und dem Landesherrn, u. a. über das „Anwachsrecht", also über die Frage, wem das allmählich vom Meer aufgeschlickte Land vor dem Deich gehöre und wer es schließlich eindeichen dürfe (Nr. 30 und 31). Bei dem zweiten Beispiel, dem 1615 vollendeten Ellenser Damm am Jadebusen (vgl. Nr. 32), ging es nicht in erster Linie um die Gewinnung neuen Marschlandes, sondern darum, eine Landverbindung zwischen der Grafschaft Oldenburg und dem neuerworbenen Jeverland zu schaffen. Die Verwirklichung dieses ebenso kühnen wie kostspieligen Projekts erfolgte hier also aus rein politischen Gründen.

Nr. 23

Karte der Unterweser und des Jadebusens
Nach 1615

Die nach Osten ausgerichtete Karte verdeutlicht mit malerischen Mitteln, wie das Meer die Küste bedroht. Vom Sturm aufgepeitscht, drängen die Wellen der Nordsee, zahlreiche Segelschiffe vor sich hertreibend, gegen die Wesermündung (oben), die Butjadinger Küste und in den Jadebusen (Mitte). Als Schutzwall dagegen zieht sich an der Küste entlang das vielfach gewundene, plastisch gemalte Band der Deiche. Deiche umsäumen sogar die Hunte (rechts) bis hinauf nach Oldenburg (rechts unten). Zahlreiche Siele in der Deichlinie – als schwarze längliche Trapeze gemalt – dienen der Entwässerung. Mit dunkelgrün-blauer Farbe ist das Niederungsland hervorgehoben. Die Karte dürfte bald nach 1615 angefertigt sein, da der Ellenser Damm, durch den 1615 endgültig eine Seitenbucht des Jadebusens eingedeicht wurde, hier schon als vollendetes Bauwerk dargestellt erscheint (graubraune Fläche unten mit der Beschriftung „Das neu eingedamte Land"; siehe auch unten Nr. 32).

Die Karte entstand wahrscheinlich im Zusammenhang mit dem Erwerb des Weserzolls durch Graf Anton Günther von Oldenburg. Dieser Graf, einer der herausragenden Fürsten des Absolutismus, hat es nicht nur verstanden, durch seine Neutralitätspolitik sein Territorium fast ganz aus den kriegerischen Verwicklungen des Dreißigjährigen Krieges herauszuhalten. Gleichzeitig strebte er mit zäher Beharrlichkeit, mit großem diplomatischem Aufwand und unter Einsatz enormer Mittel – nicht zuletzt für Geschenke, für Bestechungen – den Erwerb des Zolls an der Unterweser an: 1612 beantragte er, 1623 erhielt er die kaiserliche Belehnung mit dem Zoll; 1648 wurde der Weserzoll in den Text des Westfälischen Friedensschlusses aufgenommen; 1653 endlich mußte die erbittertste Gegnerin, die Stadt Bremen, den Elsflether Weserzoll feierlich anerkennen. Die Einnahmen aus diesem für Handel und Schiffahrt auf der Weser höchst nachteiligen Zoll machten – bis zur Aufhebung 1803 – etwa ein Fünftel der jährlichen oldenburgischen Staatseinnahmen aus.

Den Anspruch auf den Weserzoll rechtfertigte der Graf unter anderem damit, daß Oldenburg als ein Vorposten des Reiches hohe Aufwendungen für den Deich- und Sielbau und für die Sicherung der Schiffahrt zu tragen habe. Eine wichtige Rolle spielte dabei der Turm auf Wangerooge als Seezeichen. Auf der Karte ist er inmitten der Wellen als Doppelturm dargestellt. Aus dem Dach des einen Turmes ragt eine Stange mit einer Laterne heraus – als erster Anfang der Leuchtzeichen an der niedersächsischen Küste. 1612 hatte der Graf sich bereit gezeigt, auf Bitten von Kaufleuten auf dem Turm „eine immer brennende Leuchte zu halten, darnach man sich in der Navigation" richten könne. Tatsächlich wird in der kaiserlichen Urkunde über den Weserzoll 1623 zur Auflage gemacht, daß auf dem Turm eine „immerbrennende Laterne anzurichten und zu erhalten" sei. Im Jahr darauf begutachteten 16 Zeugen von der Küste aus die Leuchtkraft der neu installierten Laterne auf dem Turm: Das neue Feuer, so lobten sie, sei ungleich höher als die zu Danzig und Lübeck; es leuchte wie der Mond und sei nach Auskunft von Schiffern wohl vier deutsche Meilen in See sichtbar. Wegen Feuersgefahr wurde diese Laterne 1630 durch eine Bake mit Kohlenfeuer ersetzt – der Beginn einer Reihe von Leuchtzeichen auf Wangerooge, die bis heute eine wesentliche Rolle für die Schiffahrt im Mündungsbereich von Jade und Weser spielen.

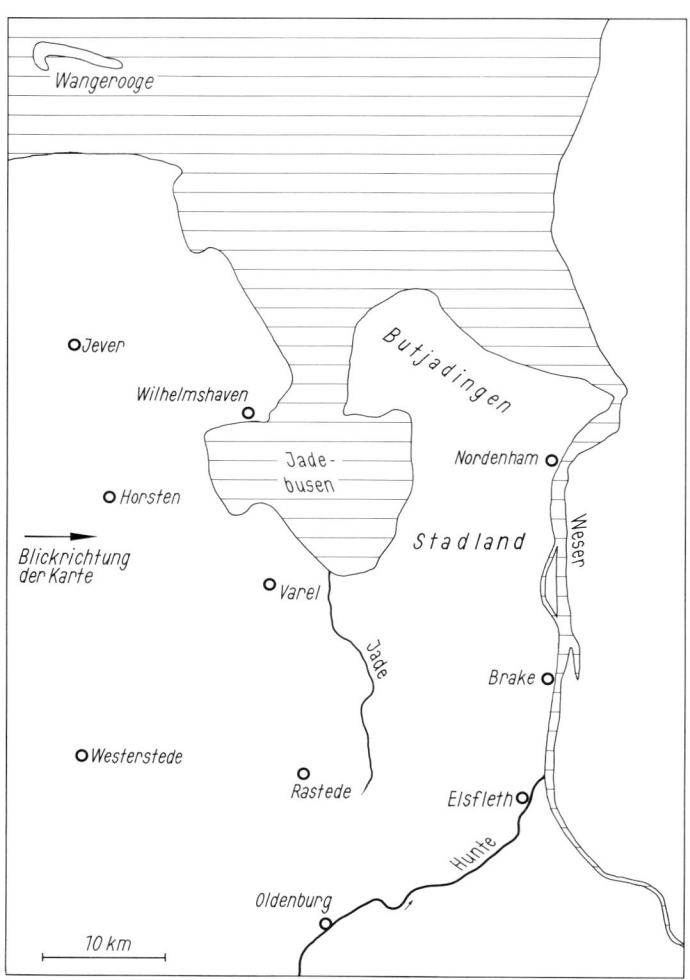

Heutiger Zustand von Jadebusen und Wesermündung

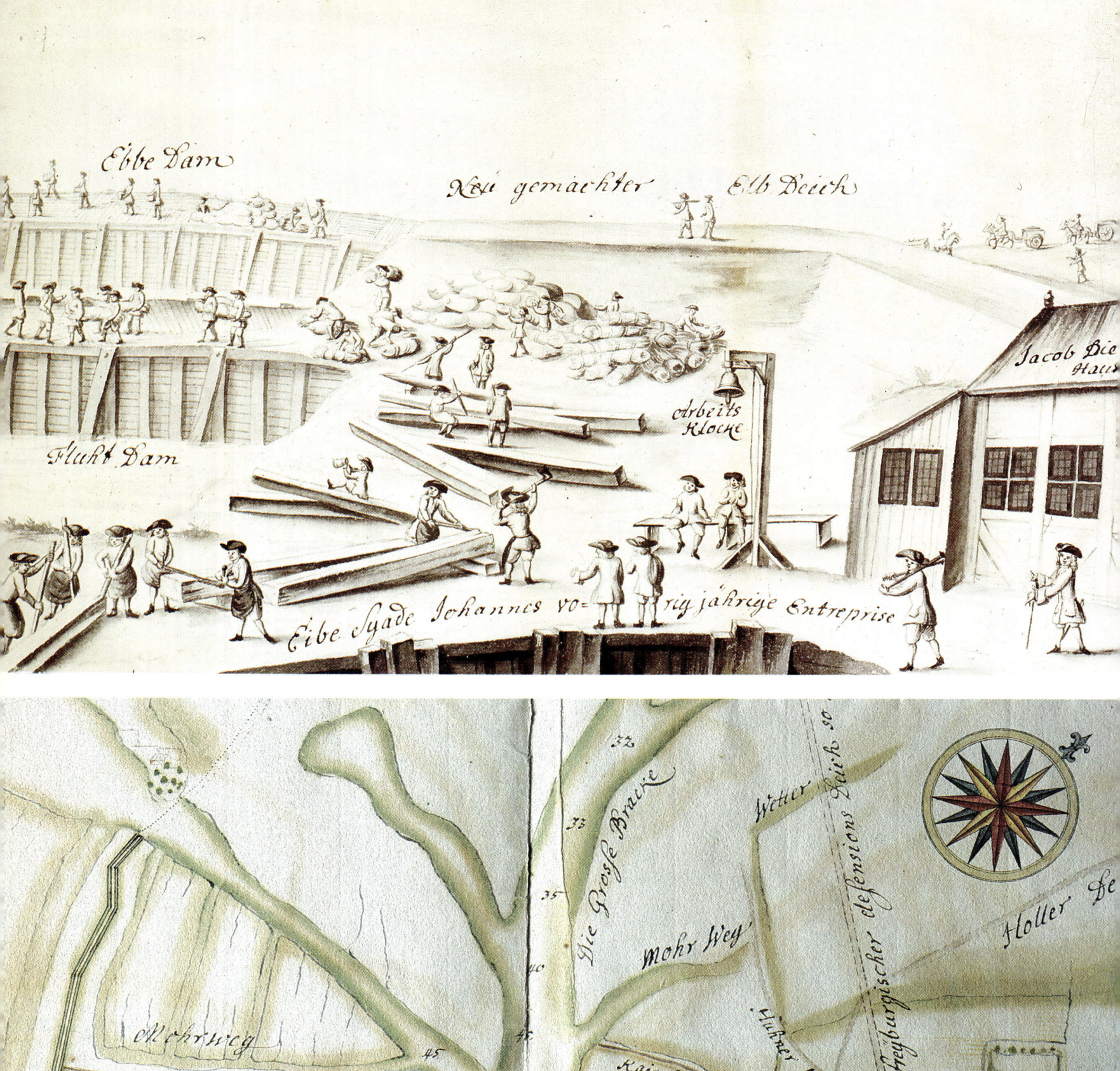

Nr. 24

Karte mit Prospekt des Wischhafener Deichbaus
1720

Zu den großen Naturkatastrophen an der Nordseeküste zählt die Weihnachtsflut von 1717, der im Gebiet von der Zuidersee bis Nordfriesland über 11 000 Menschen, etwa 100 000 Stück Großvieh und rund 8000 Gebäude zum Opfer fielen. Über weite Strecken waren die Deiche zerstört; es bedurfte jahrelanger Anstrengungen und großer materieller Opfer der Küstenbevölkerung, den Deichschutz wiederherzustellen. Besonders große Schwierigkeiten machte es, den Deich im Bereich der „Braken", „Kolke" oder „Wehlen" zu schließen. Solche Einbrüche entstehen dadurch, daß das Wasser der Sturmflut über den Deich hinweg steigt und wie ein Wasserfall nicht nur die Binnenseite des Deiches ausspült, sondern auch Löcher in den Boden schlägt, die bis zu 20 m tief sein können. Die Löcher können sich zu Rinnen ausweiten, durch die Flut und Ebbe ein- und ausgehen.

Einen solchen Grundbruch zeigt die Karte von „der Großen Bracke" bei Wischhafen an der Elbe, die in der Weihnachtsflut 1717 entstanden war. Mehrere Anläufe, die Deichlücke zu schließen, waren gescheitert. Zuletzt – 1719 – hatte der aus Wursten herbeigerufene angesehene Oberdeichgräfe Eibe Siade Johans das Brack auf der Höhe der Deichlinie zu durchdämmen versucht – eine Sturmflut gegen Ende des Jahres vernichtete das fast vollendete Werk. Ein neuer Mann sollte 1720 endlich den Deich zustande bringen: Jacob Owens, ein Abenteurer und Projektemacher aus dem Herzogtum Schleswig, den die Regierung zu Hannover mangels eigener deichbaukundiger Kräfte zum Oberdeichinspektor in Wischhafen ernannt hatte. Die Karte nun schildert seine Unternehmungen im Jahre 1720.

In damals üblicher Technik umging er die Deichbruchstelle durch einen halbkreisförmigen „Einlage"-Deich. Wegen der starken Flut- und Ebbeströmungen wurde das Mittelstück zwischen zwei Holzdämmen errichtet. In die Karte eingeschoben ist ein „Prospekt", eine bildliche Darstellung der Arbeiten gerade an diesem Mittelstück. Standpunkt des Zeichners war der Elbdeich mit Blickrichtung landeinwärts. Die Holzdämme stehen schon; Deicharbeiter sind dabei, das Loch mit Sandsäcken und Faschinen (Reisigbündel) aufzufüllen. Ganz rechts im Vordergrund könnte der Oberdeichinspektor Owens selbst dargestellt sein. – Auch dieser auf dem Bild mit sichtlichem Stolz vorgeführte Einlagedeich zerbrach bei der ersten Belastung in den Hochfluten Ende 1720. Die Geduld der Eingesessenen war damit erschöpft; sie beklagten sich bei der Regierung, führten auf, welche Opfer sie schon gebracht hatten: Rund 100 000 Pfähle seien eingerammt, 20 000 Faschinen, zahllose Sandsäcke und Erdkästen, 100 Schiffe seien versenkt; dazu die zahllosen Hand- und Spanndienste. Insbesondere rügten sie die Bauleitung des Oberdeichinspektors Owens. Ein jahrelanges Untersuchungsverfahren brachte nicht nur Mängel in der Bauausführung ans Licht, sondern auch, daß sich Owens in betrügerischer Weise zu bereichern versucht habe. 1726 wurde er zu lebenslanger Haft nach Celle abtransportiert. Auch ein hoher Regierungsbeamter in Stade mußte seinen Dienst quittieren.

Erst 1740/42 hat man den Deichbruch durch einen noch weiter ins Binnenland gelegten Deichbogen endgültig geschlossen – bis dahin schützten Notdeiche (auf der Karte als Defensionsdeich bzw. Seedeich eingetragen) notdürftig die angrenzenden Marschgebiete. Insgesamt 400 000 Reichstaler waren bis dahin allein an dieser einen Deichstelle verbaut worden.

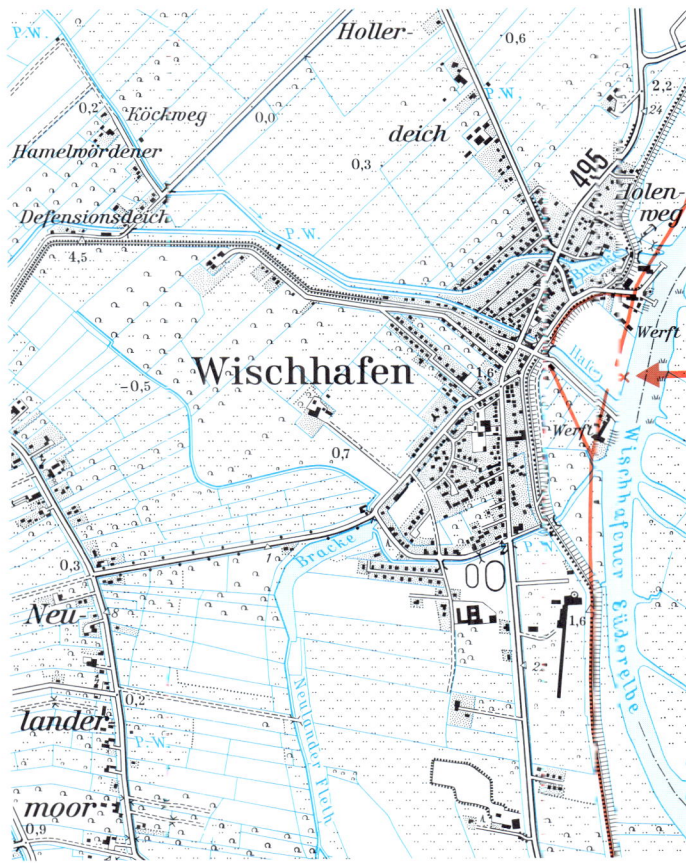

Topographische Karte 1:25 000
Pfeil: Blickrichtung des abgebildeten Kartenausschnitts
Rote Linie: ungefähre Deichlinie um 1720
× Standort des Zeichners der Deichbauszene

Nr. 25

Abriß von den Beerbraken bei Tettens
Von Burchard Pape. 1721

Ähnlich der vorhergehenden Karte vom Wischhafener Deichbau will dieser „Abriß" mit bildhaften Mitteln die Durchdämmung zweier schwerer Deichdurchbrüche, der „Beerbraken" bei Tettens in Butjadingen, anschaulich machen. In diesem Küstenbereich zwischen Jade und Weser waren die Deiche in der „Weihnachtsflut" von 1717 so stark zerstört, daß man eine rund zehn Kilometer lange Deichstrecke zwischen Kleinfedderwarden und Tettens zurückverlegen mußte – im Bereich der Beerbraken um rund 400 Meter. Der Name dieser Braken rührt übrigens von der Warf „Beer" her, die noch vor dem zerstörten Deich gelegen hatte und die man Ende des 17. Jahrhunderts hatte aufgeben müssen.

In dem hier abgebildeten Ausschnitt aus dem Abriß erkennt man rechts oben die Reste des zerstörten alten Deiches. Parallel dazu – im Ausschnitt fast diagonal – verläuft die Linie des neuen Deiches. Da 1719 der Versuch gescheitert war, den neuen Deich quer durch die Braken zu bauen (die Reste davon sind im Abriß mit „E" gekennzeichnet), hatte man diese in einem großen Bogen mit einem Notdeich umschlossen – die Anschlußstücke an den neuen Deich sind links oben und rechts unten zu erkennen. 1721 ging man mit noch größerem Aufwand daran, den neuen Deich durch die Braken zu legen. Der Abriß schildert eine bestimmte Phase dieser Maßnahme: Die Holzdämme zur Abwehr von Ebbe und Flut sind schon durch die Braken geschlagen. Jetzt gilt es, möglichst rasch die Lücken mit Kleierde aufzufüllen und einen festen Deich aufzuschütten. Da

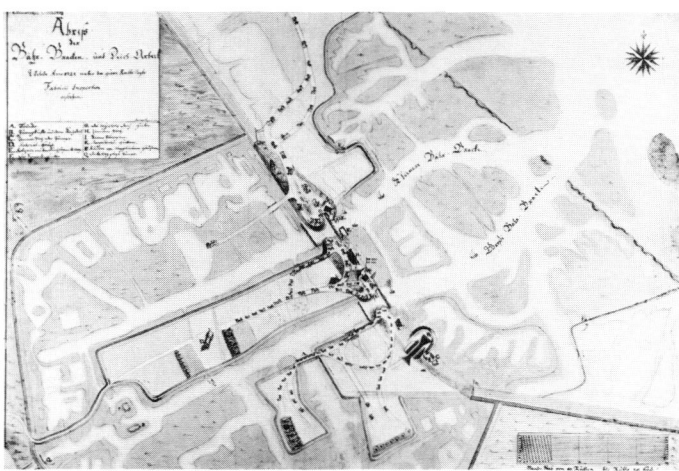

Gesamtaufnahme

für den Deichbau große Erdmassen erforderlich, die Transportmittel aber damals sehr bescheiden waren, grub man die Kleierde von möglichst nah gelegenen Flächen ab, zunächst vom Deichvorland – in unserem Abriß zwischen dem neuen und dem alten Deich –, dann aus dem Hinterland; damit ging natürlich wertvoller Ackerboden verloren, denn die abgegrabenen Flächen liefen zumeist voll Wasser. Die Karte läßt die planmäßige Organisation der Auffüllarbeit erkennen. Im Vordergrund sind kleinere Flächen mit Kajedeichen – kleineren Schutzdeichen – umzogen; hier wird die Kleierde planmäßig abgegraben, auf zweirädrige Pferdewagen, sogenannte „Wüppen", geschaufelt und dann zu den Deichbaustellen gekarrt. An- und Abfahrt sind dabei genau geregelt. Die Hütte des verantwortlichen Inspektors (G) steht neben der Fahne auf dem mittleren Deichabschnitt zwischen den Braken. In dessen Nähe liegen die Zimmerplätze (H) und die Schmiedehütte (F). Auf jedem der drei Abschnitte befindet sich je eine Marketenderhütte (K), die für die notwendigen Lebensmittel – nicht nur für Bier und Schnaps – zu sorgen haben. Etwas landeinwärts steht das Materialhaus (D). Im unteren Abschnitt wird in den Deich eine „Pumpe", ein hölzerner Durchlaß zur Entwässerung, eingebaut (B und C). Auch wenn auf diesem Abriß nur ein Bruchteil der Beschäftigten dargestellt ist, so bietet sich doch der zutreffende Eindruck einer Großbaustelle.

Der 1719 begonnene, im Bereich der Beerbraken am 20. Juli 1721 vollendete Deich bildet noch heute, nach vielfältigen Erhöhungen und Verstärkungen, einen Abschnitt des Butjadinger Seedeichs.

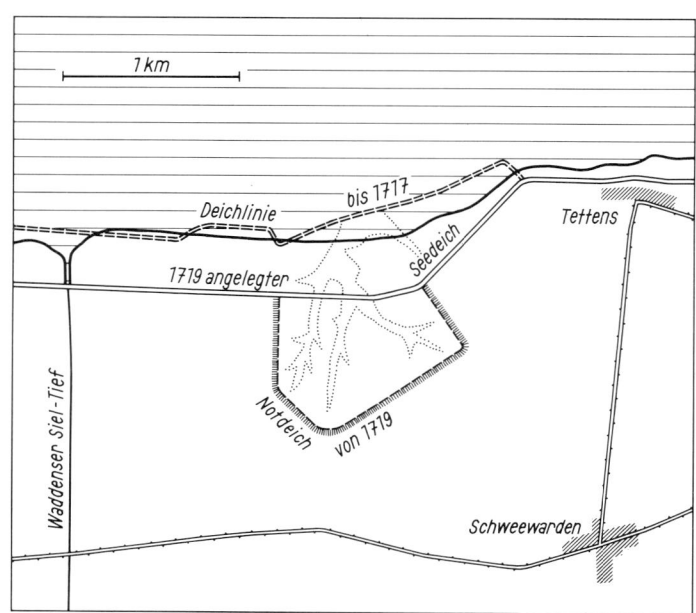

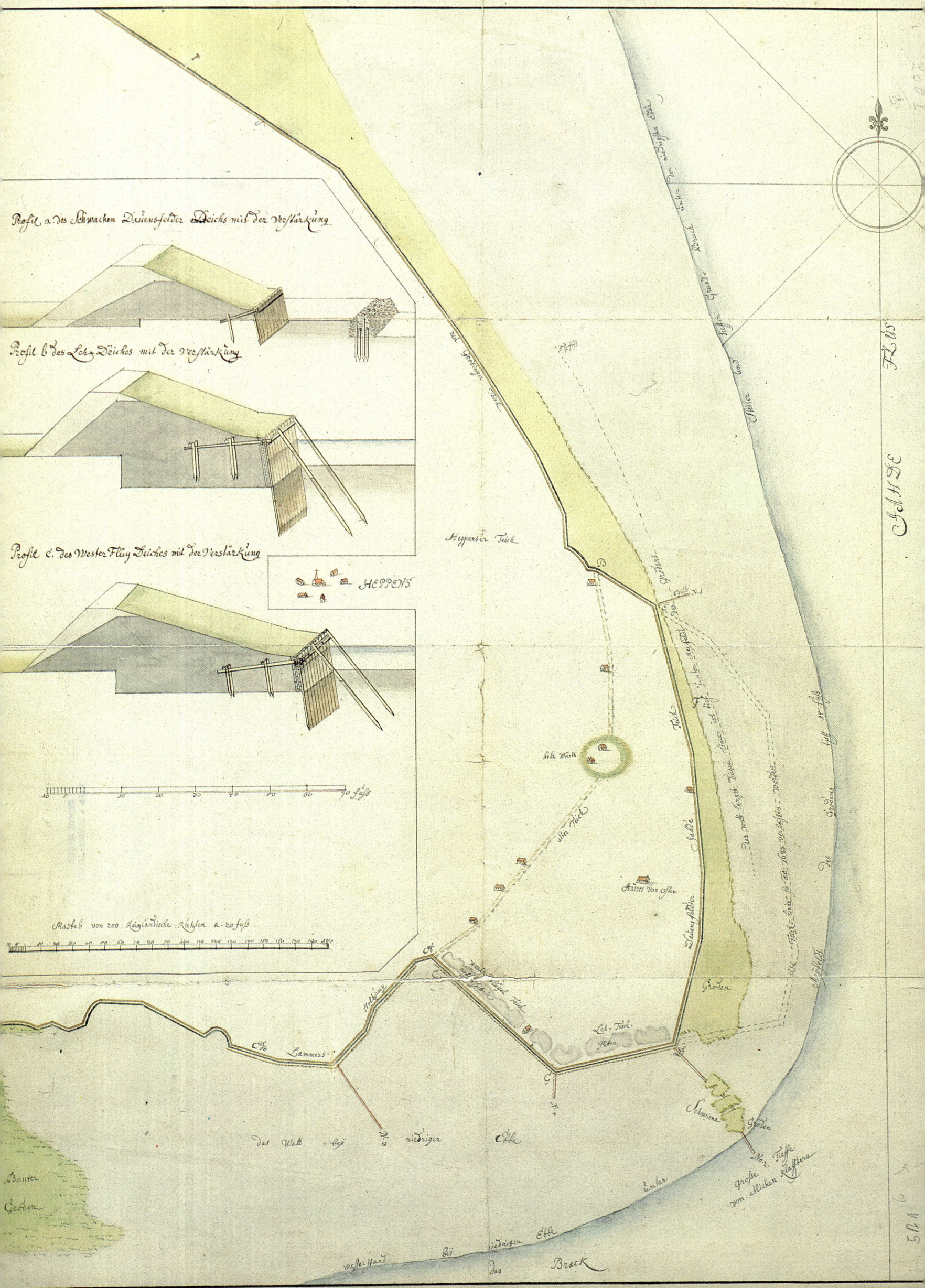

Plan zur Verstärkung der Deiche um das Dauensfeld
Kopie einer Karte des Deichgrafen Albert Brahms von 1743

Die auf den ersten Blick recht nüchtern und inhaltsarm erscheinende Karte darf als ein charakteristisches Zeugnis für das wiederholte Vor- und Zurückverlegen der Deichlinie an besonders gefährdeten Küstenabschnitten gelten. Das Dauensfeld, in der südöstlichen Ecke des Jeverlandes, wo sich der Jadebusen zu einem schmalen Hals verengt, liegt heute im östlichen Bereich der Stadt Wilhelmshaven. Die Karte zeigt die Situation um 1743, doch sind auch frühere Zustände erkennbar. Von der ringförmig gezeichneten Warf „Hohe Wierth" führen gestrichelte Linien zu den Seedeichen – hier verlief der 1529 erbaute Deich als nordöstliches Endstück des „Banter Deiches", der das heutige Wilhelmshavener Gebiet nach Süden hin schützte und nach den verheerenden Sturmfluten des Spätmittelalters endlich der Ausweitung des Jadebusens in diesem Bereich Einhalt gebot. Rechts vor der Warf, vor den Resten des Deichs, dehnte sich das Dauensfeld, das man 1551 mit einem weit nach Osten ausschwingenden Deichbogen zu umschließen wagte. Diese Deichlinie mußte in der Folgezeit nach schweren Sturmfluten Stück für Stück zurückgenommen werden: 1602, 1625 und zuletzt 1683. Diesen 1683 aufgegebenen Deich dokumentiert die Karte ebenfalls mit gestrichelten Doppellinien rechts vor dem „Dauensfelder Jade Teich".

Die Karte entstand 1743 im Zusammenhang mit Auseinandersetzungen darüber, ob dieser schadhaft gewordene Dauensfelder Jadedeich noch gehalten werden könne. Die anwohnenden, zum Deichunterhalt verpflichteten Bauern verlangten eine weitere Rückverlegung. Als Sachverständige sich dagegen aussprachen und man die Bauern zu weiteren Reparaturarbeiten anhielt, war einigen die Belastung zu groß: sie verzichteten – nach dem alten „Spatenrecht" – freiwillig auf ihr Land, auf dem die Deichpflicht ruhte. Diese Vorfälle gaben der Obrigkeit doch zu denken, zumal die Vorschläge der Deichgrafen zum wirksamen Ausbau des Deiches so enorme Kosten zur Folge hatten, daß sie den Wert des Landes bei weitem überstiegen. 1754 wurde die Rückverlegung des Deiches genehmigt. Der neue Deich verlief etwa an der Stelle des alten von 1529, dicht an der Warf „Hohe Wierth" vorbei – der rund zwei Jahrhunderte lange Kampf um Neuland war verloren.

Aus der Karte läßt sich auch ein Grund für die große Gefährdung der Dauensfelder Deiche ablesen – sie lagen zu nah an der Jade. Auf der Karte vermerkte der Deichgraf Brahms, daß das Watt vor dem Deich bis zur Ebbrinne der Jade 14 Fuß abfällt und in der Rinne der Boden steil abbricht bis zu einer Tiefe von mehreren Klaftern. – Diese tiefe Rinne, hervorgerufen durch die starke Strömung der in den Jadebusen ein- und ausgehenden Flut, erwies sich im 19. Jahrhundert als günstige Voraussetzung für die Anlage des preußischen Kriegshafens Wilhelmshaven, der nach 1873 zum Hauptstützpunkt der rasch wachsenden Kriegsflotte des Deutschen Reiches wurde. Nach dem Zweiten Weltkrieg bot die tiefe Jade gegenüber den übrigen deutschen Häfen einen Standortvorteil für tiefgehende Öltankschiffe. Besondere Lösch- und Tankanlagen wurden in der Jade und in den neuen Groden nördlich des Dauensfeldes geschaffen. Große Flächen liegen dort bereit für eine weitere Industrialisierung des Wilhelmshavener Raumes.

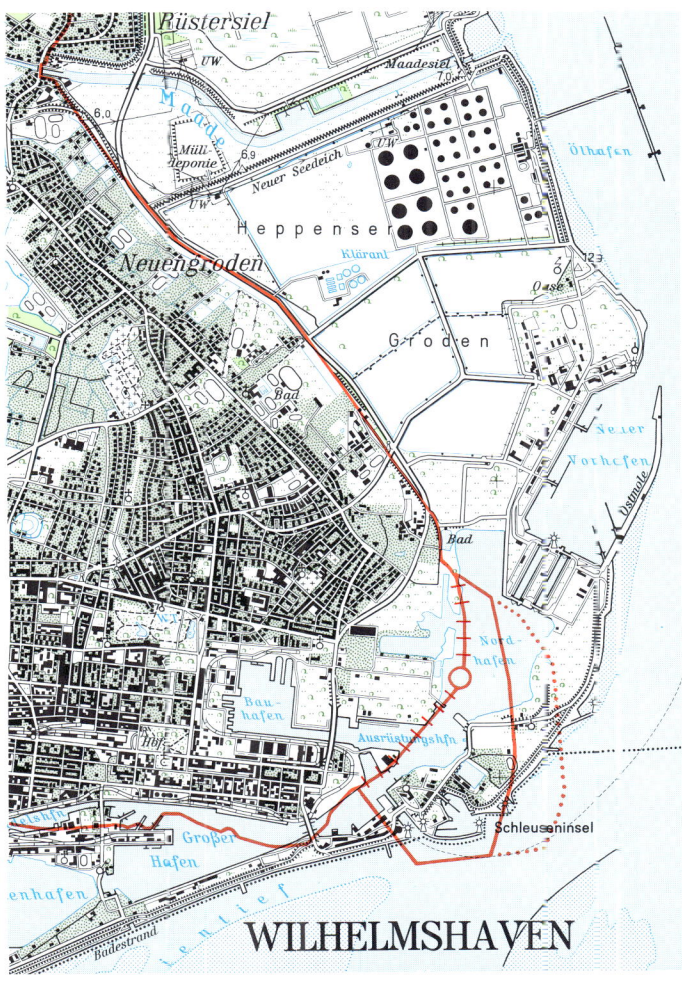

Topographische Karte 1:50 000
Rote durchgezogene Linie: der um 1743 bestehende Hauptdeich
Gepunktet: der 1683 aufgegebene Deich
Gestrichelt: sogen. Alter Deich, 1529 erbaut

Nr. 27

Plan von der Lage des Elbdeiches im Alten Land
Von Anthon Ulrich Braun. Kopie. 1752

Die Farbtafel bietet nur einen Ausschnitt aus einer langen Kartenrolle mit der Darstellung des Elbdeiches im Alten Land, jener fruchtbaren Marschgegend zwischen Hamburg und Stade, die heute vor allem durch ihren intensiven Obstanbau bekannt ist. Ein vermessungskundiger Offizier, der Oberstleutnant der Artillerie Anthon Ulrich Braun, hat diese Karte angefertigt im Auftrage der Regierung in Stade, einer kurhannoverschen Mittelbehörde, der auch die Aufsicht über die Deiche unterstand und die deshalb einen Gesamtüberblick über Lage und Zustand der Deiche benötigte. Entsprechend seinem Auftrag hat sich Braun darauf beschränkt, den Deich samt Vorland darzustellen; das Hinterland ist nur in Ansätzen angedeutet. In regelmäßigen Abständen von etwa 200 Metern ist der Deich im senkrechten Schnitt vermessen und auf den freigebliebenen Flächen der Karte im Profil dargestellt. Die Schnitte sind mit arabischen Zahlen angegeben. Die römischen Zahlen bezeichnen die einzelnen „Schauungen", also die Unterabschnitte des Elbdeiches, für deren Unterhalt die genossenschaftlich organisierten Deichrichterschaften der nahe gelegenen Dörfer zu sorgen hatten. Die Verteilung dieser 44 Schauungen auf die sieben Deichrichterschaften der I. Meile des Alten Landes ist der Legende zu entnehmen.

Die Karte gewährt einen kleinen Einblick in die Deichbautechnik jener Zeit. Die Deichstrecken sind an der Außenböschung unterschiedlich koloriert. Mit Grün sind einfache, grasbewachsene Deiche, mit Gelb die sogenannten „Strohdeiche" gekennzeichnet. „Grüne Deiche" genügten überall da, wo das Vorland so hoch war, daß das Wasser nur wenige Male im Jahre den Deich erreichte. War der Deich der täglichen Flut ausgesetzt, lag er „schar", so mußte die Böschung, insbesondere der Deichfuß, befestigt werden. Beim Strohdeich geschah dies durch Auflegen einer Strohdecke, die man durch in den Boden gedrückte Strohbänder befestigte. Natürlich mußten diese Strohdecken ständig ausgebessert oder erneuert werden, sie waren also recht aufwendig. Wo der Deich ständig vom Wasser erreicht wurde, verstärkte man den Deichfuß durch Packwerk, durch fest verankerte Reisigbündel – auf der Karte etwa bei Mojenhörn.

Die Maßnahmen mochten bei Flußdeichen ausreichen, bei den schar liegenden Seedeichen waren massivere Schutzvorrichtungen aus Holz erforderlich. Derartige „Holzungen" zeigen die Deichprofile auf der vorhergehenden Karte vom Dauensfeld. Solche Bollwerke mit ihren eingerammten Pfahlreihen waren höchst kostspielig, zumal sie – trotz aller Zimmermannskunst – nicht sehr haltbar waren, da sie mit ihren mehr oder weniger senkrechten Wänden dem direkten Aufprall des Wassers ausgesetzt waren. Erst im 19. Jahrhundert haben dank besserer und billigerer Transportmittel Steinböschungen die Holzungen verdrängt.

Im 18. Jahrhundert setzte sich allmählich die Erkenntnis durch, daß ein Deich dem Wasser möglichst wenig Widerstand entgegensetzen, daß er möglichst flach sein sollte. Erfahrene Deichbaumeister empfahlen ein Steigungsverhältnis von 1:3 oder 1:4 für Seedeiche. Die hier abgebildeten Profile des Elbdeiches erscheinen wesentlich steiler; dafür sprach: der Deich brauchte weniger Platz und weniger Material – und Marschenboden, Kleierde waren kostbarer Besitz.

Von Landverlusten, von Rückdeichungen, blieb auch das Alte Land an der Elbe nicht verschont. Auf der Karte sind links unter der Legende ein Deichbruch aus dem Jahre 1751 sowie der im Jahr darauf weiter landeinwärts neu angelegte Deich eingetragen. – Rechts ist als typisches Relikt eines früheren Deichbruchs eine Brake zu erkennen, ein mit Wasser gefülltes Erdloch, „die Braakkuhle benannt", die man in einem halbkreisförmigen Bogen umdeicht hat.

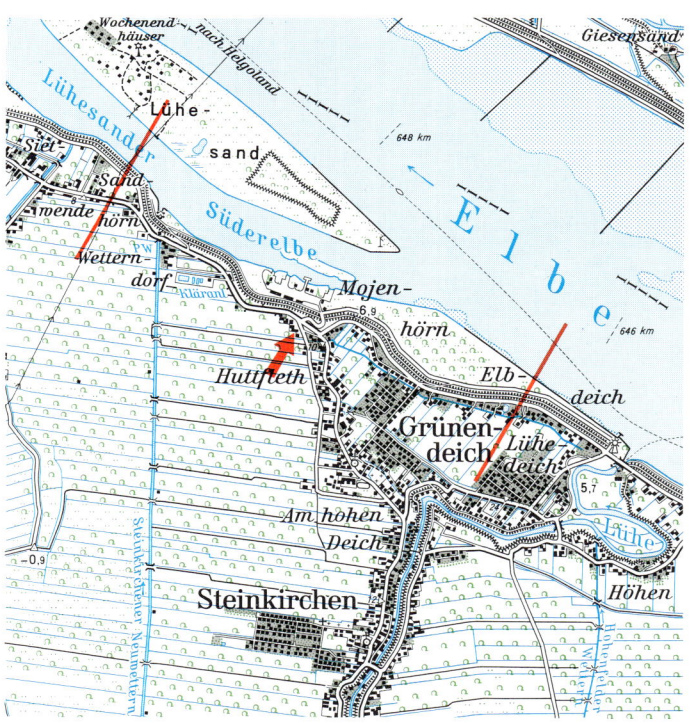

Topographische Karte 1:50 000; Pfeil: Blickrichtung

Bericht über eine Bereisung der Insel Juist
Von Taco Friedrich Emmius. 1715

Zu den Maßnahmen des Küstenschutzes zählt nicht nur der Deichbau, sondern – an der ostfriesisch-jeverländischen Küste – auch die „Konservation", die Erhaltung der vorgelagerten Inselkette. Da diese Inseln nicht abgetrenntes Festland sind, wie man früher glaubte, sondern vom Meer aufgespülte, vom Wind erhöhte Sandbänke, werden sie von diesen Naturkräften noch fortwährend verändert. Entsprechend der vorherrschenden Meeresströmung verlagern sich die Inseln mehr oder weniger stark in östlicher Richtung, d. h., die Westenden werden abgetragen, die Ostenden wachsen dagegen infolge vermehrter Sandablagerungen und Bildung neuer Dünen. Dieser Vorgang ließ sich schon an der Karte von der „Goldenen Linie" (Nr. 22) im Vergleich mit einer modernen topographischen Karte ablesen. Ein weiteres Beispiel bietet die hier abgebildete Karte. Die einfache Skizze entstand als Bericht über eine dreitägige gründliche Besichtigung der Insel Juist. Aufgabe des ostfriesischen Ingenieurs Emmius zusammen mit dem Regierungsrat Kettler war es, eine Bestandsaufnahme der Lücken vorzunehmen, die Sturmfluten in die Dünenkette gerissen hatten. Sie sind auf der Skizze mit Großbuchstaben gekennzeichnet. Da der Dünengürtel den einzigen Schutz für die Inselsiedlungen und deren Hellerwiesen bildete, war die Beseitigung dieser Schäden äußerst wichtig. Doch die Mittel jener Zeit waren gering. In den Erläuterungen, die Emmius unmittelbar auf die Karte geschrieben hat, empfiehlt er, „Flaken", also Zäune aus Buschwerk, in die Lücken zu setzen, um die Bildung neuer Dünen zu fördern. Deutlich sieht man, daß das alte Westdorf durch die Düneneinbrüche bei B und C gefährdet ist – es mußte bald darauf ganz aufgegeben werden. Der Buchstabe E bezeichnet den Platz der im März 1715 zerstörten Kirche – der zweiten von vier Kirchen auf Juist, die nacheinander Opfer der Naturgewalten wurden. Auch das damalige Ostdorf hat sich an der in der Karte ersichtlichen Stelle nicht halten können – hier wirkte sich der große Inseldurchbruch verhängnisvoll aus, den Emmius auf der Skizze mit D bezeichnet hat und den er wegen seiner Breite von 430 Ruten für irreparabel hielt. Erst in diesem Jahrhundert gelang die Schließung dieses Durchrisses – der Hammersee bezeugt noch heute dessen Lage. Vom Ostende der Insel jedoch schreibt Emmius, daß dort auf „eine zimbliche Länge meistentheils von selbst durch den Windt gemachte kleine Dühnen" sich befinden (auf der Skizze als schwanzförmige Verlängerung der Insel dargestellt). Aus diesen könnten sich leicht hohe Dünen entwickeln, wenn man sie mit Flaken besetzte und später mit Helm bepflanzte – Verfahren übrigens, die auch heute noch auf den Inseln gebräuchlich sind.

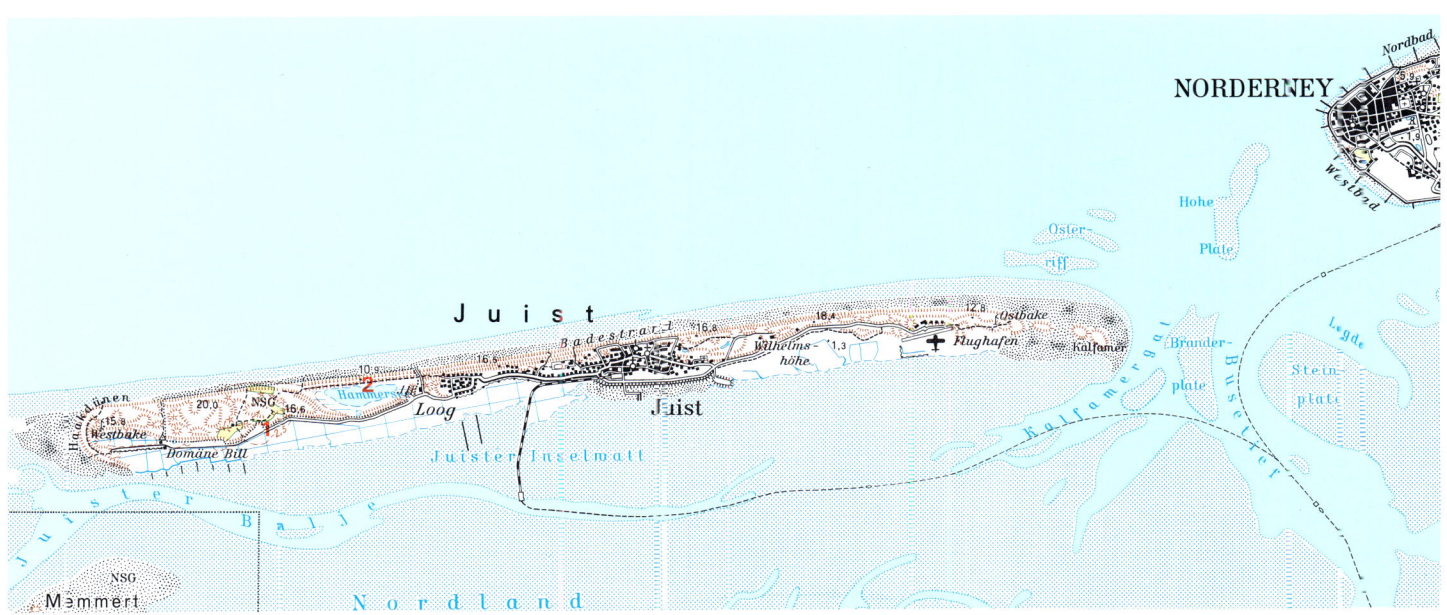

Topographische Karte 1:100 000
1 Lage des alten Westdorfes, 2 Inseldurchbruch von 1651 (heute Hammersee)

Nr. 29

Karte vom Westteil der Insel Wangerooge
Von 1782 mit späteren Eintragungen (bis 1864)

Diese Karte hatte ein nicht ganz gewöhnliches Schicksal. Ursprünglich ist sie wohl als Erläuterung zu einem großen Schutzprojekt auf der Insel Wangerooge angefertigt worden. Die hohe Dünenkette, die das Dorf im weiten Bogen gegen das offene Meer schützte (vgl. Nr. 22) – war 1775 in Dorfnähe durchbrochen worden. Diese gefährliche Lücke – „große Schloppe" genannt – sollte nach Ausweis dieser Karte von 1782 durch ein zickzackförmiges Sperrwerk geschlossen werden. Diese Schutzvorrichtung wie auch die quadratische Batterie – angeblich zur Sicherung der Austernbänke vor Wangerooge – sind offensichtlich nicht zur Ausführung gekommen.

Die Karte tauchte Jahrzehnte später wieder auf. Ein oldenburgischer Hofrat erstand sie auf einer Auktion und schenkte sie 1855 dem oldenburgischen Oberbaurat Lasius. Dieser nun, der die Karte später dem oldenburgischen Staatsarchiv übereignete, benutzte sie als Unterlage für seine Studien über den fortschreitenden Abbruch des Westendes von Wangerooge. Aufgrund von Vergleichen mit anderen Karten und sonstigen Unterlagen hat er mit roter Tinte die Dünengrenzen der Jahre 1814, 1825, 1842, 1850, 1854, 1855 und 1863 eingetragen. Die Linie von 1863 verläuft mitten durch das Dorf, das damals freilich schon längst aufgegeben war; nach der Sturmflut vom 1. Januar 1855 wurden die Bewohner auf das Festland umgesiedelt. Die heutige Gemeinde Wangerooge entstand erst allmählich um den 1856 erbauten Leuchtturm auf dem damaligen Ostende der Insel.

Von dem alten Dorf blieb damals nur das Wahrzeichen der Insel erhalten, der 1597 erbaute alte Westturm – auf der Karte in Dorfmitte als Nr. 1 eingetragen. Zu Beginn des Ersten Weltkrieges aus strategischen Gründen gesprengt, sind heute nur noch seine Fundamente zu sehen als Teil der mächtigen steinernen Buhnen, die zusammen mit dem schweren Deckwerk aus Beton den Westkopf von Wangerooge vor weiterem Abbruch bewahren sollen.

Der alte Westturm (alt im Unterschied zu dem 1932 als Jugendherberge erbauten, äußerlich ähnlichen neuen Westturm) ist auch auf der Vignette unten auf der Karte zu erkennen. Die Darstellung der Insel scheint der Wirklichkeit zu entsprechen; die Szene im Vordergrund mit dem auf Felsen gestrandeten Schiff jedoch nicht, denn Felsen sucht man an der niedersächsischen Küste vergeblich. Hier hat der unbekannte Kartenzeichner offensichtlich ein gängiges Bildmotiv aus der Malerei zur gefälligeren Ausschmückung in die ostfriesisch-jeverländische Wirklichkeit übertragen.

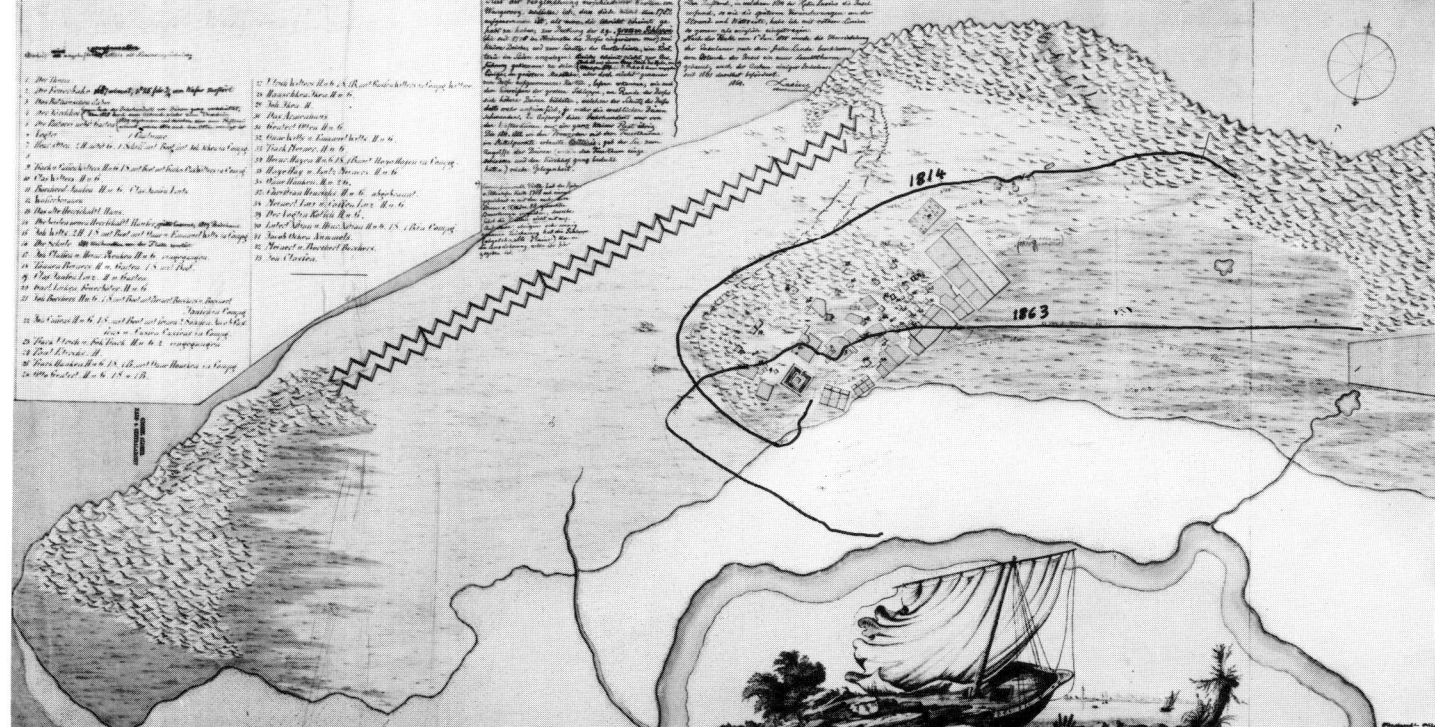

Gesamtaufnahme. Die von Lasius eingetragenen feinen Linien der Dünengrenzen sind in dieser Reproduktion für die Jahre 1814 und 1863 nachgezogen worden

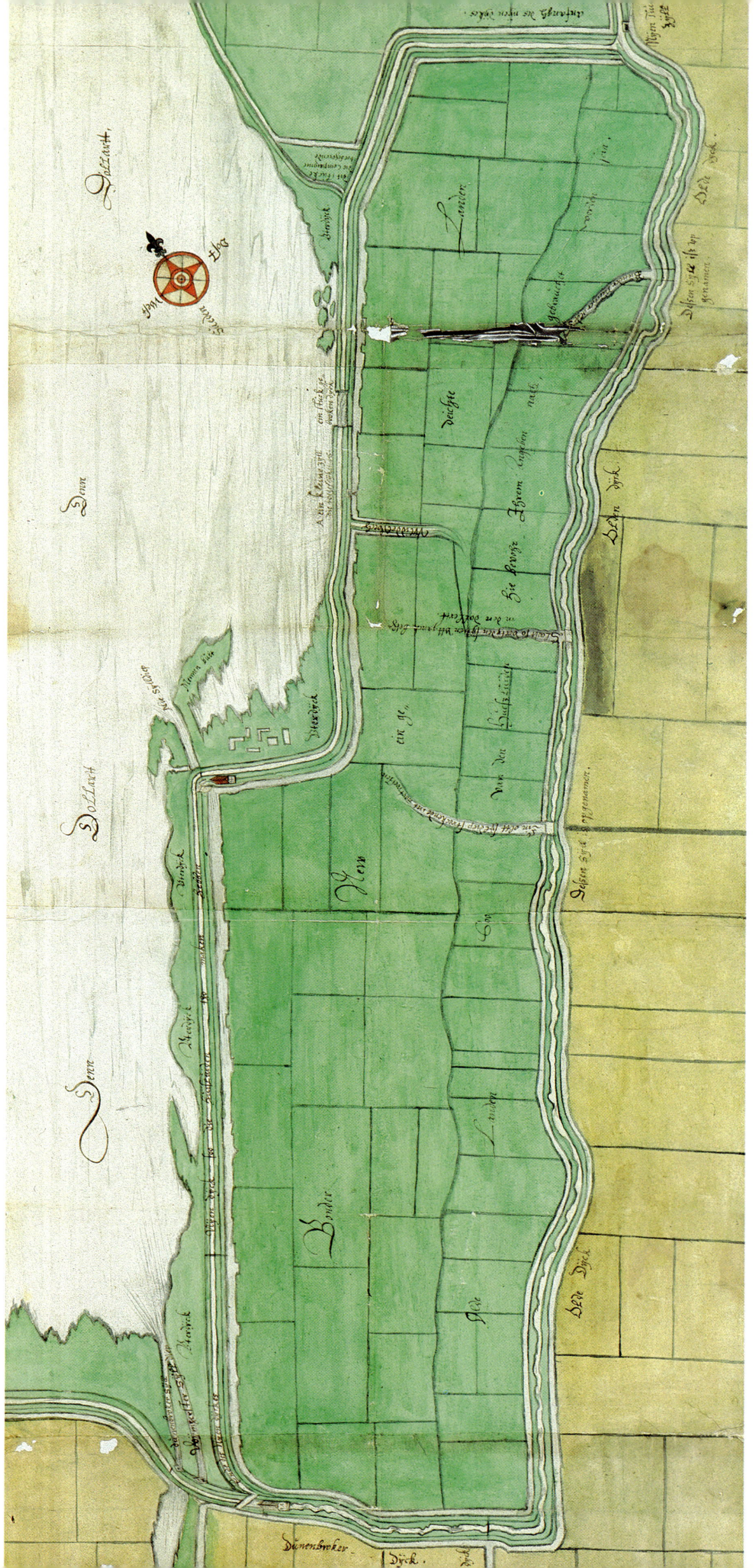

Abriß des Augenscheins von Bunderneuland
1610

Nach mehreren schweren Sturmfluten im Spätmittelalter erreichte der Dollart in der Marcellus- und Damian-Flut 1509 seine größte Ausdehnung. Die allmähliche Verlandung erlaubte Ende des 16. Jahrhunderts die ersten Eindeichungen in der niederländischen Scheemda-Bucht, 1605 entstand der erste Polder auf der ostfriesischen Seite: Bunderneuland. Die Anlage dieses Polders löste einen jahrelangen Konflikt zwischen den südlich und östlich angrenzenden Dörfern Wymeer, Boen und Bunde einerseits und dem Landesherrn, dem Grafen von Ostfriesland, andererseits aus.

Die Dorfschaften sollten ihren alten Deich aufgeben, da dieser durch den Polderdeich zum „Schlafdeich" geworden sei, und sie sollten künftig verpflichtet sein, den neuen Deich anteilsmäßig mit zu unterhalten. Diese Art der „Verstühlung", die Neuverteilung der Deichpfänder nach Anlage eines neuen, weiter seewärts gelegten Deiches, entsprach zwar altem Herkommen, doch die Einwohner der Gemeinden protestierten dagegen: Die Eindeichung sei geschehen, ohne daß sie als Mitbetroffene und Interessenten vorher befragt worden wären – das widerspreche klar den Landesverträgen. Der neue Deich sei zudem nicht zweckmäßig angelegt, der nördliche Abschnitt ziehe sich durch niedriges Schlickgebiet, ruhe also „auf einem weichen, tiefen, grundlosen, sinkenden und unbeständigen Grunde". Das müsse unverhältnismäßig hohe Unterhaltskosten zur Folge haben. Schließlich – und dies war der Hauptgrund – sahen sie sich des bisher von ihnen genutzten Deichvorlandes beraubt und klagten deshalb über die gewaltsame Entziehung ihres Anwachsrechtes. In ihrem Widerstand wurden sie von den ostfriesischen Ständen bestärkt; diese erklärten, die Verfahrensweise des Landesherrn bei dieser Einpolderung sei „alter Friesischer Freiheit und Gerechtigkeit" zuwider.

Als die Gemeinden im Jahre 1610 sich weigerten, die notwendigen Reparaturen am neuen Deich auszuführen, wurden sie vor dem ostfriesischen Hofgericht verklagt. Im Verlauf dieses Verfahrens ließ das Gericht durch drei Hofgerichtsassessoren eine Ortsbesichtigung vornehmen und durch einen „dazugezogenen erfahrenen Maler" diesen „Abriß des Augenscheins" anfertigen. Vor den ockerfarben kolorierten Ländereien der Dörfer Wymeer und Boen dehnen sich die grün kolorierten „Bunder neu eingeteichten Lande". Die Beschriftung gibt die strittigen Objekte an: da ist das Deichvorland vor dem alten Deich, hier „Olde Lande" genannt, das die Hausleute, die Bauern, bisher „ihrem Angeben nach gebraucht" haben, und da ist der neue Deich, auf dessen linkem Abschnitt vermerkt steht, daß ihn die Hausleute zu machen, zu unterhalten haben. Auf dem rechten Abschnitt zeigt ein Deichbruch, daß hier Ausbesserungsarbeiten dringend erforderlich sind. Am alten Deich ist zu erkennen, daß zwei Siele zugestopft sind – eine schwere Behinderung für die Entwässerung der dahinterliegenden Ländereien.

Das Hofgericht entschied im Sinne des Grafen, der als Landesherr allen Anwachs vor den Deichen für sich beanspruchte. Die Gemeinden appellierten zwar noch an das Reichskammergericht, doch gaben sie 1613 auf, bedrückt von Zahlungsbefehlen, durch die man die Kosten für Deicharbeiten eintreiben wollte, die man wegen ihrer Weigerung an Dritte hatte vergeben müssen, und zermürbt von zahlreichen Pfändungen zur Durchsetzung der Hofgerichtsurteile; sie geschahen zum Teil unter militärischer Assistenz von Soldaten, die „mit Musketen, brennenden Lunten, Rappieren und Spießen" gen Wymeer und Boen „als zum offenen Krieg gezogen" kamen. Die Bauern willigten in einen Vergleich, der auf Anerkennung des landesherrlichen Standpunktes hinauslief. Sie verzichteten auf ihr „angemaßtes" Anwachsrecht und verpflichteten sich zum anteilsmäßigen Unterhalt des neuen Polderdeiches.

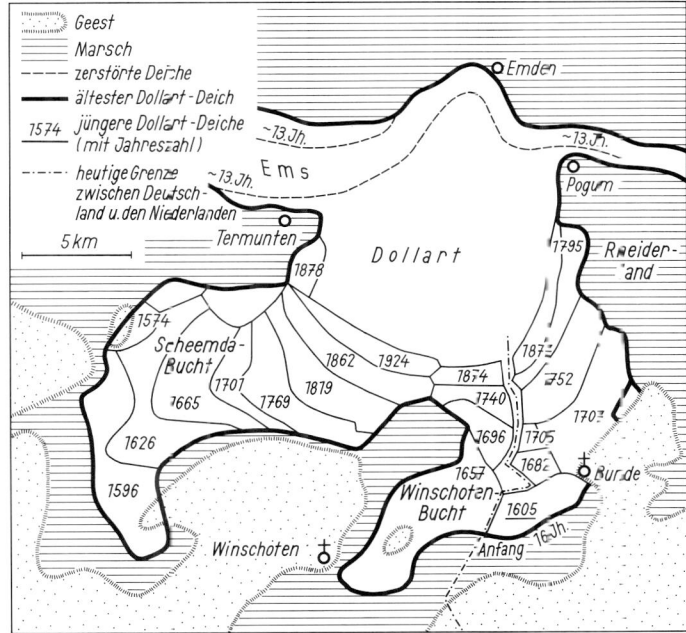

Wiederbedeichungen am Dollart seit dem 16. Jh.
1605 Anlage des Polders Bunderneuland

Nr. 31

Karte von Bunderneuland
Vermessen von Johannes Sems. Nach 1628

Die hier abgebildete Karte zeigt denselben Polder Bunderneuland wie die vorhergehende. Im Vergleich mit dieser Karte wird deutlich, in welch starkem Maße bei einem „Abriß des Augenscheins" die Darstellung vereinfacht, vergröbert, verzerrt sein kann, ohne daß man von einer absichtlichen Verfälschung reden darf. Der Abriß zeichnet vor allem vom linken Teil des Polders ein schiefes Bild, ablesbar etwa an dem neuen Seedeich, der, von rechts her gesehen, nach zweimaligem Abknicken deutlich in südöstlicher Richtung auf den alten Deich zulaufen müßte.

Auch wenn die Karte von Sems uns nur in Kopie erhalten blieb, darf sie doch als Muster einer exakt vermessenen Karte gelten. Der Westfriese Johannes Sems (geboren 1572, gestorben vor 1656), beherrschte die in den Niederlanden Ende des 16. Jahrhunderts schon hoch entwickelte Kunst exakter Landvermessung und hat diese im Jahre 1600 (zusammen mit J. P. Dou) in zwei Druckschriften zur „Practijck des lantmetens" und „Van het ghebruyck der geometrische Instrumenten" ausführlich niedergelegt. Sems gehörte seit 1623 zu jenen kapitalkräftigen niederländischen Unternehmern – auch „Interessenten" genannt –, die 1605 den Polder Bunderneuland angelegt und in der Folgezeit ausgebaut hatten. Auf der Karte ist links oben bei der Nr. 16 sein Hof eingetragen.

Das Recht zur Anlage dieses Polders hatten die Interessenten durch einen Vertrag mit dem ostfriesischen Landesherrn, Graf Enno III., vom 13. März 1605 erworben. Darin hatten sie sich verpflichtet, den neuen Deich auf eigene Kosten zu bauen. Dafür erhielten sie das eingepolderte Land in Erbpacht. Am Schluß der Urkunde sicherte der lutherische Landesherr den reformierten Interessenten Glaubensfreiheit zu mit den Worten, daß sie „jetzt und auf alle Zeiten in Angelegenheiten der Religion frei und unbeschwert bleiben sollen".

In der Nordwestecke des Polders fällt die sternförmig angelegte „Langeackerschanz" auf. Sie ist 1628 von den Niederlanden als vorgeschobener Grenzposten auf ostfriesischem Territorium erbaut worden – der ostfriesische Landesherr hat dies in den Wirren des 30jährigen Krieges hinnehmen müssen, ja, 1636 trat er in einem Vergleich weitere Flächen ab, „ließ sich aber seinen Verlust mit zwei Carossen und 6 guten Gröninger Pferden, oder nach seiner Wahl mit 12 000 Caroli-Gulden und für seine Gemahlin mit 4000 Gulden ersetzen" (Th. D. Wiarda). Heute ist die einstige Grenzfestung unter dem Namen Neuschanz als niederländisch-deutscher Grenzübergang bekannt.

Ein Detail der Karte verdient noch Beachtung. Mit feiner Schlängellinie ist die Kante des ehemaligen hohen Deichvorlandes eingezeichnet. Diese kann den Vorwurf der protestierenden Gemeinden (vgl. Nr. 30) bestätigen, daß der Polder teilweise noch nicht deichreifes Gebiet umschloß. Noch heute läßt sich auf dem Wege von Bunde nach Neuschanz der Höhenunterschied im Gelände gut erkennen: Links erstreckt sich der teilweise unter Meereshöhe liegende Bunderneulandpolder, rechts das bis zu einem Meter über Normalnull hoch aufgeschlickte Gebiet der erst viele Jahrzehnte später angelegten Polder.

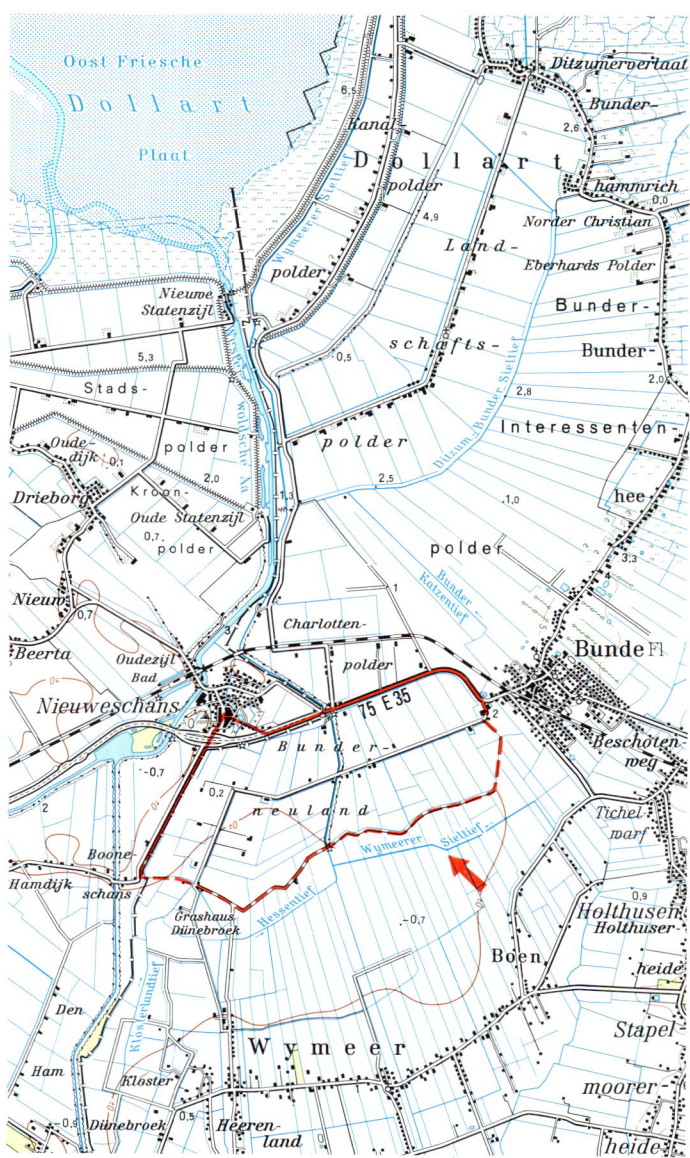

Topographische Karte 1:100 000; Pfeil: Blickrichtung
Rote gestrichelte Linie: der Alte Deich; durchgezogene Linie: der 1605 angelegte Deich vor dem Bunderneulandpolder

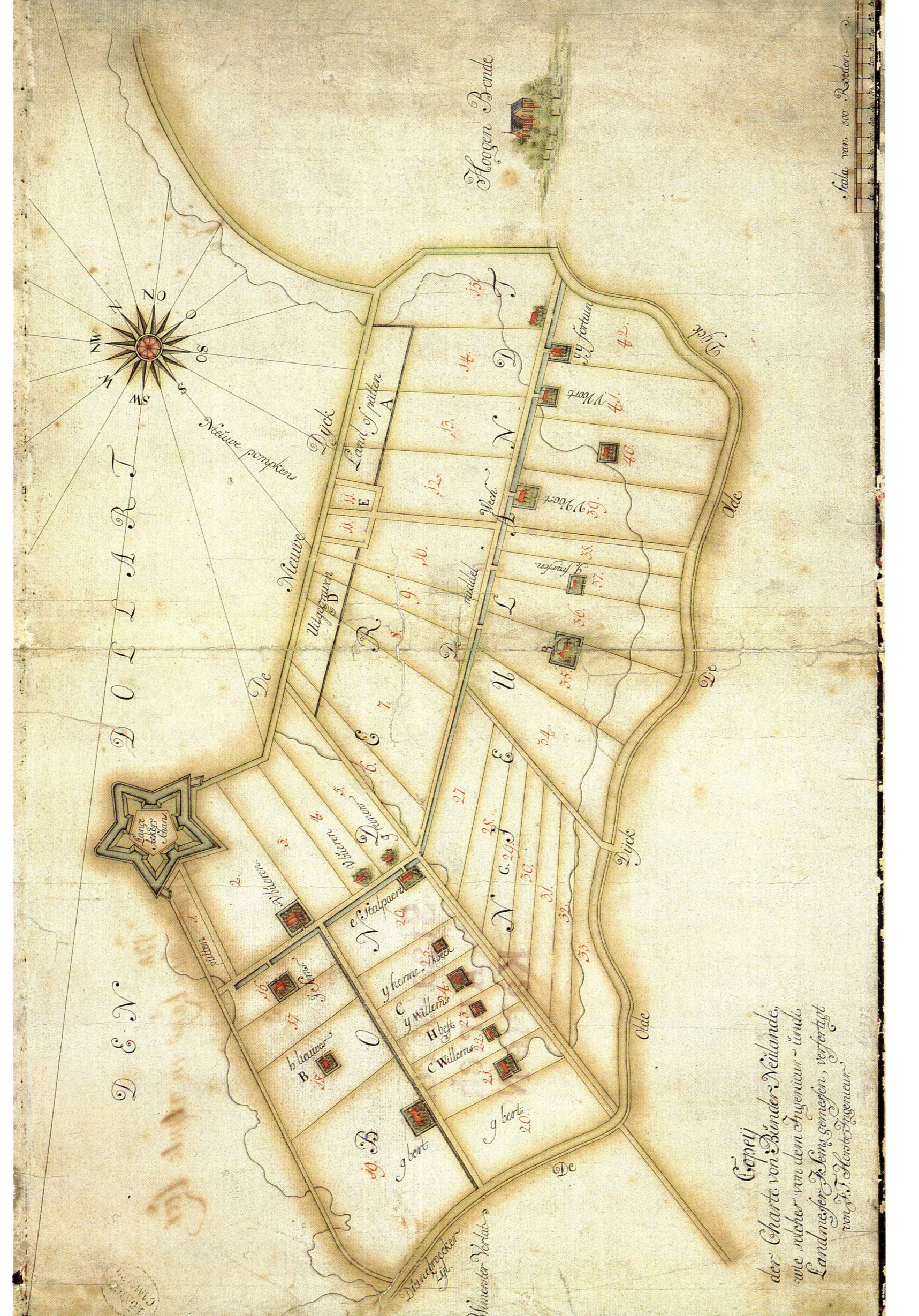

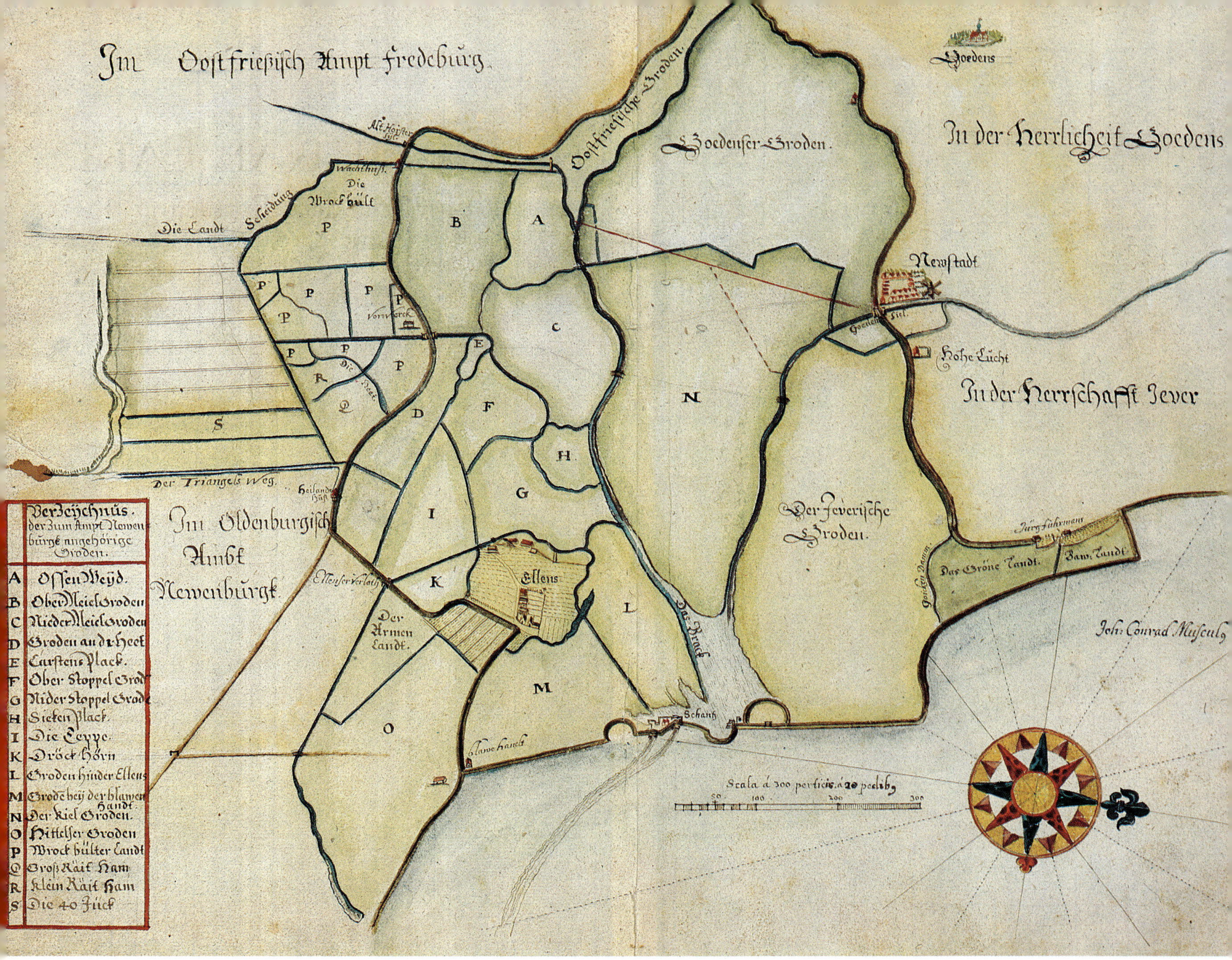

Im Oostfriesisch Ampt Fredeburg

In der Herrlicheit Goedens

In der Herrschafft Jever

Im Oldenburgisch Ampt Newenburgk

Verzeichnüs
der Zum Ampt Newenburgk angehörige Groden.

- A. Ossen Weyd
- B. Ober Meiels Groden
- C. Nieder Meiels Groden
- D. Groden an dr Heet
- E. Curstens Plack
- F. Ober Stoppel Grod
- G. Nieder Stoppel Grod
- H. Sieken Plack
- I. Die Eeype
- K. Dröck Hörn
- L. Groden hinder Ellens
- M. Groden bey der blawen Handt
- N. Der Kiel Groden
- O. Hittelser Groden
- P. Wrockhülter Landt
- Q. Groß Rait Ham
- R. Klein Rait Ham
- S. Die 40 Jück

Scala à 300 perticis a 20 pedibs.

Joh. Conrad Musculi

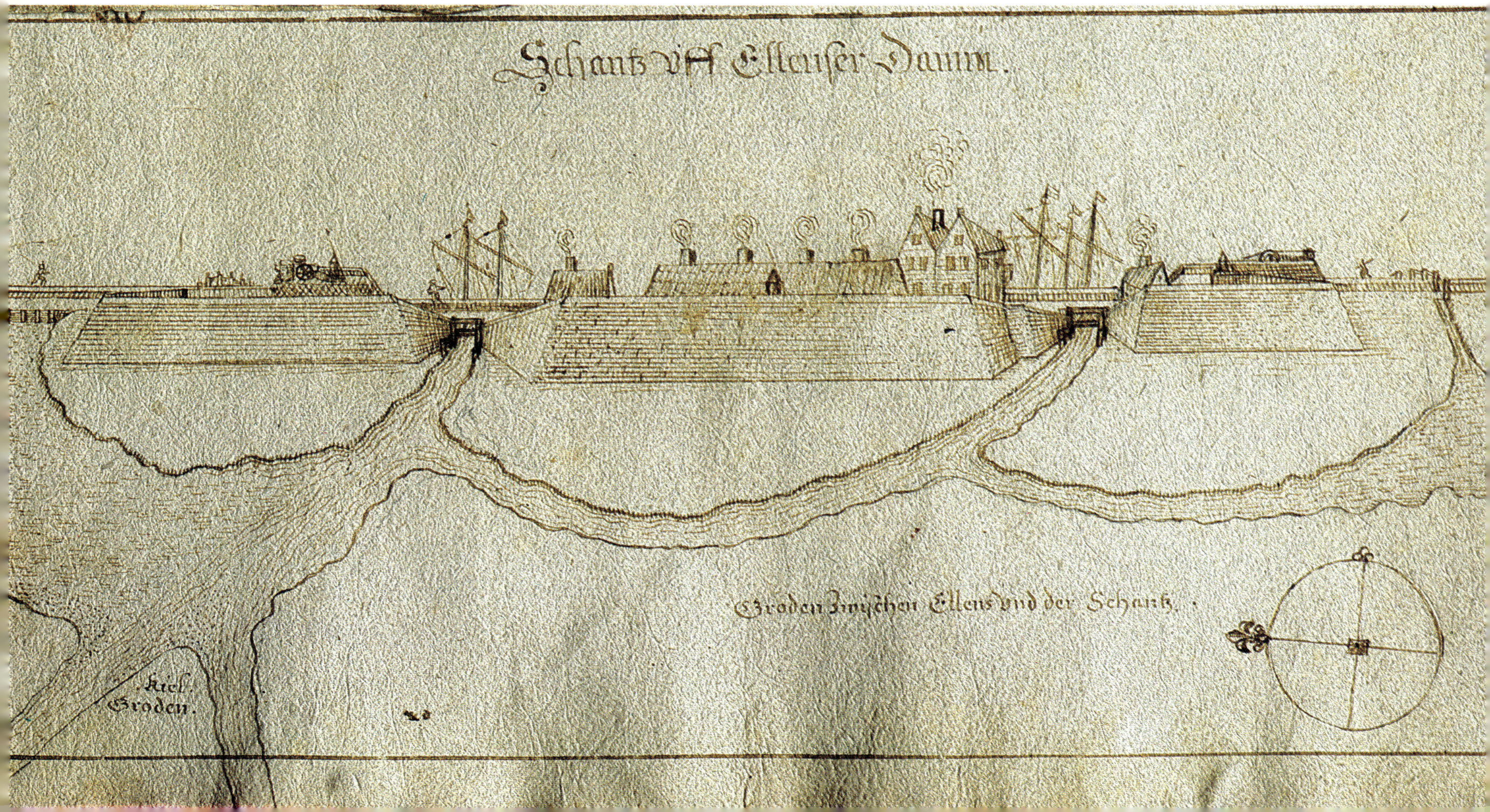

Schantz uff Ellenser Damm

Groden zwischen Ellens und der Schantz.

Kiel Groden

Atlas der alten und neuen Groden im Amt Neuenburg
Von Johann Conrad Musculus. 1635

Die Karte zeigt die Groden im ehemaligen „Schwarzen Brack", einer westlichen Ausbuchtung des Jadebusens, die 1615 durch den Ellenser Damm abgeriegelt wurde. Der Bau dieses Dammes hat eine längere, aber erzählenswerte Vorgeschichte.

Das nördlich des „Schwarzen Bracks" gelegene Jeverland hatte bis zum Anfang des 16. Jahrhunderts seine Unabhängigkeit gegenüber den benachbarten Grafschaften Ostfriesland und Oldenburg bewahren können. Als 1517 das jeversche Häuptlingsgeschlecht im Mannesstamm ausstarb, erreichte es Graf Edzard I. von Ostfriesland, daß sich die Erben, das Fräulein Maria von Jever und ihre Schwestern, unter den Schutz des ostfriesischen Grafen stellten und eine Heirat einer der Schwestern mit einem der Söhne des Grafen versprachen. Doch als diese Söhne sich der Herrschaft über Jever sicher zu sein glaubten und meinten, auf die versprochene Eheverbindung mit den wohl nicht so attraktiven Schwestern verzichten zu können, trug das verschmähte Fräulein Maria von Jever in resoluter Selbstbehauptung 1532 das Jeverland Karl V. als Herzog von Brabant und Grafen zu Holland zu Lehen auf und vermachte es schließlich testamentarisch den Grafen von Oldenburg. Damit löste sich der östliche Teil der ostfriesischen Halbinsel endgültig von dem westlichen Teil, von der Grafschaft Ostfriesland ab – die dynastisch-politischen Verhältnisse erwiesen sich stärker als die naturräumlichen, wirtschaftlichen und sonstigen Gegebenheiten dieses geographisch so einheitlich erscheinenden Raumes.

Freilich, als 1575 der oldenburgische Graf Johann das jeversche Erbe antrat, war das Jeverland vom oldenburgischen Territorium noch durch das „Schwarze Brack" getrennt, das tief nach Westen bis ins ostfriesische Amt Friedeburg reichte; die damalige Ausdehnung erkennt man auf der Karte an der braun kolorierten, weit nach Westen (oben) ausschwingenden alten Deichlinie. Der Landweg zum neuerworbenen Jeverland führte also notwendigerweise über ostfriesisches Territorium – für die Oldenburger ein politisches Ärgernis. 1597 begann man das ehrgeizige Projekt, das an der Mündung zum Jadebusen etwa drei Kilometer breite „Schwarze Brack" durch einen Damm abzuriegeln. Die ostfriesischen Grafen haben dieses Unternehmen mit Klagen

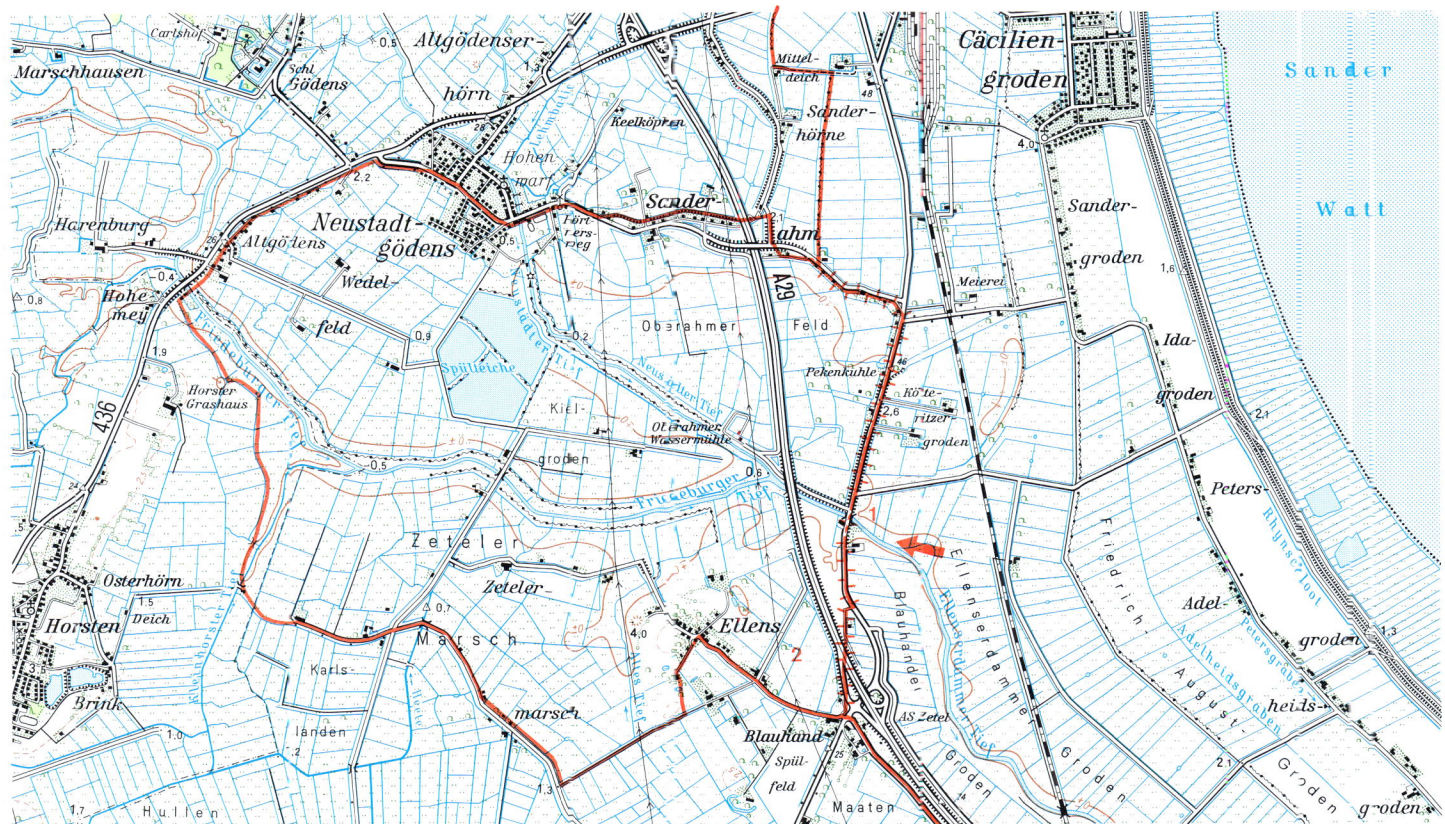

Topographische Karte 1:50 000
Pfeil: Blickrichtung der Generalkarte
Rote durchgezogene Linie: Deichlinie vor dem Bau des Ellenser Dammes; gezähnte Linie: der 1615 vollendete Damm
1 Schanze auf dem Ellenser Damm, 2 Groden zwischen Ellens und Blauhand (siehe Abbildung S. 82)

vor dem Reichskammergericht zu hindern versucht, widersprach doch die engere Anbindung des Jeverlandes an Oldenburg ihren politischen Interessen. Auch schnitt der Dammbau das Amt Friedeburg und die Herrlichkeit Gödens vom Meer ab. Besonders betroffen war die Mennonitensiedlung Neustadt Gödens, in der die Leinenweberei einigen Aufschwung genommen hatte und nun ihren Exportweg über das Wasser zu verlieren drohte. Der so energische wie geschickte oldenburgische Graf Anton Günther brachte den Dammbau wieder in Gang, indem er sich gegenüber dem Reichskammergericht verpflichtete, den Damm wieder einreißen zu lassen, falls das Endurteil wirklich zu seinen Ungunsten ausfallen sollte. In einem gewaltigen Kraftakt gelang es tatsächlich, 1615 den „Ellenser Damm" in der Mitte zu schließen – eine für damalige Verhältnisse technisch hervorragende Leistung, war der Damm doch quer durch das Watt gelegt worden, zum Teil sogar durch offenes Wasser, wie man auf der hier abgebildeten zwei Jahrzehnte später entstandenen Karte noch erkennen kann. Die 1623 erbaute Schanze auf dem Damm unterstreicht die strategische Bedeutung dieses Bauwerks.

Daneben bedeutet die Eindeichung des Bracks auch einen Gewinn an landwirtschaftlich nutzbarem Land und die Bewirtschaftung desselben durch Meier oder Pächter eine neue Einnahmequelle für die gräfliche Kammerkasse. Hieraus ergibt sich das Interesse des Landesherrn an einer genauen Vermessung und Berechnung des Flächeninhalts aller eingedeichten Lande, aller „Groden".

Der Landmesser Johann Conrad Musculus (vgl. Nr. 4 und 63) hat unter Mithilfe von M. U. W. Röpken in seinem Atlas von den Groden im ehemaligen „Schwarzen Brack" von 1635 eine Probe seiner Meßkunst hinterlassen. Die hier farbig abgebildete „General-Charta" gibt einen Überblick über die Lage der einzelnen Teilflächen, mit Großbuchstaben von A bis S gekennzeichnet. Auf den „Partikular-Tafeln" sind die Teilflächen dargestellt; eingetragen sind die Hilfslinien zur Vermessung der unregelmäßigen Grodenflächen und die gemessenen Werte in Ruten („perticis") und Fuß. Die abgebildete Partikulartafel M zeigt die Ellenser Schanze im Grundriß. Das Titelblatt des Atlanten bringt eine Ansicht derselben Schanze von der Landseite her gezeichnet. Die beiden Sieltore werden überragt von Schiffsmasten – ein Zeichen dafür, daß die Schanze auch von Schiffen erreicht werden konnte.

Zwar liegt der Ellenser Damm infolge weiterer Einpolderungen im Jadebusen längst landeinwärts, doch behielt er als Verkehrsweg vom Oldenburgischen ins Jeverland seine Bedeutung, bis er vor einigen Jahren durch die parallel dazu angelegte Autobahn Oldenburg–Wilhelmshaven entlastet wurde.

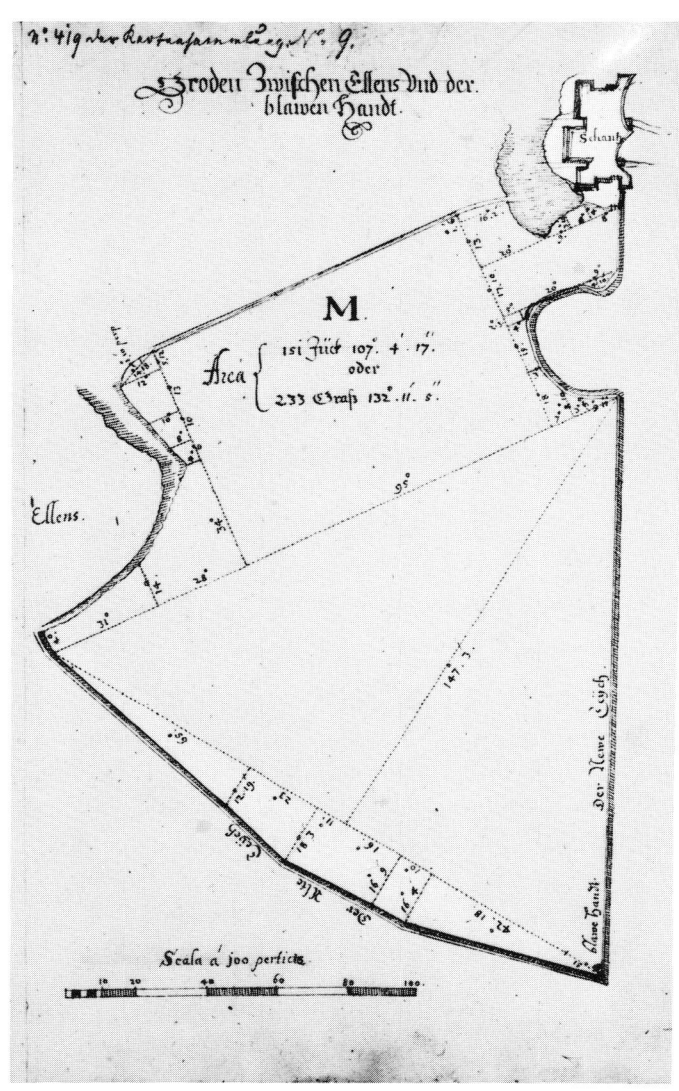

Groden zwischen Ellens und Blauhand. Partikulartafel M aus dem Grodenatlas

Moorkolonisation, Forstwesen, Bergbau

Weite Gebiete Niedersachsens sind mit Mooren bedeckt, nach der Statistik 13 % der Gesamtfläche – unkultiviert sind heute allerdings nur noch rund 2 %. Größere geschlossene Moorgebiete finden sich vor allem in den küstennahen Regionen, in Ostfriesland, Oldenburg, im Emsland und im Elbe-Weser-Winkel. Jahrhundertelang bildeten sie siedlungsfeindliche Räume und unwegsame Grenzgebiete (vgl. die Karte vom Bourtanger Moor, Nr. 44). Zwar hat man bereits im hohen Mittelalter das Moor von den Rändern her landwirtschaftlich zu nutzen gesucht (vgl. Nr. 72), doch zu einer systematischen Erschließung kam es erst im 17. und 18. Jahrhundert. Nach niederländischem Vorbild entstanden seit den 30er Jahren des 17. Jahrhunderts bis weit ins 19. Jahrhundert hinein in Ostfriesland wie auch im benachbarten Emsland (Papenburg) jene charakteristischen Fehnkolonien, die mit ihrer regelmäßigen Anlage bis heute das dortige Landschaftsbild mit bestimmen.

Die vorhandenen Karten von den älteren Fehnen befassen sich kaum mit Planung und Anlage der Siedlung, vielmehr mit Grenzauseinandersetzungen (vgl. Nr. 34) und mit Aufmessungen der an einzelne Unternehmer oder an Fehngesellschaften verpachteten Moorflächen, die einen Überblick über den Zuwachs an abgabepflichtigen Grundstücken vermitteln sollen (vgl. Nr. 33). Dokumente der Planung und des systematisch fortschreitenden Ausbaus sind dagegen die Karten, die im Rahmen der großangelegten kurhannoverschen Moorkolonisation im Teufelsmoor bei Bremen (vgl. Nr. 35) in der 2. Hälfte des 18. Jahrhunderts entstanden sind. Diese staatlich geförderte, u. a. auf Schaffung von Bauernstellen und Vermehrung der Untertanen gerichtete Maßnahme lag in den Händen des Moorkommissars Jürgen Christian Findorff. Ungeachtet des seinerzeit anerkannten großen Nutzens war diesem bewußt, welche außerordentlichen Mühen und Entbehrungen die Moorkultivierung für die angesetzten Bauern bedeutete, die er gelegentlich in einer Vignette bildlich dargestellt hat (Nr. 35 unten).

Während die systematische Nutzung der Moore also erst eine relativ junge Erscheinung ist, lassen sich der Bergbau im Harz und die intensive wirtschaftliche Ausbeutung des Waldes bis ins hohe Mittelalter zurückverfolgen. Seit dem 16. Jahrhundert kam es zur Bestallung von Fachbeamten und zur Einrichtung besonderer landesherrlicher Berg- und Forstbehörden. Im Bereich der Forstverwaltung wußte man sich zwar wohl der Meßkunst zu bedienen; doch begnügte man sich zumeist damit, die Meßergebnisse schriftlich festzuhalten. Forstkarten hat man im 16. und 17. Jahrhundert offenbar selten angefertigt, da eine planmäßige Forstwirtschaft noch unbekannt war. Erst im 13. Jahrhundert – angesichts der weit fortgeschrittenen Waldverwüstungen – erfolgte der Durchbruch zu einer rationellen Bewirtschaftung des Waldes. Im Braunschweigischen ist dieser Vorgang verbunden mit der Person des Forstmeisters Johann Georg von Langen, dem wir ein Prunkstück unter den Forstkarten verdanken: den Blankenburger Forstatlas (Nr. 37)

Im Bergbau spielt das Vermessungswesen, hier „Markscheidekunst" genannt, naturgemäß eine unentbehrliche Rolle. Dieser Begriff erinnert an die ursprüngliche Aufgabe des bergmännischen Markscheiders, untertage nachzumessen, ob die im Berg vorangetriebenen Strecken die Grenzen des oberirdisch abgesteckten Grubenfeldes erreicht hatten (vgl. die Markscheidelinie zwischen den Gruben Samson und Catharina Neufang, Nr. 40). Auch im Harz, wo der Silberbergbau im 16. Jahrhundert einen neuen Aufschwung nahm, hat man Markscheider zur Vermessung der unterirdischen Bergwerksanlagen, überhaupt zur Kontrolle und Lenkung des Bergbaus herangezogen.

Die älteste erhaltene Darstellung von 1606 diente wohl weniger bergmännischen Interessen als der Absicht, in einer Folge von Kupferstichen der Öffentlichkeit einen panoramaartigen Überblick über den damaligen hohen Stand des Harzer Bergbaus zu vermitteln (Nr. 38). Charakteristisch für das Markscheidewesen sind senkrechte Schnitte durch die Bergwerke, sogenannte Seigerrisse. Ein Beispiel für solch einen exakt vermessenen Seigerriß bietet das Blatt Nr. 40. Die vorhergehende Karte Nr. 39 zeigt einen Versuch, die grundrißmäßige Darstellung von Stollen mit den Seigerrissen einzelner Gruben zu verbinden. Vermag dieser Versuch, gleichsam als Vorstufe zur perspektivischen Darstellung unterirdischer Bergwerksanlagen, noch nicht zu überzeugen, so dokumentiert das letztgenannte Blatt doch eine bemerkenswerte Leistung des Oberharzer Bergbaus, nämlich die Anlage der Wasserlösungsstollen des Zellerfelder Hauptzuges, die unter härtesten Bedingungen in reiner Handarbeit, nur mit Eisen und Schlägel, in generationenlanger Arbeit vorangetrieben worden sind.

Nr. 33

Karte von Lübbertsfehn

(Südwestlich von Aurich). Kopie einer Karte von Johann Tönnies. 1704

Das hier abgebildete Lübbertsfehn ist wie so viele Fehne nach seinem Gründer benannt, dem „ehrbaren und vornehmen Lübbert Cornelis, Bürger und Kaufhändler zu Emden"; es ist eines der ältesten ostfriesischen Fehne. Auf den ersten Blick scheint es wenig mit dem klassischen Fehntypus gemein zu haben; doch es gewährt einen Einblick in die frühen Anfänge der Fehnkultur in Ostfriesland. Angelegt wurde Lübbertsfehn 1639, also während des Dreißigjährigen Krieges, als die Versorgung der Stadt Emden und der holzarmen Marschgebiete mit Brenntorf aus den Niederlanden und dem Saterland ins Stocken geriet. Dieser Torfmangel gab Lübbert Cornelis – wie auch einigen anderen unternehmungsfreudigen Emder Bürgern – den Anstoß, ein Fehn in den nahen Hochmooren anzulegen mit dem Zweck, Brenntorf in großen Mengen stechen zu lassen, also die Fehne gleichsam „als geringe Bergwerke" (Freese) zu betreiben.

Wichtig war ein kurzer Wasserweg zum Abtransport des Torfs. Darum wählte sich Lübbert Cornelis ein Stück des Moores, das sich nördlich des Timmeler Tiefs erstreckte – auf der Karte oben als weite Öde zu erkennen. Über dieses Tief – heute Fehntjer Tief genannt – waren Oldersum und Emden bequem zu erreichen. Vom Tief aus ließ Lübbert Cornelis einen Kanal senkrecht auf das Moor zu graben. Im Moor aber knickt der Kanal im rechten Winkel ab und verläuft in mehreren Brechungen etwa parallel zum Moorrand; eine spätere Verlängerung verbindet ihn in südwestlicher Richtung wieder mit dem Tief. Die Anlage dieses Fehns diente also vor allem dem schnellen Abbau und Abtransport des Torfes und paßte sich dabei der Randlage des gepachteten Moorgebietes an.

Stark unregelmäßig sind auch Größe und Gestalt der Grundstücke wie auch die Verteilung der Häuser längs des Kanals. Dies hängt gewiß damit zusammen, daß die anschließende Nutzung und Besiedlung der abgegrabenen Moorflächen für die Begründer der frühen Fehne Nebensache war. Doch diese Nutzung war in den Erbpachtverträgen vorgeschrieben. Sie lag im Interesse des Landesherrn, da ihm von dem abgegrabenen und kultivierten Land der „Canon", eine Geldabgabe, zustand. Landesherrliche Ingenieure vermaßen in gewissen Zeitabständen die Fehne, um den Zuwachs an abgabenpflichtigem Land zu ermitteln – so ist auch diese Karte von Lübbertsfehn, knapp 70 Jahre nach der Fehngründung, entstanden. Lübbert Cornelis hatte nur ein relativ kleines Moorgebiet von 200 Diemat (ca. 11 ha) in Erbpacht genommen. Als diese Moorflächen abgetorft waren und die Kanäle für den Torftransport keine Rolle mehr spielten, verschlammten sie bald und sind heute nur noch als kleine Entwässerungsgräben vorhanden; Lübbertsfehn verlor damit das charakteristische Merkmal eines Fehns.

Andere Fehne mit größeren Ausdehnungsmöglichkeiten nahmen eine günstigere Entwicklung, so das um einige Jahre ältere Großefehn – den Anfang, die Abzweigung des Fehnkanals vom Timmeler Tief, kann man auf der Karte unten rechts bei der „Große Fehner Brücke" gerade noch erkennen. Es nahm jene regelmäßige Gestalt an, die wir heute mit dem Begriff Fehn verbinden, und wuchs schließlich zu einer Länge von 16 Kilometern an. Dort bildete sich mit der Zunahme der Bevölkerung die eigentümliche Fehnschiffahrt heraus, die sich nicht nur auf den Kanälen abspielte, sondern sich auf das Meer hinauswagte. Kennzeichnend für die Bedeutung dieser Schiffahrt ist es, daß in oder bei diesen Fehnsiedlungen eigene Seefahrtsschulen entstanden, so für die Gegend von Großefehn und Lübbertsfehn in Timmel (1846 bis 1918), so auch in der größten deutschen Fehnsiedlung in Papenburg (vgl. folgende Nummer).

Topographische Karte 1:50 000
Pfeil: Blickrichtung der abgebildeten Karte
Rote gepunktete Linie: ehem. Hauptkanal von Lübbertsfehn

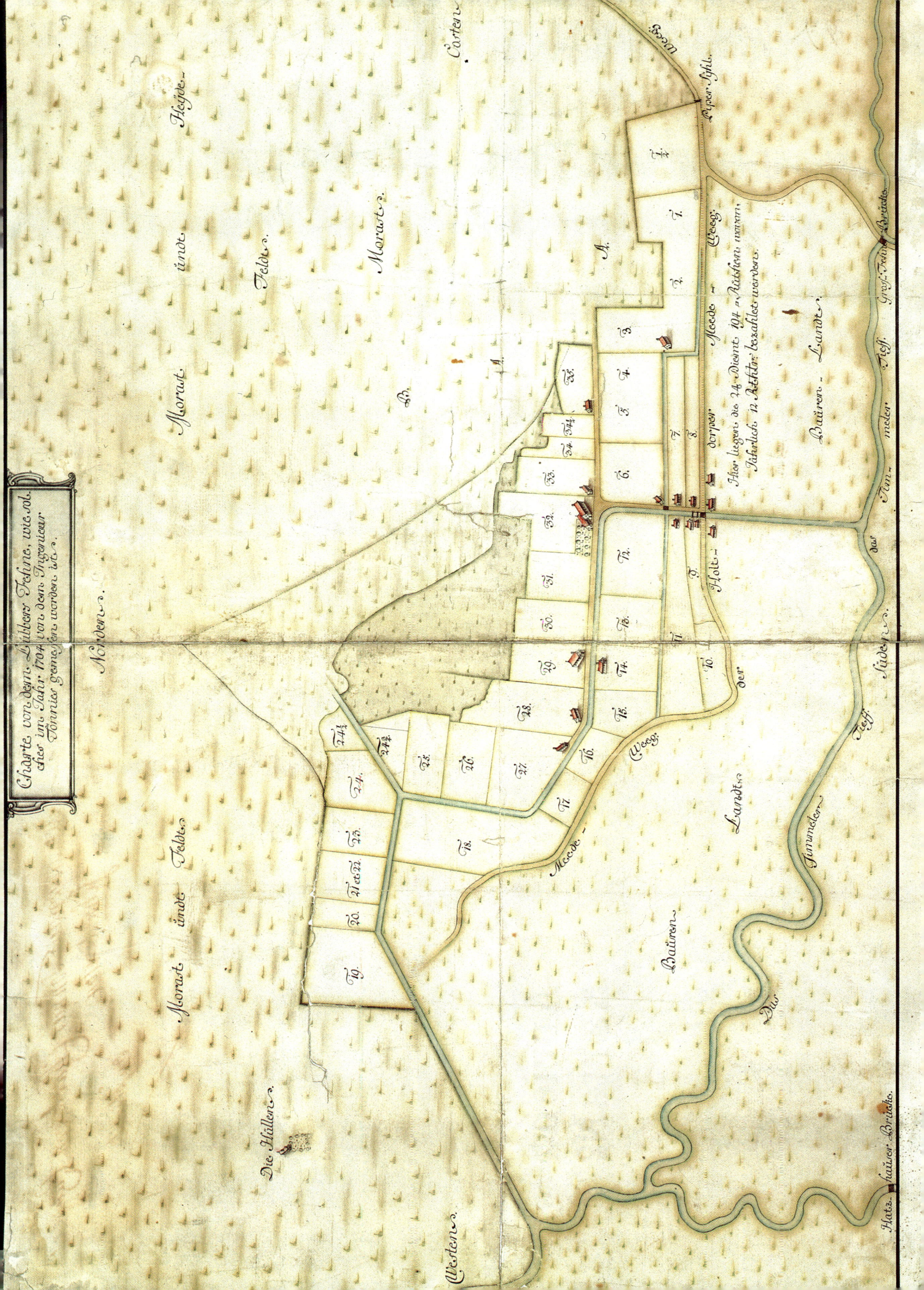

Abriß von der Fehnsiedlung Papenburg
1. Hälfte 18. Jahrhundert

Papenburg verdankt seine Entwicklung zur größten Fehnsiedlung Niedersachsens unter anderem der vorausschauenden Planung Dietrichs von Velen, der als Drost im münsterschen Emsland 1631 von dem Bischof zu Münster die verfallene Papenburg – auf der Karte als roter Kreis mit dem Buchstaben A bezeichnet – mitsamt dem ostwärts anschließenden „Torfmoraß" erworben hatte, um hier eine Fehnsiedlung nach niederländischem Vorbild zu gründen. Beabsichtigt war die Entwässerung des Moores mittels Kanälen, die die Verbindung zur Ems und zur Nordsee herstellten und den Abbau und Transport des Torfes ermöglichten, sowie die landwirtschaftliche Nutzung durch die Siedler, für die sich Dietrich von Velen bereits bei der Gründung zahlreiche Sonderrechte, u. a. die Steuerfreiheit, vom Bischof von Münster verleihen ließ. Der eigentliche Aufschwung setzte nach 1661 ein, nachdem ein auch in den Niederlanden und in Ostfriesland verbreitetes „Publicandum" für die Ansiedlung in Papenburg geworben hatte.

Die Karte – vermutlich entstanden aus Anlaß der wiederholt aufflackernden Grenzstreitigkeiten zwischen Papenburg und dem ostfriesischen Ort Völlen – vermittelt ein anschauliches Bild von dem Besiedlungsstand des Ortes um die Mitte des 18. Jahrhunderts. Der plan- und regelmäßige Charakter der Siedlung, den Papenburg sich bis zur Gegenwart erhalten hat, entstand durch die Vergabe gleich großer Grundstücke, der sogen. Plaatzen, entlang der Kanäle und die mit den Hausgiebeln kanalwärts gewandte Bebauung. Dargestellt wird auf der Karte der ältere Teil Papenburgs: das „Unterende" mit dem Hauptkanal, dem Wiekkanal sowie dem Oster- und Splittingkanal, der auf der Karte bereits weit ins Moor vorgegraben ist. Weitere Seitenkanäle entstanden nach 1780, als Papenburg neben der seit jeher betriebenen Torfwirtschaft und Küstenschiffahrt den Anschluß an die Hochseeschiffahrt fand und der durch den wirtschaftlichen Aufschwung bedingte Zustrom neuer Siedler den Ort vor allem nach Süden, dem sogen. Oberende, ausdehnen ließ. Die auf der Karte eingezeichnete Mühle markiert ungefähr die Grenze der älteren bis zur Mitte des 18. Jahrhunderts bestehenden Siedlung und der jüngeren, erst zum Ende des Jahrhunderts vorgenommenen Besiedlung.

Die Bedeutung Papenburgs als Heimathafen für Handelsschiffe übertraf um die Mitte des 19. Jahrhunderts zeitweilig die der übrigen deutschen Hafenstädte. In Papenburg von Stapel gelassene Schiffe segelten auf allen Weltmeeren. Der Blütezeit folgte nach 1850 ein allmählicher Niedergang, als sich die Segelschiffe nicht mehr gegen die Konkurrenz der Dampfschiffe behaupten konnten.

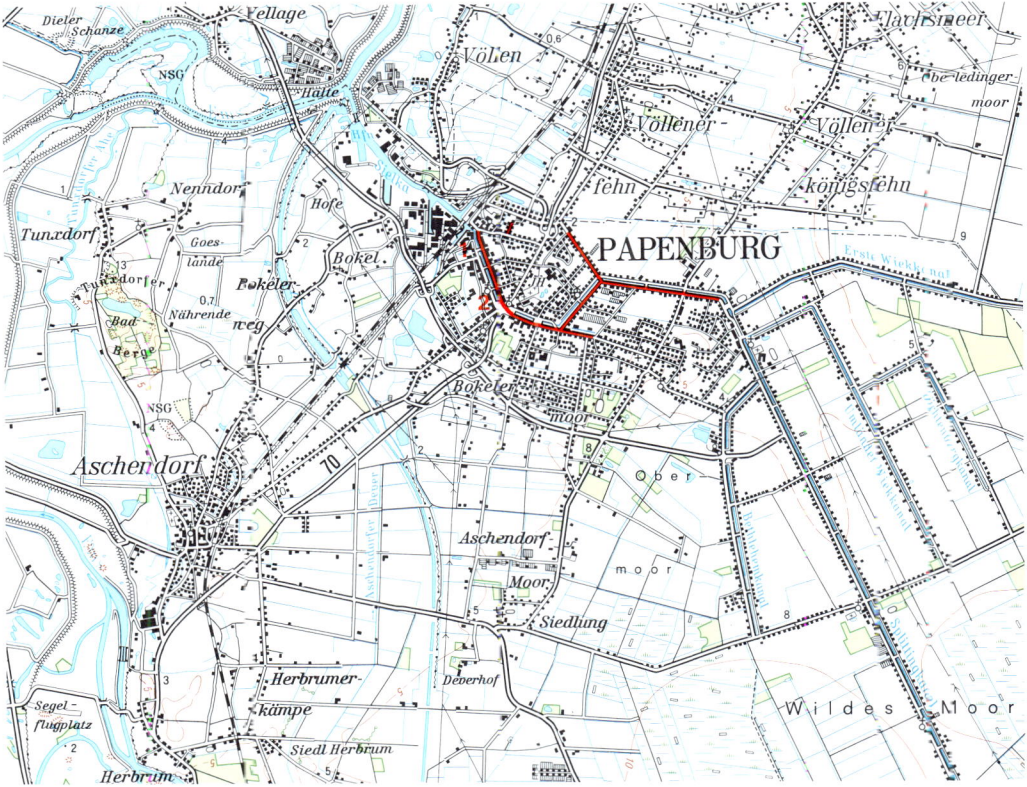

Topographische Karte 1:100 000
Rote Straßenabschnitte: Ausdehnung Papenburgs um 1750
1 die ehem. „Papenburg"
2 Pfarrkirche St. Antonius (1877 verlegt auf die andere Kanalseite)

Nr. 35

Generalkarte der Moore zwischen Bremen und Bremervörde
Von Jürgen Christian Findorff. 1755

Eine planmäßige Kolonisation in größerem Stil nahm der kurhannoversche Staat Mitte des 18. Jhs. in Angriff: die Erschließung der Moore in den Hamme-, Wümme- und Osteniederungen zwischen Bremen und Bremervörde. Hier entstanden bis 1792 46 neue Dörfer; insgesamt 1116 Siedlerstellen waren geschaffen und rund 14 000 Hektar Moorland ausgewiesen worden. Initiative und Planung waren von der Kammerverwaltung in Hannover wie auch von den moornahen Ämtern ausgegangen, die im Geiste des aufgeklärten Jahrhunderts ihre „Absicht lediglich auf das gemeinsame Landesbeste, Vermehrung der Königl. Untertanen und Benutzung der bisher öde und wüste gelegenen Gegenden gerichtet" hatten. Doch war die Verwirklichung der Pläne, das kontinuierliche, erfolgreiche Voranschreiten der Kolonisation, zum wesentlichen Teil Verdienst von Jürgen Christian Findorff (1720 bis 1792), dem „Vater der Moorbauern", seit 1771 Moorkommissar, doch schon seit den 50er Jahren in die praktische Arbeit der Moorerschließung hineingewachsen.

Aus diesen Anfangsjahren, als Findorff besonders zu Vermessungsarbeiten herangezogen wurde, stammt die vorliegende Übersichtskarte über das gesamte Moorgebiet zwischen Bremen und Bremervörde. Der Ausschnitt zeigt den südlichen Teil der Karte mit den weiten Moorgebieten zwischen Wümme (links unten) und Hamme (oben). Die braun kolorierten Flächen sind noch unberührt, die rot kolorierten sind bereits abgesteckt: Die roten Linien grenzen das zu kolonisierende Moorgebiet gegenüber den Allmenden der benachbarten Dörfer ab. Im Amt Ottersberg hat die Kolonisation schon begonnen: Wörpedorf (A) und Neu-St. Jürgen (B) sind schon als fertige Siedlungen eingezeichnet, in Eickdorf (C) ist mit sechs Plätzen der Anfang gemacht. Deutlich sind die relativ großen, langgestreckten Moorhufen zu erkennen – ein wesentlicher Grundsatz war, den Siedlern mit durchschnittlich 50 Morgen Land eine ausreichende landwirtschaftliche Existenzgrundlage zu verschaffen.

Die Vignette schildert die beschwerlichste Arbeit der Moorkultivierung: das Abgraben des Hochmoores. Nach dem Ausstechen der Torfsoden wurden diese in Stapeln getrocknet und auf Kähnen abtransportiert – Hauptabsatzort war Bremen. Die Erhebung im Hintergrund ist dem Weyerberg bei Worpswede nachempfunden, der wie eine Insel aus dem Moorgebiet aufragt. Auf ihm hat Findorff Ende der 50er Jahre eine Kirche für die umliegenden neuen und alten Dörfer errichtet – der vorgesehene Platz für Kirche und Schule ist schon auf dieser Karte eingetragen (F).

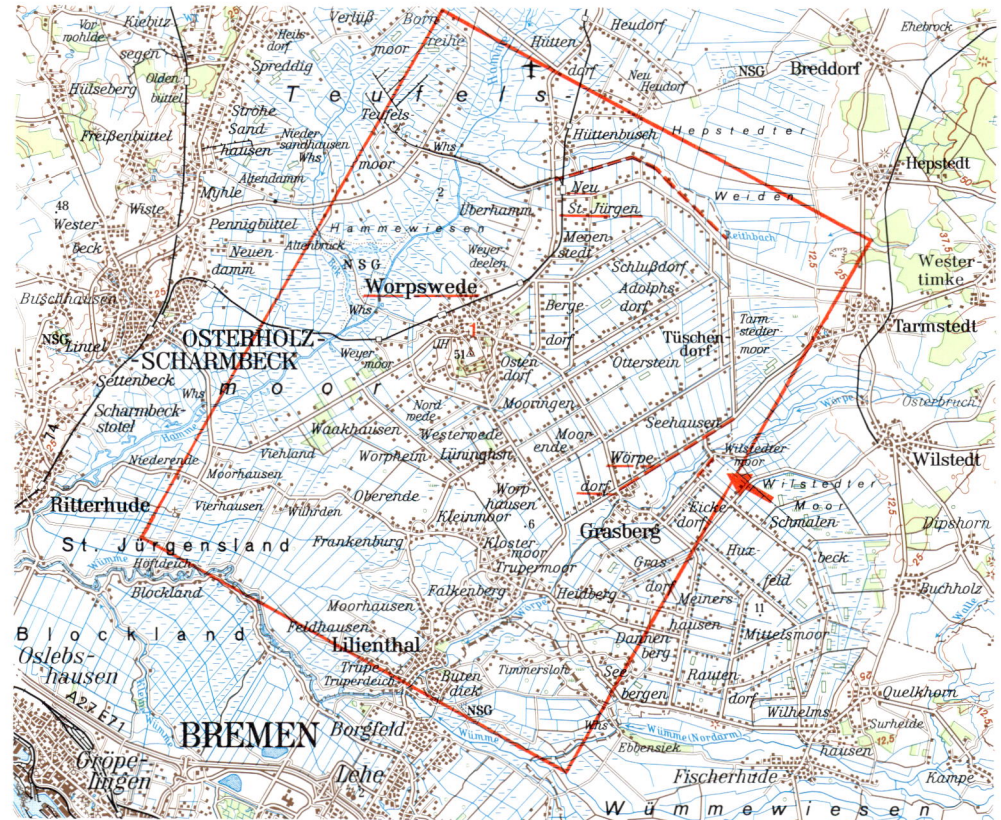

Topographische Übersichtskarte
1:200 000
Rotes Rechteck: ungefähre Lage des abgebildeten Kartenausschnitts
Pfeil: Blickrichtung
1 Kirche von Worpswede

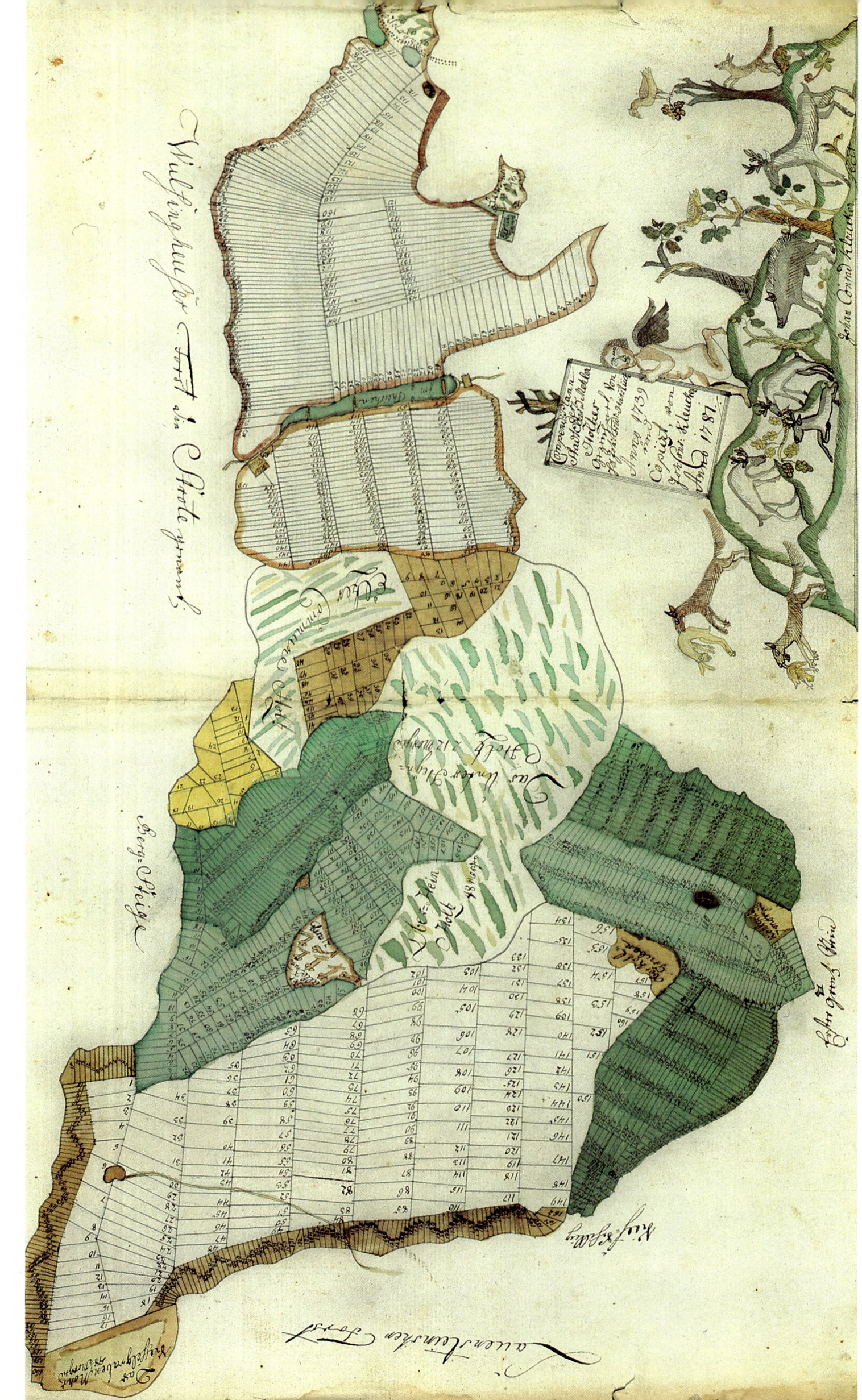

Karte des Elzer Stadtwaldes
Von Johann Friedrich Harstück 1739. Kopie von Johann Conrad Kleucker 1781.

So abstrakt die hier abgebildete Karte auch anmutet und so unbeholfen sie ausgeschmückt ist, so lohnt doch der Blick auf dieses Blatt, da es an einem konkreten Einzelfall zeigt, wie man im 18. Jh. einen Gemeindewald zu nutzen pflegte. 1739 hatte Johann Friedrich Harstück eine Karte von dem Elzer und Mehler Gemeindewald, wohl anläßlich einer Aufteilung des Waldes unter den nutzungsberechtigten Einwohnern, angefertigt. Von dieser Forstkarte hat Johann Conrad Kleucker 1781 die hier abgebildete verkleinerte Kopie angefertigt, überliefert in den Akten eines Reichskammergerichtsprozesses, den verschiedene Mitglieder des Rates der Stadt Elze gegen ihren Bürgermeister Johann Ludolf Schmidt 1797 in Wetzlar anstrengten.

Hauptpunkt der Anklage war der Vorwurf widerrechtlicher Bereicherung Schmidts, der verschiedene Fälle von Holzdiebstahl durch seinen Diener geduldet habe. Der Wald stellte für die Menschen früherer Jahrhunderte einen wesentlichen Teil ihrer Lebensgrundlage dar: Er bildete das Reservoir für Bau- und Brennholz, diente der Viehmast (Hudewald) und lieferte zusätzliche Nahrung. Die Waldnutzungsrechte waren daher genau festgelegt, nicht nur zwischen Obrigkeiten und Untertanen, sondern auch zwischen diesen selbst. Die Waldnutzung unterlag einer genauen Kontrolle. Waldfrevel sowie die unberechtigte Nutzung des Waldes – in diesem Fall das unerlaubte Fällen von Bäumen – wurden durch das Holzgericht („Holting") geahndet.

Elze bestand um 1790 aus etwa 200 Häusern. Wie die Forstkarte zeigt, gehörten zu 160 Hausstellen des Ortes Nutzungsrechte am Gemeindewald, der in verschiedene durch die naturräumliche Situation bedingte Bezirke gegliedert war. Neun dieser Bezirke waren in 160 Einzelparzellen aufgeteilt, die in festgelegter Reihenfolge je einem Elzer Bürger gehörten. Durch diese Art der Aufteilung gab es keine Bevorzugung oder Benachteiligung eines einzelnen bezüglich der Qualität des Waldgeländes oder der Entfernung vom Ort. Die zahlreichen Nachteile dieser Aufteilungsart wurden jedoch in diesem Prozeß offenkundig: Zwischen den einzelnen Parzellen gab es keine Grenzsteine; Einschläge an den Bäumen markierten stattdessen die Grenzen. Die Parzellen waren zudem von sehr unterschiedlicher Größe; sie betrugen gewöhnlich 3–4, mitunter auch nur einen halben Morgen.

Es kam immer wieder zur Verletzung von Eigentumsrechten auf Grund dieser unübersichtlichen Besitzverhältnisse. Daher konnte auch in diesem Prozeß dem Diener des Bürgermeisters der vorsätzliche Holzfrevel nicht nachgewiesen werden.

Im Laufe des 19. Jhs. kam es dann wie allgemein in der Forstwirtschaft zur Beseitigung dieser unwirtschaftlichen Kleinstparzellierung. Heute wird der Elzer Stadtwald von der Elzer-Mehler Forstinteressentenschaft bewirtschaftet, in der die Stadt Elze als größter Teilhaber und Privatpersonen Mitglieder sind.

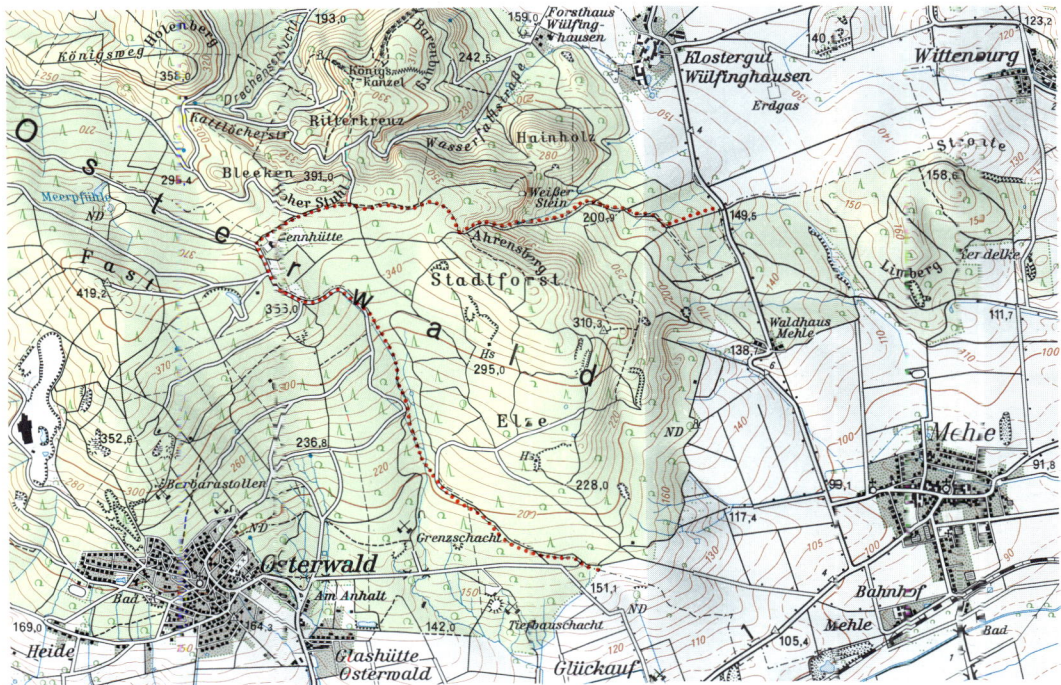

Topographische Karte 1:50 000
Rote gepunktete Linie: Grenze der Forstkarte im Osterwald

Hinweis: Elze liegt ca. 3 km östlich von Mehle

Nr. 37

Atlas der Unteren Forsten im Fürstentum Blankenburg
Von Johann Georg von Langen. 1732

Vor etwa zweieinhalb Jahrhunderten ging man in Deutschland allmählich zu einer rationellen Forstwirtschaft über, die die willkürliche Ausbeutung des Waldes durch Regelung von Wuchs und Hieb ersetzte. Als einer der Väter der modernen Forstwirtschaft gilt Johann Georg von Langen (1699–1776), jahrzehntelang als Forstmeister und Oberjägermeister im Herzogtum Braunschweig-Wolfenbüttel, zwischenzeitlich und wieder am Ende seines Lebens in dänischen Diensten tätig. Auf ihn geht u. a. die streng geometrische Flächeneinteilung zurück, die moderne Forstkarten so nüchtern macht. Dabei hat v. Langen in seinen jungen Jahren mit dem Blankenburgischen Atlas ein Kartenwerk geschaffen, das als ein Prunkstück unter den Forstkarten gelten darf, dazu gemacht, um dem Auge des Landesherrn zu gefallen. Der Deckel ist mit Samt bezogen, in Goldborte eingefaßt; ein Kompaß ist eingelassen. Die Kartenblätter sind auf grüne Seide aufgezogen und mit kunstvollen Kartuschen geschmückt.

Der Atlas umfaßt fünf Revierkarten und eine Übersichtskarte. Abgebildet ist hier ein Ausschnitt aus der nach Süden ausgerichteten Übersichtskarte, die den nordöstlichen Teil des seit 1599 zu Braunschweig-Wolfenbüttel gehörenden Territoriums Blankenburg zeigt, das heute fast gänzlich durch die Grenze zur DDR abgetrennt ist. Durch Farbabstufungen, besonders durch die dunkle Farbe für die Täler, wird eine plastische Wirkung erzielt; deutlich sind die Täler der Bode und Rappbode sowie der vielfach eingeschnittene Nordrand des Harzes zu erkennen. Selbst hier auf der Übersichtskarte ist versucht worden, durch verschiedene Baumsymbole die Buchen-, Fichten- und Mischbestände voneinander zu unterscheiden. Daß der Wald – ungeachtet aller forstwirtschaftlichen Überlegungen – ein fürstliches Jagdgebiet ist, bringen die Vignette mit den Tieren des Waldes und das prachtvoll ausgeschmückte Wappen zum Ausdruck. Der Atlas bot mit seinen Karten sowie den Tabellen mit den geschätzten Holzerträgen eine Bestandsaufnahme der Forsten, aber noch keine Neueinteilung, auch wenn v. Langen hier schon von festen Umtriebszeiten ausging – 40 Jahre für Laubholz- und 80 Jahre für Nadelholzbestände; er muß also schon damals eine entsprechende Rationalisierung des Forstbetriebs ins Auge gefaßt haben.

Nach einem mehrjährigen Zwischenspiel als Generalforstmeister in Norwegen, das damals zu Dänemark gehörte, war v. Langen ab 1745 mit der Reorganisation der Forsten im braunschweigischen Weserdistrikt beauftragt. Hier suchte er den Grundgedanken, daß die Wälder nur erhalten werden können, „wenn nicht mehr darin gehauen wird als zuwachsen kann", in die Praxis umzusetzen durch eine systematische Bestandsaufnahme, eine streng geometrische Flächeneinteilung, rationelle Nutzung, Zurückdrängung der schädlichen Waldweide, planmäßige Wiederaufforstung nicht allein durch Förderung der natürlichen Walderneuerung, sondern durch künstliche Methoden wie Saat und Pflanzung – es gilt als sein Verdienst, als erster 1728 in den blankenburgischen Forsten Bestände durch Saat begründet zu haben. Durch die künstliche Verjüngung war es erst möglich, gezielt Forstflächen mit schnellwüchsigen Baumarten zu besetzen. So hat v. Langen im bisher reinen Laubholzgebiet des Hils-Solling-Distrikts die Fichte eingeführt.

v. Langen hat sich nicht nur um den Wiederaufbau der überbeanspruchten Wälder bemüht, sondern zugleich eine Vielzahl gewerblicher Betriebe gefördert. So war er maßgeblich an der Gründung der nächst Meißen ältesten deutschen Porzellan-Manufaktur auf dem Schloß Fürstenberg beteiligt (1747), ebenso an der Wiedereinrichtung der Glashütte in Grünenplan (1745), wo er sich für den Bau einer Arbeitersiedlung einsetzte, die in ihrer planmäßigen Anlage als erste neuzeitliche Werkssiedlung in Norddeutschland gilt.

Topographische Übersichtskarte 1:200 000
Pfeil: Blickrichtung des abgebildeten Kartenausschnitts

Die Bergstädte Wildemann, Lautenthal und Grund
Gezeichnet von Zacharias Koch, gestochen von Daniel Lindeiner. 1606

Im Oberharz war schon im Mittelalter zeitweilig nach Silbererz gegraben worden. Doch die Blütezeit des Bergbaus setzte hier erst im 16. Jh. ein – dank der zielstrebigen Förderung durch die Landesherren, die Herzöge von Braunschweig-Wolfenbüttel und Grubenhagen sowie die Grafen von Hohnstein. In den Jahrzehnten nach 1520 entstanden die sieben „Bergstädte" Wildemann, Grund, Lautenthal, Zellerfeld, Clausthal, Altenau und St. Andreasberg. Die Bergleute, die sich hier ansiedelten, kamen hauptsächlich aus den älteren Bergbaugebieten in der Grafschaft Mansfeld und im Erzgebirge. Einen Anreiz dazu boten die von den Landesherren verkündeten „Bergfreiheiten". Darin wurden den Einwohnern der Bergstädte unter anderem zugesagt: eigenes Gericht, Zoll- und Steuerfreiheit, Befreiung vom Kriegsdienst und anderen Lasten, wie sie die dörfliche Bevölkerung zu tragen hatte, des weiteren Holznutzung, Weidegang, freie Jagd auf Hasen und Federwild sowie Freiheit des Fischfangs. Erst im vorigen Jahrhundert sind die Privilegien nach und nach aufgehoben worden – am einschneidendsten war gewiß der endgültige Verlust der Steuerfreiheit 1835.

Aus dem 16. Jh. sind keine Karten und Risse über den Harzer Bergbau überliefert, auch wenn die Markscheider, von deren Meßkunst der Untertagebau wesentlich abhing, dieses Hilfsmittel sicher kannten. Der erste erhaltene kartographische Versuch liegt uns in einer Folge von Stichen aus dem Jahre 1606 vor, die auf Zeichnungen des Bergschreibers zu Zellerfeld, Zacharias Koch (1562–1614), beruhen. Ausgewählt ist hier das rechte Blatt einer aus drei Blättern zusammengesetzten panoramaartigen Darstellung des Bergbaus von Wildemann bis Clausthal-Zellerfeld. Auf diesem Blatt mischen sich Grundriß (Lauf der Innerste), Aufriß (Schnitte durch die Gruben bei Wildemann und Lautenthal) und perspektivische Darstellung (Orte und Berge). Besonders der senkrechte Schnitt durch den Badstubenberg bei Wildemann im Vordergrund läßt mit seinen Bergmannsfiguren einige Einzelheiten der damaligen Bergwerkstechnik erkennen: die Leitern zum Auf- und Absteigen in den Schächten, Eimerwinden, Karren zum Abtransport von Erz und taubem Gestein, Wasserhebewerke, Arbeit vor Ort mit Eisen und Schlägel.

Der unterste Stollen, „Wiltermansstoln" oder „Tifer Stoln" genannt, ist das Anfangsstück des später bis Zellerfeld vorgetriebenen „13-Lachter-Stollens"; er tritt, wie die Karte in einem merkwürdigen Sprung vom Aufriß zum Grundriß zeigt, unterhalb von Wildemann auf der anderen Seite der Innerste ans Tageslicht. Der Stollen hatte 1606 eine Länge von 714 Lachter (etwa 1350 m). Bergbautechnische Schwierigkeiten hatten zur Folge, daß nicht dieser, sondern der als mittlerer Stollen eingezeichnete sogenannte 16-Lachter-Stollen als erster die weiter links zu denkenden Gruben bei Zellerfeld erreichte. Über die Bedeutung derartiger Stollen wird bei den folgenden beiden Karten noch etwas zu sagen sein. – Auf dem Blatt von Wildemann sind eine Reihe von Gruben nur mit dem Namen genannt: „Erzengel Gabriel", „König David", „Bescherts Glück" u. a.; bildlich dargestellt ist vor allem die 1548 angelegte Grube „Haus von Sachsen" mit dem zeltartigen Dach über dem „Göpel" für die mit Pferdekraft betriebenen Förderanlagen und dem Schacht, der mit einer Tiefe von 95 Lachter (180 m) schon fast den untersten Stollen erreicht hat.

Weitere Gruben sind im Spiegeltal („S. Nicolas") und die Innerste abwärts bei Hüttschönthal („S. Elias", „Obere Fundgrube" und „Vestenburg") sowie bei Lautenthal („S. Jacob") eingetragen. Charakteristisch für einige dieser Gruben sind die langen Gestänge, mit denen die Kraft der Wasserräder im Tal über z. T. weite Strecken auf die Gruben übertragen wird, um Treibräder oder Pumpen in Gang zu setzen. Aus dem Vergleich mit dem Merianstich darf man sichergehen, daß die Gebäudereihe direkt unterhalb des Badstubenberges an der Innerste aufwärts Pochwerke darstellt, in denen das Erz zerkleinert wurde, ehe in der Schmelzhütte – in dem großen Gebäude vor dem Mundloch des „Tifen Stoln" – die Metalle voneinander geschieden wurden.

In der Ferne sieht man bei Gittelde eine große Rauchwolke aufsteigen, die zu den dortigen Eisenhütten gehören dürfte. Denn nicht nur Silber und Blei wurden im Harz gewonnen; auch Eisenerz wurde, besonders am Iberg bei Grund, abgebaut. In Gittelde befand sich der Mittelpunkt der Eisenverhüttung und Weiterverarbeitung des Eisens. Seit dem späten 16. Jh. stellte man hier auch Fertigwaren wie Werkzeuge, Pflugeisen, Harnische und Geschütze her. So vermag dies Kartenblatt eine gewisse Vorstellung davon zu vermitteln, daß der Harz im 16./17. Jh. den Charakter einer Industrielandschaft im Rahmen der wirtschaftlichen und technischen Möglichkeiten jener Zeit angenommen hatte.

Nr. 39

Atlas der Wasserableitungsstollen zwischen Wildemann und Zellerfeld
Von Christian August Reinerding, Markscheider. 1675

Je mehr der Bergbau im Harz im Laufe des 16. Jhs. in die Tiefe ging, um so größer wurde das Entwässerungsproblem. Wasserhebemaschinen, sogen. Heinzenkünste, reichten um die Mitte des 16. Jhs. vielfach nicht mehr aus. Einen Ausweg fand man in dem Bau kilometerlanger Wasserableitungsstollen, die von tiefer gelegenen Tälern allmählich ansteigend durch den Berg bis zu den Gruben vorangetrieben wurden.

Der vorliegende Atlas bringt eine Art Bestandsaufnahme der Entwässerungsstollen für die Zellerfelder Silbergruben. Das wiedergegebene Blatt 6 zeigt das Oberende der Stollen im Bereich der Zellerfelder Gruben. Abgebildet ist ein etwa 800 m langer Abschnitt der Stollen oben im Grundriß, unten – in verkleinertem Maßstab – als senkrechter Schnitt, als Seigerriß. Deutlich ist in dem Seigerriß die Abfolge der Stollen zu erkennen. Der rot eingetragene oberste Stollen, der Frankenscharrnstollen, war nach bemerkenswert kurzer Bauzeit von 14 Jahren – Beginn 1548 – als erster fertiggestellt worden; insgesamt 2500 m lang, entwässerte er die Gruben „querschlägig" in südlicher Richtung in das Zellerfelder Tal. Die darunterliegenden Stollen, der 16-, 19- und 13-Lachter-Stollen (die Zahlen bezeichnen jeweils die Abstände zwischen den Stollen; 1 Lachter = 1,9 m), sind vom Innerstetal bei Wildemann vorangetrieben worden (vgl. vorhergehende Karte); hier hat die Arbeit mehrere Generationen gedauert, bis auch der tiefste, der 13-Lachter-Stollen, das Ende des Zellerfelder Hauptzuges erreicht hatte.

Wegen der wechselnden Härte des Gesteins ist der Stollenverlauf vielfach gekrümmt. Um so beachtlicher erscheint die Leistung der Bergleute und Markscheider, daß sie vom Mündungsloch über eine mehrere Kilometer lange Distanz den Weg zu den verschiedenen Gruben fanden – trotz der damaligen bescheidenen Mittel: Schlägel aus Eisen als Hauwerkzeuge, Meßschnur und Wasserwaage als Meßgeräte; erst 1632 wurde die Schießarbeit, das Lösen des Gesteins mit Pulver, eingeführt.

Die auf der Karte dargestellten Stollen sind später durch noch tiefer gelegene abgelöst worden (den Tiefen-Georg-Stollen, angelegt 1777 bis 1799, und den Ernst-August-Stollen, begonnen 1851). Das untere Ende des 19-Lachter-Stollens bei Wildemann ist vor mehreren Jahren auf einige hundert Meter Länge zur Besichtigung hergerichtet worden.

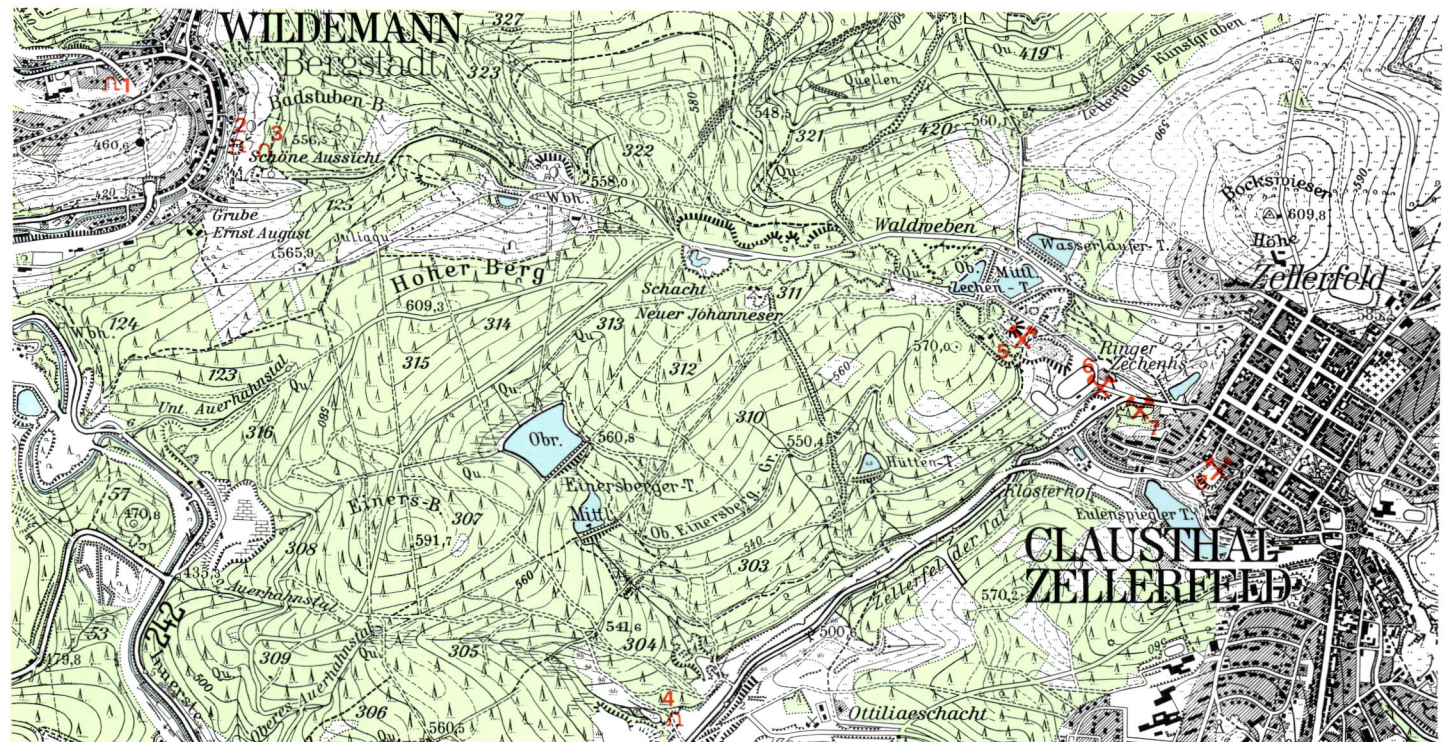

Topographische Karte 1:25 000

1 Mundloch des 13-Lachter-Stollens
2 Mundloch des 19-Lachter-Stollens
3 Mundloch des 16-Lachter-Stollens
4 Mundloch des Frankenscharrnstollens
5 Grube Elisabeth Juliana oder Schreibfeder
6 Grube Reinischer Wein
7 Grube Caroll oder Silberschnur
8 Grube Treu

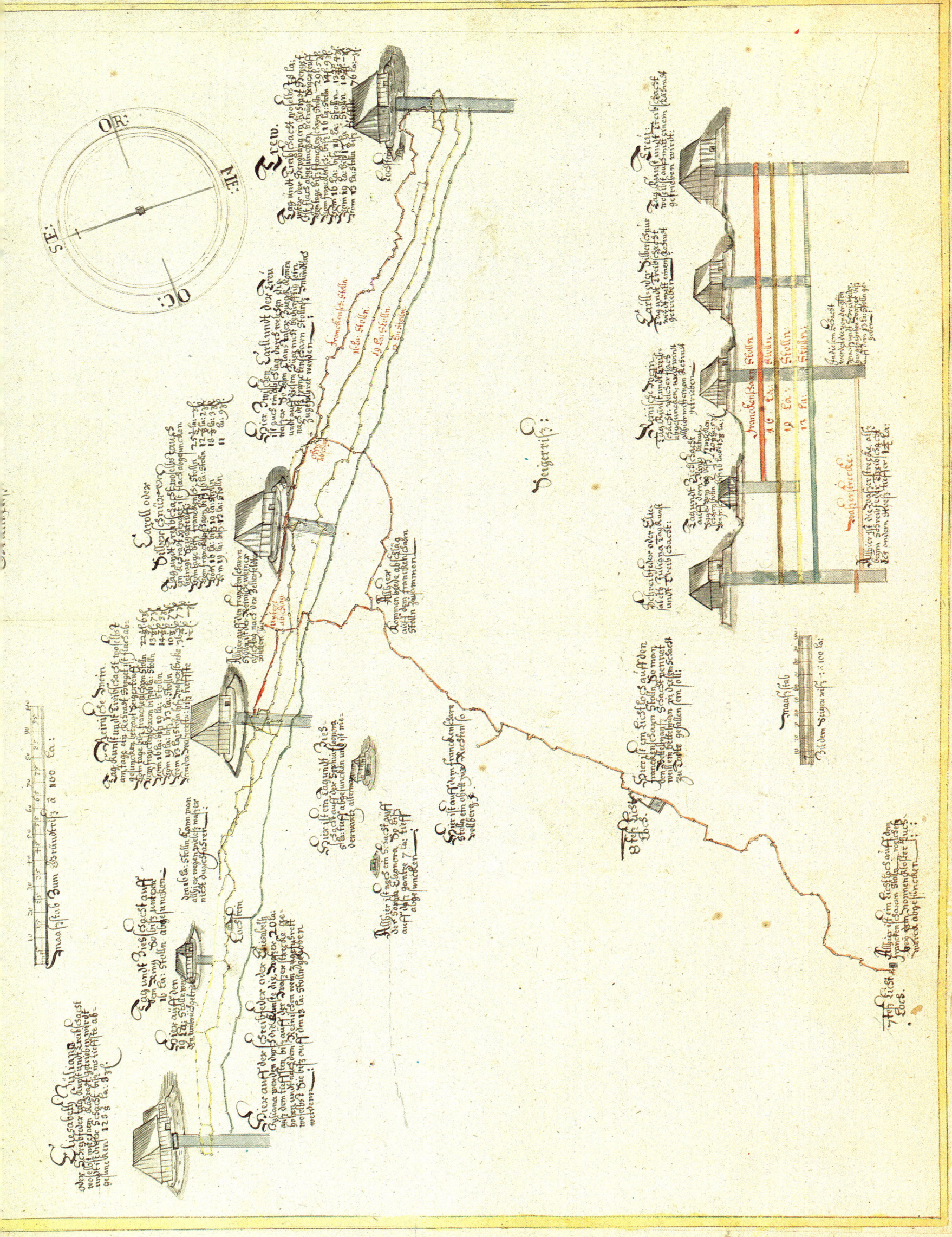

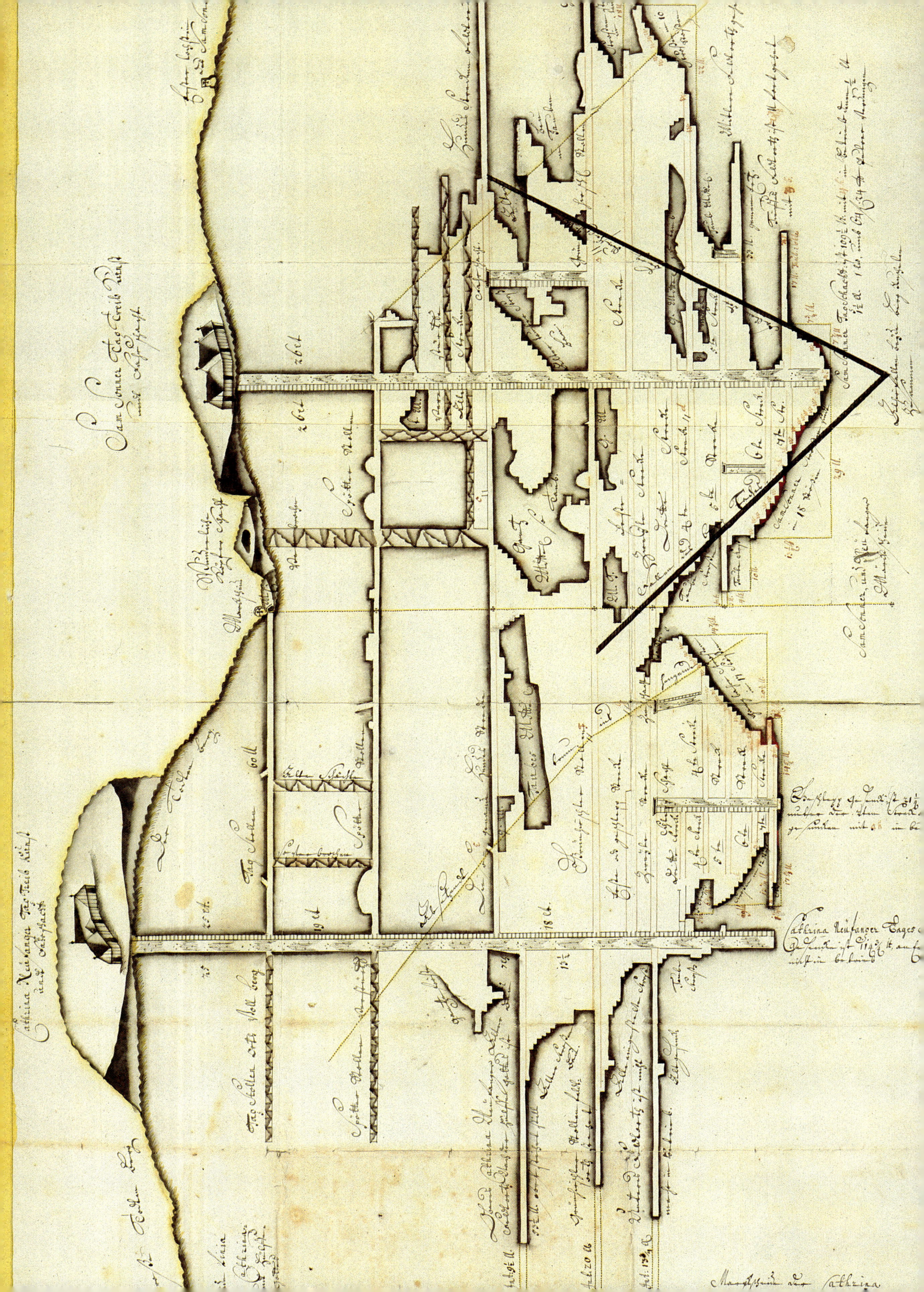

Seigerriß der Gruben Samson und Catharina Neufang in St. Andreasberg
Von C. H. Steltzner. 1727

St. Andreasberg hat wie kaum eine andere Oberharzer Bergstadt den Wechsel von Höhen und Tiefen, von Blütezeiten und Krisen des Bergbaus erlebt. Der erste Höhepunkt lag im 16. Jahrhundert. Funde besonders reinen Silbers begründeten St. Andreasbergs Ruf als reiche Lagerstätte – 1527 waren 116 Gruben gleichzeitig in Tätigkeit. Sie wurden finanziert von kapitalkräftigen Unternehmern aus vielen Teilen Deutschlands, besonders aus den Hansestädten und dem sächsischen Bergbaugebiet, die in sogenannten Gewerken zusammengeschlossen waren, und wurden betrieben von Bergleuten, die den im Mansfeldischen als Schutzpatron des Bergbaus verehrten St. Andreas als Namenspatron der neugegründeten Stadt aus ihrer Heimat mitgebracht hatten.

Die mit zunehmender Tiefe erschwerten Abbaubedingungen, schwankende Erzführung der Gänge, Seuchen, auch der Beginn des Dreißigjährigen Krieges u. a. m. ließen den Bergbau vollständig zum Erliegen kommen; 1624 wurden die beiden letzten Gruben „Catharina Neufang" und die angrenzende Grube „Hilfe Gottes" eingestellt. Rund 30 Jahre dauerte es, bis einzelne Gruben, darunter die beiden hier abgebildeten – „Catharina Neufang" und „Samson" – den Betrieb wiederaufnahmen. Eine der Ursachen für den neuen Aufschwung lag in der straffen Führung durch die landesherrlichen Bergbaubehörden. Sie entschlossen sich sogar, als die Grube „Samson" 1693 in betriebliche Schwierigkeiten geriet, sämtliche Anteile der Gewerke zu übernehmen. So wurde diese Grube die erste rein fiskalische Anlage.

Mitten in diese zweite Blütezeit – es folgte nach einer Krisenperiode mit dem Tiefpunkt während des Siebenjährigen Krieges ein dritter und letzter Anstieg der Bergbauproduktion in der 1. Hälfte des 19. Jahrhunderts – gehört der hier abgebildete Seigerriß von 1727 mit den beiden Gruben „Samson" und „Catharina Neufang", deren Förderschächte etwa 200 Meter voneinander entfernt am Nordrand der Stadt lagen. Im Unterschied zu den stark vereinfachenden Seigerrissen in dem Zellerfelder Stollenatlas (siehe oben Nr. 39) ist dieser Riß um möglichst maßgenaue Wiedergabe der Bergwerksanlagen im senkrechten Schnitt durch den Berg bemüht, lediglich die oberirdischen Anlagen, das Gebäude über dem Schacht und die Halden, sind in perspektivischer Weise dargestellt. Die Maßangaben erfolgen wie bei den beiden vorhergehenden Karten im bergmännischen Längenmaß (1 Lachter = 1,9 m). Zwischen den beiden Gruben ist als Grenzlinie die Markscheidelinie eingezeichnet, die in jedem Stollen durch ein Kreuz und auf der Erdoberfläche durch einen

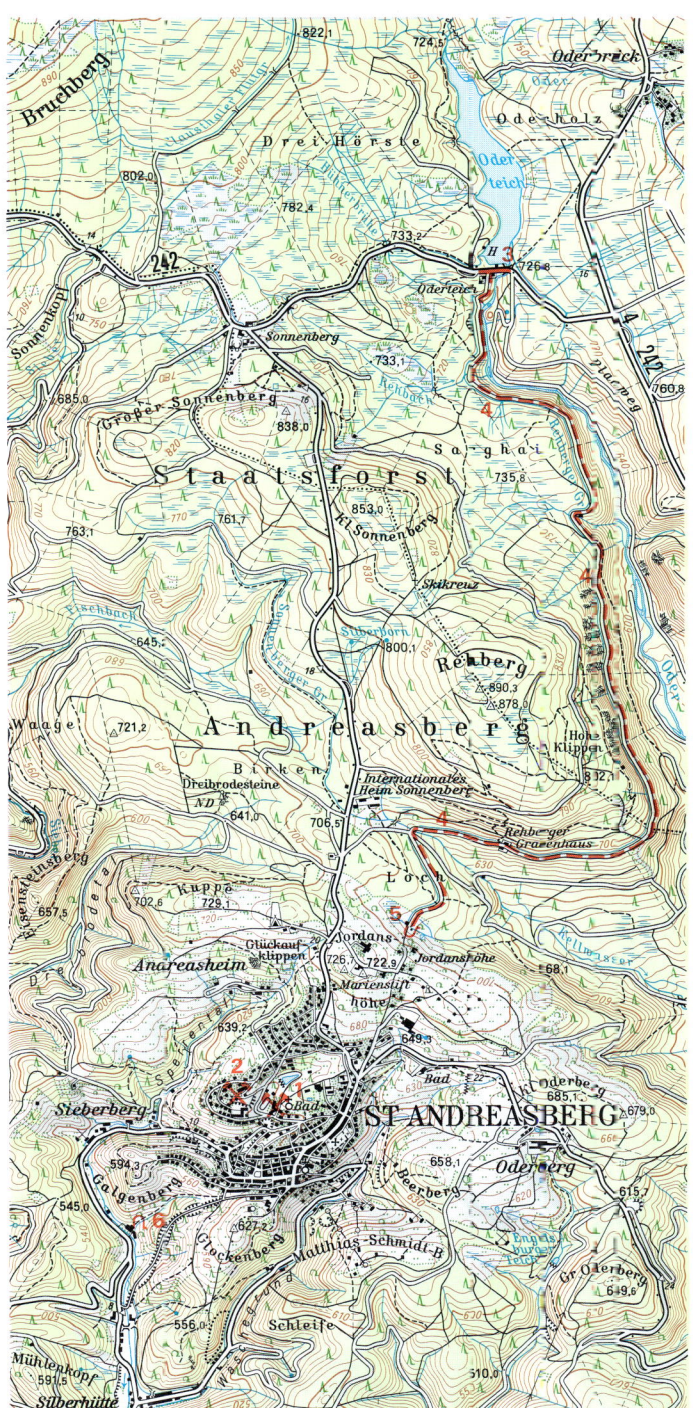

Topographische Karte 1:50 000
1 Grube Samson
2 Grube Catharina Neufang
3 Staumauer des Oderteichs
4 rote Linie: Rehberger Graben
5 oberes Mundloch der unterirdischen Wasserzuleitung zum Schacht Samson
6 Mundloch des Grünhirschler Stollens

Markstein kenntlich gemacht ist. In dem oberen Teil der Gruben – zwischen Tagstollen, Spötterstollen, Hundestrecke und Grünhirschler Stollen – ist der Bergbau zum Erliegen gekommen, abzulesen an den „verbrochenen" Schächten, „verstürzten" Strecken und an dem flächig grau gemalten tauben Gestein. Der Erzabbau findet in der Tiefe statt, bei der Grube „Samson" von der Sohle des Hauptschachts aus, bei der Grube „Catharina Neufang" beiderseits des „Schleppschachtes" rechts neben dem Hauptschacht. Abgebaut wird in „Strossen", in treppenförmigen Stufen, so daß jeder Bergmann einen eigenen Arbeitsplatz vor Ort hat. Als Zustandsbeschreibung der Gruben zu einem bestimmten Zeitpunkt war dieser Seigerriß mit den zahlreichen Maßangaben und Erläuterungen für die Berechnung und Planung des weiteren Abbaus von Bedeutung. Im 18. Jahrhundert wurde es üblich, derartige Risse, sogenannte „Befahrungsrisse", anläßlich der alljährlichen Grubenbesichtigung, der „Generalbefahrung", von einzelnen Gruben anzufertigen.

Dieser Seigerriß verzichtet darauf, die technische Einrichtung der Gruben, die Förderanlagen und Pumpen, abzubilden. Auch in diesen Gruben stellte die „Wasserlösung", die Ableitung des Grubenwassers, ein großes Problem dar. Der älteste Wasserlösungsstollen, der 1548 begonnene „Spötterstollen", hätte spätestens gegen Ende des 16. Jahrhunderts durch einen tieferen Stollen abgelöst werden müssen. Daß dies wegen der hohen Kosten damals unterblieb, hatte die erste große Krise des St. Andreasberger Bergbaus mit ausgelöst. Erst 1691 bis 1710 wurde der Grünhirschler Stollen vom Sperrluttertal südwestlich der Stadt aufgefahren. Nach einer Streckenlänge von rund 1500 m erreichte er die Grube Samson in einer Tiefe von 130 m. 1727 bei Anfertigung unseres Seigerrisses war der Samsonschacht schon auf eine Tiefe von etwa 210 m abgesenkt, die Schachtsohle lag also schon 80 Meter unter dem Grünhirschler Stollen. Bis zur Fertigstellung des Sieberstollens (1716–1754), der auf dem Schacht Samson in 190 m Tiefe einkam, mußte dieser Höhenunterschied durch Pumpen überwunden werden. Diese Pumpen, wie auch ein Großteil der Förderanlagen, mußten durch Wasserräder angetrieben werden, die meist über Tage, in manchen Gruben aber auch unter Tage in sogenannten Radstuben arbeiteten – dies bedeutete, daß Wasser von oben in die Schächte zum Antrieb der Wasserräder geleitet werden mußte. Auch zur Ableitung dieses „Aufschlagwassers" dienten die Wasserlösungsstollen.

Angesichts dieser Bedeutung der Wasserkraft für den Bergbau war der Wasserbedarf außerordentlich. Eine der größten heute noch sichtbaren Anlagen ist der Oderteich nördlich von St. Andreasberg, dessen Staumauer aus mächtigen Granitquadern (mit einer Höhe von 22 m und einer Länge von 148 m) 1714 bis 1721 errichtet wurde, um das Wasser aus dem Bruchberggebiet zu sammeln und durch einen Kunstgraben am Hang des Rehberges hoch über der Oker den Andreasberger Gruben zuzuleiten. Auch heute noch fließt Wasser vom Oderteich zur Grube „Samson", wenn auch nicht mehr für Zwecke des Bergbaus, sondern der Energiegewinnung. Als die Grube „Samson" 1910 als letzte der St. Andreasberger Gruben stillgelegt wurde, baute man kurz darauf in den Schacht Turbinen ein, die sich auf der Höhe der beiden Wasserlösungsstollen befinden, so daß durch diese Stollen das Wasser wieder aus dem Berg abgeleitet werden kann. So wird ein Stück alter, eindrucksvoller Bergbautechnik lebendig bewahrt. Dazu fügt sich glücklich, daß ein Teil der Tagesanlagen des Schachtes „Samson", das große Kehrrad für die Förderung, das Kunstrad für die Fahrkunst und das Pumpengestänge sich noch erhalten haben und als Bestandteile des Bergbaumuseums Samsonschacht zugänglich sind.

Wege und Wasserstraßen

Im Zeitalter des Autoverkehrs sind uns Straßenkarten ebenso eine Selbstverständlichkeit wie die genaue Wiedergabe des Straßennetzes auf topographischen Karten. Auch im 16. und 17. Jh. gab es ganz vereinzelt schon spezielle Wegekarten, doch im allgemeinen finden Verkehrswege auf den älteren Karten nur geringe Beachtung, auf vielen fehlen sie ganz. Dies hängt gewiß damit zusammen, daß es in jener Zeit noch kein festes oder gar klassifiziertes Straßennetz gab und nur die wenigsten Menschen sich wegen der damit verbundenen Beschwerlichkeiten, Kosten und Gefahren auf Reisen begaben. Die meisten Straßen waren einfache Erdwege; schadhafte Stellen dieser Naturstraßen pflegte man mit Sand, Holz oder Schotter aufzufüllen. Gepflasterte Steinstraßen bildeten die große Ausnahme, und hölzerne Bohlwege legte man nur an morastigen Stellen an. Die Unterhaltung der Wege war Pflicht jener Gemeinden, durch deren Gemarkung sie verliefen. Die Aufsicht über den Wegebau lag bei den unteren Verwaltungsorganen, den Ämtern bzw. Vogteien. Ein konkretes Beispiel für die Aufteilung der notwendigen Wegereparaturen unter den hand- und spanndienstpflichtigen Bauern eines Amtes bietet Karte Nr. 42.

Die Bedeutung der Verkehrswege für den Reiseverkehr und für Handel und Gewerbe haben die Landesherren des 17. und 18. Jhs. durchaus erkannt. Sie drangen auf dem Verordnungswege auf besseren Unterhalt der Wege durch die Untertanen, sie förderten die Einrichtung von Postlinien für die regelmäßige Brief- und Personenbeförderung und nahmen, so in Kurhannover 1735, das Postwesen in eigene, landesherrliche Regie. Der nun zunehmende Reiseverkehr regte seit Anfang des 18. Jhs. verschiedene Kartenhersteller dazu an, Wegekarten herauszubringen. Als frühes norddeutsches Beispiel darf die hier im Ausschnitt abgebildete Routenkarte der Heer- und Poststraße von Hannover nach Kassel gelten (Nr. 41), die ihrer graphischen Gestaltung nach wohl als Vorlage für einen Kupferstich und somit zur Vervielfältigung und kommerziellen Verbreitung gedacht war. Charakteristisch für den Zustand des Straßenwesens jener Zeit sind, wie an diesem Beispiel abzulesen ist, nicht nur die verschiedenen Nebenwege, sondern auch besondere Warnsymbole für schlechte Wegstrecken.

Nach dem Siebenjährigen Krieg fand der kurhannoversche Staat den Anschluß an eine Entwicklung, die in Frankreich Ludwigs XIV. begonnen hatte. Man entschloß sich zu einem planmäßigen Ausbau eines Fernstraßennetzes unter zentraler Leitung. 1764 wurde die „General-Wegebau-Intendance" als zentrale Straßenbauverwaltung eingerichtet. Ihre Hauptaufgabe war es, die wichtigsten Heer- und Poststraßen als ingenieurmäßig angelegte Kunststraßen (Chausseen) auszubauen. Kammerkasse und Landstände stellten hierfür Geldmittel zur Verfügung, die technische Leitung lag bei Offizieren des kurhannoverschen Ingenieurscorps. Bis zum Ende des 18. Jhs. wurden so u. a. die von Hannover nach Hameln (Nr. 43), Kassel, Hildesheim, Celle und Nienburg führenden Chausseen angelegt. In ähnlicher Weise baute man auch im benachbarten Herzogtum Braunschweig, im Hochstift Hildesheim und in der Grafschaft Schaumburg-Lippe wichtige Straßen chausseemäßig aus. Im 19. Jh. schritt der Straßenbau noch zügiger voran, so daß sich schließlich das uns vertraute, dichte Netz ausgebauter Landstraßen herausbildete.

Neben dem Straßenbau widmeten sich die landesherrlichen Verwaltungen zunehmend auch dem Wasserbau. Das Interesse richtete sich dabei zum einen auf eine verstärkte Kultivierung des Landes durch Entwässerungsmaßnahmen und Wasserschutzbauten, zum anderen auf die Förderung des Verkehrs durch die Schiffbarmachung von Flüssen und Anlage von schiffbaren Kanälen, da der Kostenvorteil, der sich bei dem Transport zu Wasser gegenüber dem zu Lande ergibt, stets offenkundig gewesen ist. Die Akten und Karten in den Archiven bezeugen vielfältige Maßnahmen zur Regulierung der Flüsse, zum Bau von Schleusen und Hafenanlagen.

Auch verschiedene Kanalprojekte sind überliefert, von denen zwei, beide aus dem späteren 16. Jh., hier vorgestellt werden (Nr. 44 und 45). Zahlreiche Widerstände, vor allem aber die hohen Investitionskosten ließen fast alle Kanalprojekte scheitern. Als Schiffskanäle sind im niedersächsischen Raum bis zum Ende des 18. Jhs. – sieht man von den Fehnkanälen ab – nur zwei Kanäle tatsächlich gebaut worden: der Hamme-Oste-Kanal (1790), der die Verbindung zwischen Weser und Elbe herstellte, und der Treckfahrtskanal von Aurich nach Emden (1799), heute Teil des Küstenkanals. Zu größeren Kanalbauten (Dortmund-Ems-Kanal und Mittellandkanal) und durchgreifenden Flußkorrektionen, vor allem der Weser, kam es dann erst im späten 19 und 20. Jh.

Nr. 41

Reise- und Wegekarte von Hannover nach Kassel und Hildesheim
Von Balthasar Friedrich von Schütz. 1722

Mit roter Farbe ist auf der nach Süden ausgerichteten Karte die Straße von Hannover über Pattensen, Elze, Alfeld und Einbeck nach Kassel ausgezogen, sie entspricht bis kurz vor Einbeck noch heute dem Verlauf der Bundesstraße 3. Zwar handelt es sich um einen alten Heerweg, doch bis ins 18. Jahrhundert hinein bevorzugte der nordsüdliche Fracht- und Reiseverkehr die bequemere Strecke über Hildesheim und Gandersheim (bzw. Braunschweig und Seesen). Als die Herzöge zu Braunschweig und Lüneburg eigene Postanstalten einrichteten, legten sie bald nach dem 30jährigen Krieg ihre nordsüdliche Postroute über Einbeck, um so Konflikten mit der Reichspost der Grafen von Taxis aus dem Weg zu gehen, die ihr Postmonopol schon in Hildesheim ausübten und es auch auf die braunschweig-lüneburgischen Lande auszudehnen strebten.

Dieser Postweg war zum Teil in schlechtem Zustand – auf der Karte weisen kleine Fähnchen auf die „sehr bösen Wege" hin. Besonders schlimm sah es um die Mitte des 18. Jahrhunderts zwischen Alfeld und Einbeck aus – hier mußte der Postweg wolfenbüttelsches Gebiet passieren. Wolfenbüttel war damals an dem kurhannoverschen Postweg nicht interessiert; der Verkehr sollte lieber den Weg über Gandersheim nehmen. Man bestritt einfach, daß der Weg über Ammensen nach Einbeck eine öffentliche Land- und Heerstraße sei, die man zu unterhalten verpflichtet sei. Nur aufgrund wiederholter Drohungen Kurhannovers, die für Wolfenbüttel so wichtige „Kommunionpost" zwischen Braunschweig und Hamburg zu sperren, bequemte sich Wolfenbüttel zu den notwendigen Wegebesserungen – ein kleines Beispiel für die wechselseitigen Abhängigkeiten und Schikanen infolge der territorialen Zerrissenheit und Kleinstaaterei.

Zwischen Alfeld und Einbeck ist noch eine Nebenstrecke über Förste und Wispenstein eingezeichnet. Es soll sich um einen alten Schleichweg aus der Zeit handeln, als die wolfenbüttelsche Zollstelle sich noch in Ammensen befand, die durch diesen Nebenweg leicht umgangen werden konnte – Grund genug, die Zollstelle dann zum Brunser Krug zu verlegen (auf der Beikarte noch als „Zollhaus" eingetragen). Im 18. Jahrhundert wurde die etwas kürzere Nebenstrecke über den Höhenrücken des Selters nur von leichten Extraposten und leeren Frachtwagen benutzt, während die schweren Post- und Frachtwagen den bequemeren Weg über Ammensen nahmen.

Topographische Karte 1:100 000
Rote durchgezogene Linie: der alte Postweg
Gestrichelt: Nebenstrecke
1 Kurfürstentum Hannover
2 Hochstift Hildesheim
3 Herzogtum Braunschweig

Skizze zur Ausbesserung einiger Straßen im Amt Neustadt/Rbge.
Vor 1770

Nr. 42

Einer der wichtigsten Verkehrswege im Kurfürstentum Hannover war die alte Heerstraße von Hannover über Nienburg nach Nordwesten, insbesondere nach Bremen – ihr folgt mit manchen Begradigungen und Ortsumgehungen die heutige Bundesstraße 6. Bei Neustadt am Rübenberge überquerte sie die Leine. Daß hier schon 1269 eine hölzerne Brücke bestand, die 1687 bis 1689 durch eine massive Bogenbrücke aus Sandsteinquadern ersetzt wurde, unterstreicht die Bedeutung dieser alten Straße.

Freilich, auch diese Post- und Heerstraße befand sich im 17./18. Jahrhundert wie alle anderen in einem beklagenswerten Zustand. Es sind, heißt es Ende des 17. Jahrhunderts, „die Wege und Heerstraßen dermaßen tief und unbrauchbar worden, daß die frembden Reisenden dieselben – so viel möglich – meiden und zu merklichem Praejudiz (Nachteil für) Handel und Wandels andere Umwege suchen, die Einheimischen auch ihr Guth, ja Leib und Leben öfters in fast unvermeidliche Gefahr setzen". Zwar war die Pflicht der Untertanen zur Wegebesserung durch landesherrliche Verordnungen geregelt. Aber die Bereitschaft der Bauern war gering, und der Landesherr und seine Regierung waren weit entfernt. Die 1738 erneuerte Wegeordnung spricht offen davon, daß die „1691 vorgeschriebene Weg-Ordnung an den meisten Orten außer Andenken und Übung gerahten" sei. Nach der Wegeordnung von 1738 hatte diejenige Gemeinde, in deren Feldmark der Weg lag, die Pflicht zu Unterhaltung und jährlicher Besserung. War eine „Hauptbesserung" oder gar eine Neuanlage nötig, so konnten die Einwohner eines ganzen Amtes, ja, wenn dies nicht ausreichte, mehrerer benachbarter Ämter hinzugezogen werden. Die Aufsicht darüber führten die Beamten des jeweiligen Amtes.

Die hier wiedergegebene Karte entstand offensichtlich im Zusammenhang mit einer „Hauptbesserung" der Post- und Heerstraße Hannover–Nienburg sowie der übrigen Hauptwege im Amt Neustadt. Die grau kolorierten Strecken brauchten – da „hoher Sandboden" – nicht repariert zu werden. Die übrigen Strecken wurden zur Ausbesserung auf die vier Vogteien des Amtes verteilt: Demnach hatten die Eingesessenen der Vogtei Rodewald die rot kolorierten Wegstrecken auszubessern, die Farbe Blau bezieht sich auf die Vogtei Stökken, Gelb auf die Vogtei Mandelsloh und Braun schließlich auf die Vogtei Basse. Um zu den ihnen zugewiesenen Strecken südlich von Neustadt zu gelangen, hatten die Bauern aus der Vogtei Rodewald teilweise einen Anweg von über zwanzig Kilometern, nach damaligen Begriffen fast eine Tagesreise. Die Buchstaben geben an, ob lediglich die Fahrbahn wiederherzurichten war oder ob auch Gräben längs der Wege ausgehoben werden sollten.

Die gelb kolorierte Strecke südwestlich von Neustadt, auffällig schon durch den geraden Verlauf und die fünf eingebauten steinernen Entwässerungsröhren, bezeichnet den „neuen Weg", der 1763 den alten Weg ablöste, welcher – näher am Leineufer gelegen – durch wiederholte Überschwemmungen der Leine für die Postwagen unpassierbar geworden war. Für diese rund 900 m lange Neubaustrecke hatte die landesherrliche Regierung angeordnet, daß die Eingesessenen der Ämter Neustadt, Blumenau, Ricklingen und Wölpe Landfolgedienste zu leisten hatten, und zwar in zwei Jahren insgesamt 5757 Spann- und 7507 Handdienste, wobei die Pflicht natürlich gestaffelt war: Ein Vollmeier war höchstens zu 6 Spanndiensten, ein Häusling zu 3 Handtagen jährlich verpflichtet.

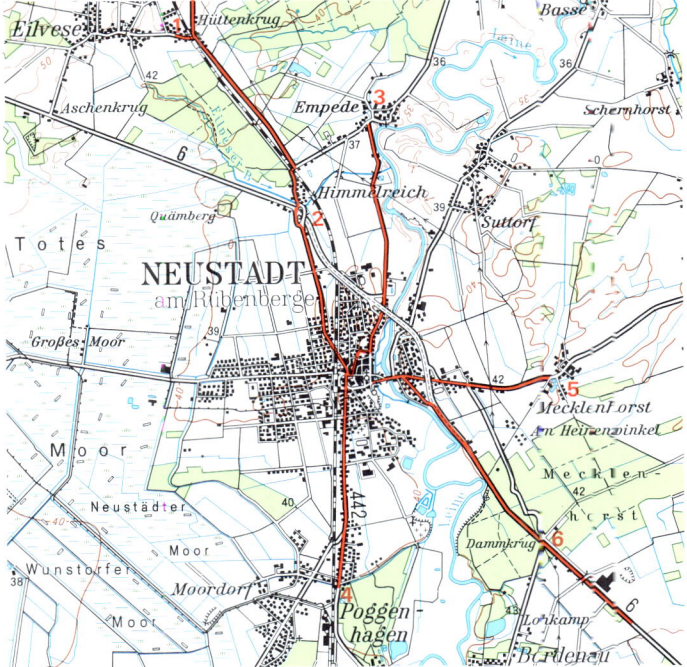

Topographische Karte 1:100 000
Rote Linien: die auszubessernden Straßen und Wege
1 Eilveser Dammkrug, 2 Himmelreich-Brücke, 3 Empede,
4 Brücke über den Moorkanal, 5 Vorwerk Mecklenhorst, 6 Dammkrug

105

Nr. 43

Die Chaussee von Hannover nach Hameln
Von Anton Heinrich du Plat. 1780

Nach dem Siebenjährigen Krieg setzte im Kurfürstentum Hannover der entscheidende Umschwung im Straßenbau ein. Wie schon einleitend bemerkt, wurde 1764 die „General-Wegebau-Intendance" gegründet mit der Aufgabe, die wichtigsten Fernstraßen im Kurfürstentum als Chausseen, als ingenieurmäßig angelegte Kunststraßen, auszubauen. Als erstes nahm man die Chausseen von Hannover nach Göttingen-Kassel und nach Hameln in Angriff.

Die Hamelner Chaussee, Ende der 70er Jahre des 18. Jhs. vollendet, hatte unter der Aufsicht des Ingenieuroffiziers Anton Heinrich du Plat gestanden, eines jüngeren Bruders des Generals Georg Josua du Plat, der als Chef des Ingenieurcorps nicht nur der General-Wegebau-Intendance vorstand, sondern auch die Kurhannoversche Landesaufnahme leitete (s. u. Nr. 71). Anton Heinrich du Plat ließ die von ihm gezeichneten Karten von der Hamelner Chaussee 1780 stechen – in Maßstab und Stil sind sie den Karten der kurhannoverschen Landesaufnahme nah verwandt – und fügte für „einen neugierigen reisenden Besitzer dieser Risse" historische Nachrichten über die wichtigsten Orte an dieser Chaussee, über Hannover, Springe und Hameln, bei. Der Atlas enthält eine Generalkarte mit der Gesamtstrecke Hannover–Hameln und zehn Spezialrisse, die jeweils eine halbe hannoversche Meile, also 4660 m, der Chaussee wiedergeben. Abgebildet ist hier die Tafel mit der ersten halben Meile südöstlich von Hannover. Du Plat hat auf den Spezialrissen den Blattschnitt so gewählt, daß die Chaussee in Blattmitte von unten nach oben verläuft; der von Hannover kommende Reisende brauchte also den Riß nur in Fahrtrichtung vor sich zu halten, um anhand der Karte die Gegend zu studieren. Die Folge ist allerdings, daß jeder Riß entsprechend der wechselnden Richtung der Chaussee eine andere Himmelsrichtung aufweist. Ausgangspunkt der Chaussee ist, wenigstens für die Berechnung der Entfernung, der Marktplatz der Calenberger Neustadt; darauf weist der Buchstabe A neben der Neustädter Kirche. Von der Altstadt Hannover ist jenseits der Leine nur eine Gebäudereihe wiedergegeben, darunter links rot koloriert das Leineschloß. Durch das Calenberger Tor hinaus geht der Weg über die Ihme durch das Dorf Linden und erreicht den heute sogenannten Deisterplatz, wo links die Chaussee nach Göttingen abzweigt. Hier befindet sich das erste von fünf Wegehäusern („Barriere-Haus") der Hamelner Chaussee, wo jeder Benutzer ein „gewisses leidliches Weggeld" an die Wegaufseher zur Bestreitung der Unterhaltskosten zu entrichten hatte.

Charakteristisch für den frühen Chausseebau ist der exakt geradlinige Verlauf (deutlich etwa bei dem hier abgebildeten Teilstück der Göttinger Chaussee) und das Fehlen von runden Kurven; Richtungsänderungen erfolgen als einfacher oder mehrfacher Knick der Geraden. Diese Bauweise schien im Interesse einer möglichst kurzen Streckenführung geboten und galt als besonders ökonomisch, auch wenn man in Kauf nehmen mußte, daß viele Grundstücksabtretungen erforderlich wurden.

Vergleicht man den Riß von du Plat mit der Beikarte, so springt die vollständige Umgestaltung der Landschaft vor den Toren Alt-Hannovers in die Augen. Schon vor der Mitte des 19. Jhs. war das gutsherrliche Dorf Linden in den Sog der Industrialisierung geraten. Am Deisterplatz, im Winkel zwischen den beiden Chausseen, entstanden die Egestorffschen Fabriken, aus denen in diesem Jahrhundert die Hanomag-Werke hervorgingen.

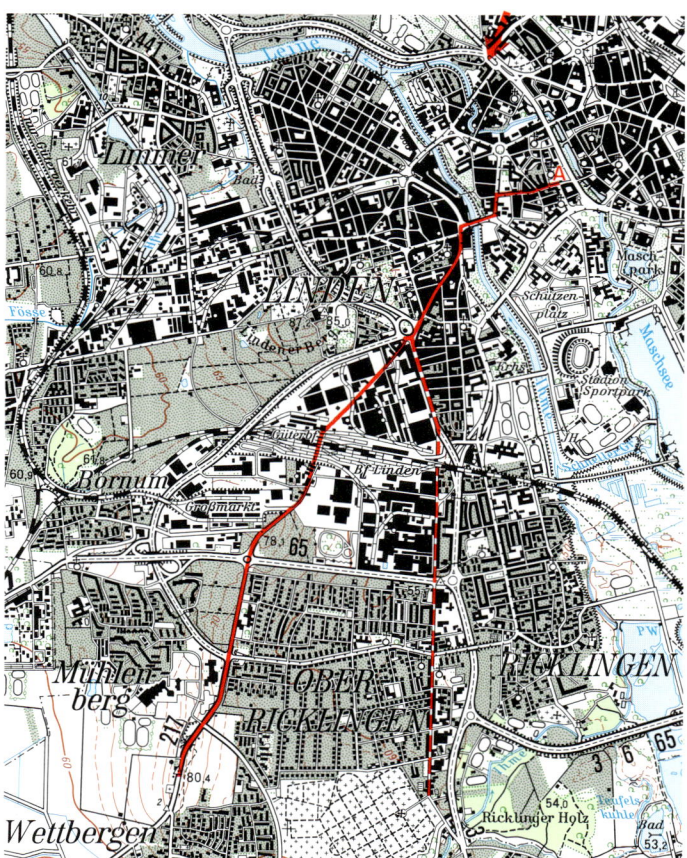

Topographische Karte 1:50 000; Pfeil: Blickrichtung
Rote durchgezogene Linie: Chaussee nach Hameln
Gestrichelt: Chaussee nach Göttingen

Iᵗᵉ HALBE MEILE

HANNOVER

Projekt eines Schiffahrtskanals von der Ems zur Aa im Groninger Land
Von Cornelius Adgerus. 1587

Der aus Westfriesland stammende Kartograph und Mathematiker Cornelius Adgerus hatte 1587 im Auftrag der bischöflichen Regierung zu Münster ein Kanalprojekt der Stadt Groningen zu prüfen: die Verbindung der Ems mit der Aa zwischen Rhede und Bellingwolde quer durch das Bourtanger Moor. Adgerus hat auf der Karte nicht nur die ungefähre Lage des geplanten Kanals eingezeichnet, sondern auch seine Stellungnahme in dem von Zierleisten umgebenen Quadrat in der Kartenmitte eingetragen: Der Kanal sei möglich. Die Tiefe des Moores bis auf den Sand betrage ungefähr acht Holzfuß. Wegen des Gefälles müßten Schleusen oder Verlate gebaut werden.

Mehrere derartige Schleusen hat Adgerus in der Nähe von Rhede eingetragen. Gegenüber den übrigen, zumeist schematisch gezeichneten Orten erscheint Rhede recht wirklichkeitsgetreu und deutlich herausgehoben. Adgerus bezeichnet das Dorf Rhede als „urbs nova", als „neue Stadt" – offenbar im Vorgriff auf die Zukunft, auf die zu erwartende Bedeutung des Ortes als Endpunkt des geplanten Kanals. Vorsichtigerweise hat er allerdings selbst hinzugefügt: „homo proponit, deus disponit" – der Mensch denkt, Gott lenkt.

Durch den Kanal Rhede-Bellingwolde und seine Fortsetzung über Winschoten und Slochteren wollte sich die Handelsstadt Groningen einen direkten Schiffahrtsweg zur Ems und damit nach Westfalen schaffen, um so den Umweg über die Emsmündung zu vermeiden, wo Kaperei den Groninger Handel bedrohte; es war die Zeit des niederländischen Freiheitskrieges, und die Stadt Groningen befand sich bis zur Eroberung durch die Vereinigten Niederlande 1594 in spanischer Hand.

Der Kanalbau blieb infolge der unruhigen Kriegszeiten ebenso unvollendet wie jener ältere Versuch von 1483, als Groningen im Einvernehmen mit dem Bischof von Münster durch einen Kanal von der Ems durch das Bourtanger Moor nach Wedde den Emder Zoll umgehen wollte. Spuren dieses alten Kanalbaus waren 1587 offenbar noch vorhanden. – Adgerus hat den Kanal in seiner Karte eingetragen: Er verläuft neben dem Fuß- oder Wagenweg durch das Bourtanger Moor, der von der 1580 erbauten Bourtanger Schanze („snoenschanz") kontrolliert wird. 1587 ist der genaue Zeitpunkt des alten Kanalprojekts nicht mehr in Erinnerung – Adgerus schreibt „vor 60 bis 70 Jahren"; den Grund des Scheiterns sieht er in der mangelnden Planung: „Duerch Mysverstant, dats nicht voersonnen, eert is begonnen" (frei übertragen etwa: Aus Unverstand, der nicht vorbedenkt, ehe er beginnt).

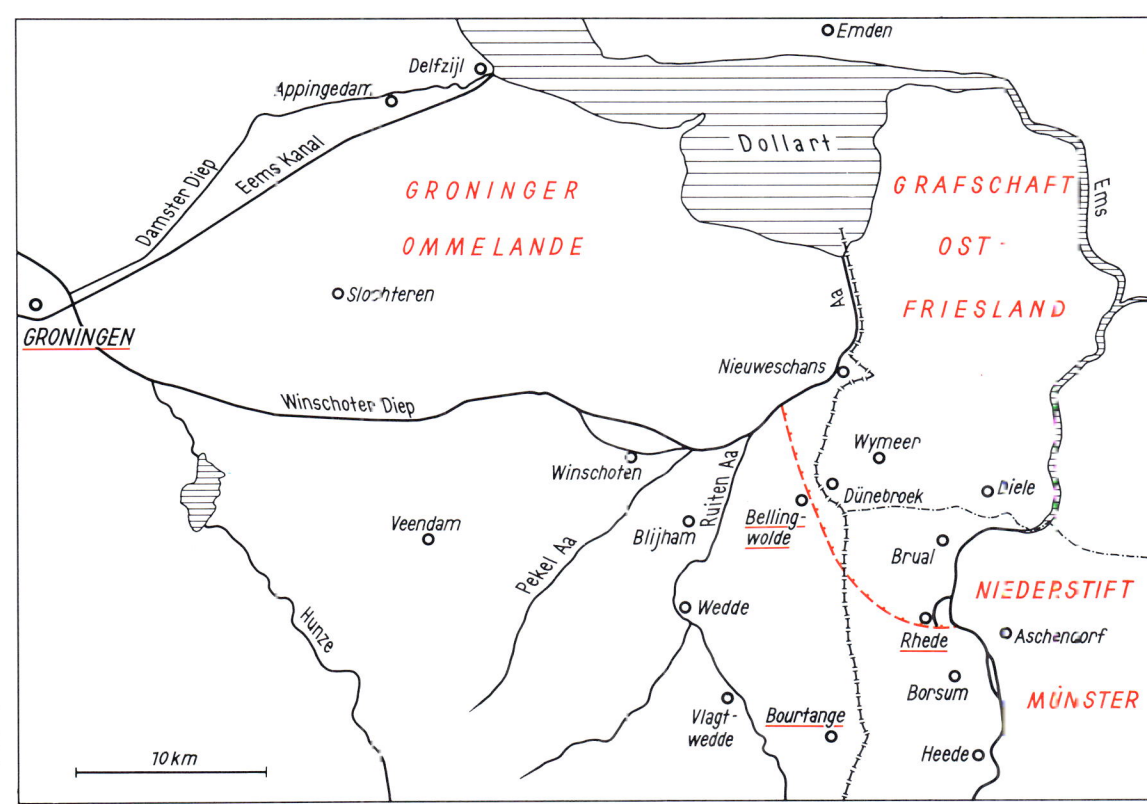

Schwarz: heutiger Zustand
Rote gestrichelte Linie: vermutliche Streckenführung des geplanten Kanals zwischen Ems und Aa

Nr. 45

Skizze zu einem Kanalprojekt zwischen Oker und Bode
Von Robert Lobri. 1575

Die unscheinbare Skizze gehört zu dem ehrgeizigen Plan des Herzogs Julius von Braunschweig-Wolfenbüttel, die Oker durch einen schiffbaren Kanal mit der Bode zu verbinden und so Anschluß an die Elbe zu gewinnen. Die geographischen Verhältnisse schienen günstig: Zwischen der Oker bei Hornburg und einem Nebenfluß der Bode bei Oschersleben erstreckt sich in fast gleicher Höhenlage das Große Bruch. Durch wasserbaukundige Niederländer, den Festungsbaumeister Willem de Raet und Robert Lobri, ließ der Herzog 1575 „in aller Stille und geheim" das Große Bruch erkunden und die technische Durchführbarkeit des Projektes prüfen.

Dem positiven Bericht fügte Lobri die Skizze bei, die er offensichtlich ohne jede Vorlage aus dem Gedächtnis entworfen hat – nur so dürften die groben Fehler in der topographischen Zuordnung zu erklären sein (z. B. verlegt Lobri Oschersleben mit der Mündung des Großen Grabens an die Holtemme oberhalb von Halberstadt!). In grober Verzerrung zeigt die Skizze Oker und Elbe mit ihren Nebenflüssen und die an ihnen liegenden wichtigsten Ortschaften. Im Vordergrund ist der Harz angedeutet mit der Stadt Goslar (R). Links fließt die Oker (X) mit Wolfenbüttel (G), als sternförmige Festung auf einer Insel dargestellt, und Braunschweig (F); sie mündet in die Aller (Y) mit Celle (A) und Gifhorn (B). Rechts oben ist die Elbe als breiter Strom eingezeichnet mit Magdeburg (DD) und Dessau (AA). Das Große Bruch ist links von der Kartenmitte als längliches Gebilde von einer gestrichelten Linie umzogen, überquert von zwei balkenartigen Dämmen. Der geplante Kanal ist nicht eingetragen, aber zwischen Hornburg (c) und Oschersleben (r) entlang des Großen Grabens zu denken.

Das Kanalprojekt entsprang keiner spielerischen Laune, sondern war ein ernsthaft erwogener Plan, der sich einreiht in eine Fülle anderer Pläne und Unternehmungen des Herzogs Julius zur Entfaltung der Wirtschaft in seinem Territorium. Dazu gehörte die systematische Förderung des Bergbaus und Hüttenwesens ebenso wie die Erschließung neuer Absatzmöglichkeiten für die Bergbau- und Hüttenerzeugnisse durch den Ausbau der Verkehrswege.

Der Oker-Bode-Kanal ist nicht verwirklicht worden – eine Rolle spielte dabei der Widerstand aller Nachbarn, die an der Erhaltung der alten Verkehrswege interessiert waren. Doch dafür, daß andere Baumaßnahmen zur Förderung der Schiffahrt tatsächlich ausgeführt wurden, finden sich Belege auch in dieser Skizze. Die südlich und östlich von Wolfenbüttel eingetragenen Diagonalkreuze bezeichnen Schleusen zur Aufstauung und Schiffbarmachung der Oker und der Nette. Stolz sprach der Herzog von seiner „neuen Juliusschiffahrt", die nicht nur für den Handel von Vorteil sei, sondern auch „den armen Untertanen" zur Erleichterung der schweren „Herrendienste" gereiche, da ein Schiff auf der Oker bis zu 50 Wagenlasten tragen könne. Er habe es mit der Schiffahrt so weit gebracht, daß er mit einem Gulden mehr als sein Vater mit 24 Gulden habe bauen können.

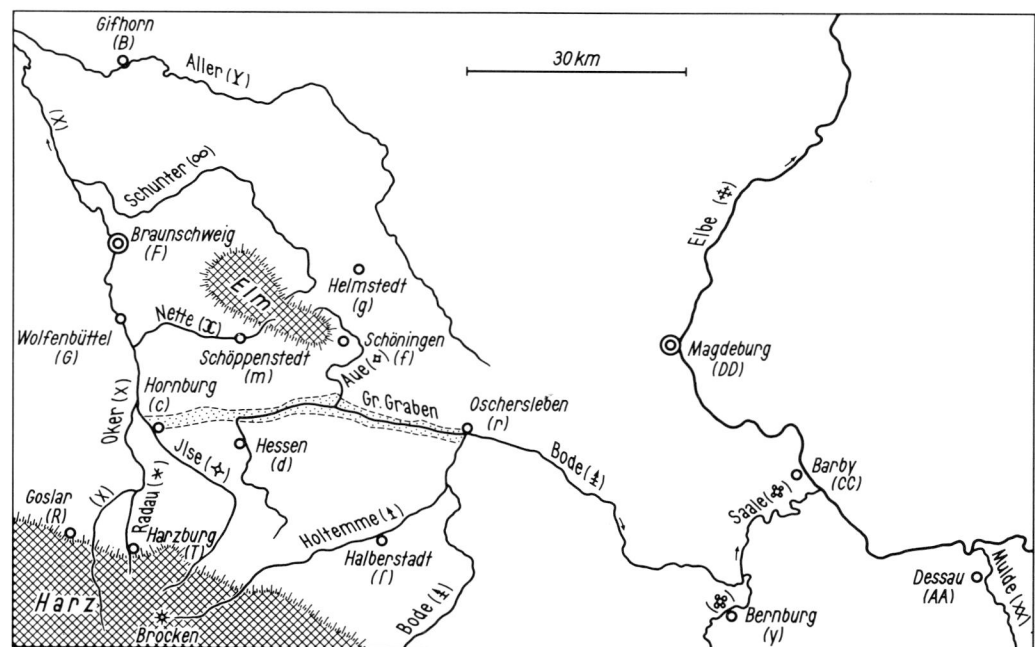

Tatsächliche Lage der wichtigsten Flüsse und Orte

	die stat und sloss zelle in der leinenbork	a	huis elsenburgh	♄	den brockenberg
	die veste Gifhorn	b	stat osterwick	☩	den ramelsbergh und die allezugh
	dat huis meinerse aldar die orker...	c	horenburgh	X	den orker flus
	in die aller valt	d	dat huis hessen	Y	der aller flus
	dat huis nienbrucken	e	dat huis jerexem	✳	die zadau flus
	dat dorp wal	f	die veste und stat scheining	✱	ocker flus
	die stat brunssburgh	g	die universitet helmstat	✚	elsen flus
	die veste wolfenbutel	h	kloster koningslutter	☓	die nette flus
	die schipfart stouslusen in die orker	i	comptoi ludrium	H	wase flus
	die hedenwigsburgh	k	kloster zitter huisen und der hoff honla	8	litter spring
	kloster dorstat	l	dorp mastrade und sin brock	∞	schunter flus
	die aufgehauene stoisluis in die orker	m	schepenstat	✶	das elm holtz
	onder den kloster dorstat	n	asenburgk	◊	die suise flus
	kloster hening	o	stoi slusen in der nette schipvart	∞	ostrosteinen brugk
	borch dorp	p	kloster haimerssteinen	Ω	hessen zoldam
	dat huis stadum	q	kloster houseburgk	↑	stift haberstat vier zoldam
	kloster wolderade	r	stat osterslewen	⇅	die holtemer flus
	orkes thoen	s	halberstat	⇵	die bode flus
	stat Goslar	t	huis gruningen	⚜	stift madeburg 3 zoldam
	smeltz hutten	u	stat quedlinburgh	⚹	die saul flus
	hartz borcht	v	heimersleben	✕	die milda flus
	missingz hutten	w	egeless	✕	die elbe flus
	huis winsenburgh	x	monich nienburgh	⊚	verzeichnus der maler
	huis stapelenburgh	y	bernburgh		
	huis wijda	z	calbe		
	huis wolperade	AA	dessau		
		BB	rosenburgk		
		CC	barbi		
		DD	die stat madeburgk		

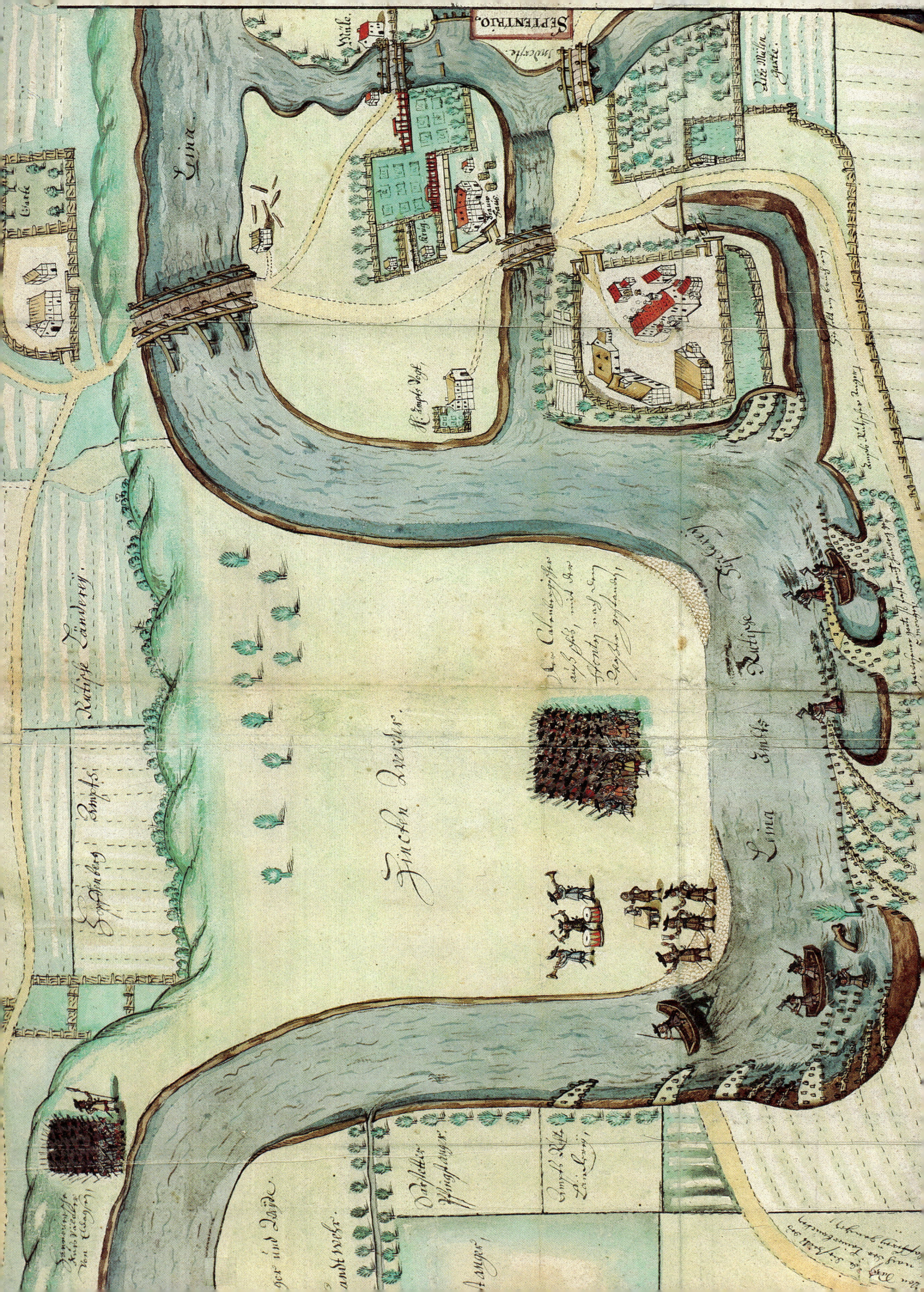

Karte von der Zerstörung der Uferbefestigung bei Ruthe an der Leine
Von Henning Hawer. 1677

Zu den „Commercien tragenden Heerstraßen" zu Lande und zu Wasser zählte in früheren Jahrhunderten auch die Leine. Neben einer erst im 18. Jahrhundert stärker zunehmenden Schiffahrt spielte auf ihr die Holzflößerei eine bedeutende Rolle. Hannover etwa bezog aus dem bis 1828 bestehenden Sollingfloßwerk in manchen Jahren 6000–7000 Klafter Holz. Während das Brenn- oder Klafterholz in sogenannten Kluftstücken an bestimmten Tagen lose ins Wasser geworfen wurde, band man langes Bau- und Nutzholz zu regelrechten Flößen zusammen, die, gar zu mehreren hintereinandergekoppelt, nicht leicht durch den schmalen und vielfach gewundenen Flußlauf zu lenken waren. Zwar nutzte mancher Anwohner gern die Gelegenheit zu Holzdiebstählen, im allgemeinen aber war die Flößerei eine Quelle vielfachen Ärgers und Streits, da sie die natürlichen Schäden, die der Fluß an den Ufern, Wiesen, Flutanlagen und Mühlen anrichtete, oft erheblich vermehrte.

Um die Abwendung von Schäden an den Leineufern geht es auf der hier abgebildeten Karte. Sie ist nach Westen ausgerichtet, Norden – „Septentrio" – befindet sich also rechts. Die Karte zeigt eine Schleife der Leine bei Ruthe, dem Amtssitz des gleichnamigen hildesheimischen Amtes, geschützt gelegen an der Einmündung der Innerste (rechts) in die Leine. Von links her bis zur Brücke (sie führt zu der „Amts Ruthischen Schäferei") bildet die Leine die Grenze zwischen Ruthe und dem braunschweig-lüneburgischen Amt Calenberg – Anlaß für die Entstehung der Karte sind wieder einmal Auseinandersetzungen zwischen Grenznachbarn, die in diesem Falle gar mit Waffengewalt ausgetragen wurden.

Schon etliche Jahre vor dem hier dargestellten Ereignis hatten Schäden und Abbrüche am Leineufer den Amtmann zu Ruthe veranlaßt, das gefährdete Ufer durch Knappwerk zu schützen, d. h. durch kleine, schräg in die Leine gesetzte Dämme mit Holzpfosten und Flechtwerk. Gegen diese „Neuerung" hatte der Amtmann zu Calenberg, hatten die Geheimen Räte zu Hannover wiederholt Einspruch erhoben. Das Knappwerk rage so weit in den Fluß hinein, daß dadurch die Strömung, „der Impetus fluminis", auf das calenbergische Ufer gelenkt werde und dort Schaden anrichte. Da die hildesheimische Seite nicht genügend einzulenken schien, vielmehr darauf beharrte, daß das Knappwerk dringend notwendig sei zur Sicherung des Wassereinbruchs in der Nähe des Amtshauses (auf der Karte rechts unten), verlangte Ende März 1677 die Gegenseite ultimativ die sofortige Entfernung; „widrigenfalls", so ließ der Calenberger Amtmann erklären, „hätten sie Befelch von Hannover ... alles selbsten einreißen zu lassen."

Und so geschah es in der Tat. Am 3. April 1677 frühmorgens setzte eine große Schar von Bauern aus dem Calenbergischen mit Schiffen über die Leine und begann, das Knappwerk auszureißen, die Holzpfähle mit Äxten abzuhauen oder mit Ketten herauszuziehen, so daß innerhalb weniger Stunden die Leine bis Koldingen hin voller Holz schwamm.

Auf dem anderen Leineufer, auf dem Zinkenwerder, hatte sich der Amtmann von Calenberg eingefunden mit etlichen Offizianten und ungefähr 150 Soldaten, die zum „Ausschuß", zu einer Art Landmiliz, gehörten. Mit ihren Musketen und brennenden Lunten machten sie Front zum Ufer hin, während eine Kompanie Musketiere aus Eldagsen unweit des Zinkenwerders am Hopfenberge in Reserve stand. In Gegenwart eines eiligst aus Sarstedt herbeigerufenen Notars wollte der Amtsschreiber zu Ruthe laut über den Fluß hinweg öffentlich protestieren. Doch sein Protest ging in großem Geschrei und höhnischem Gelächter unter. Dann ließ sich der Calenberger Amtmann Speis und Trank

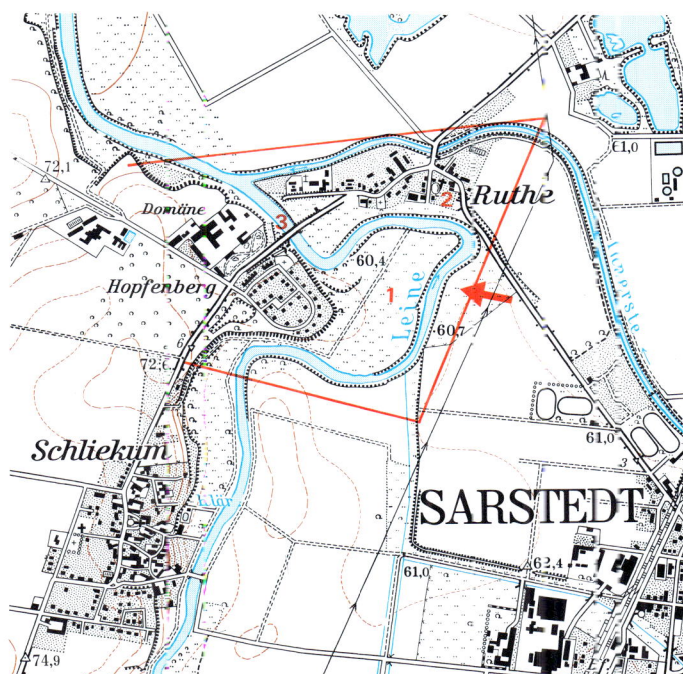

Topographische Karte 1:25 000
Pfeil: Blickrichtung des abgebildeten Kartenausschnitts
1 Zinkenwerder, 2 Halbinsel zwischen Leine und Innerste mit Amtsgebäuden, 3 Leinebrücke

bringen, zwei Trommler und zwei Pfeifer spielten dazu, und es wurde „getanzet und gesprungen", während die Soldaten vom Ausschuß exerziert wurden. Um drei Uhr nachmittags marschierten sie endlich ab. So jedenfalls berichteten der Notar und der Amtsschreiber von Ruthe voller Entrüstung über diesen gewaltsamen Übergriff und die angetane Schmach.

Der Notar hatte unmittelbar nach dem Abzug schon einen „Abriß" von dem zerstörten Knappwerk gemacht. Doch das genügte Statthalter, Kanzler und Räten zu Hildesheim nicht. Um ihren Landesherrn, Bischof Maximilian Heinrich, der – zugleich Erzbischof von Köln – im fernen Bonn residierte, besser zu informieren, schickten sie wenige Tage später den Maler Henning Hawer nach Ruthe. Für zwei Reichstaler fertigte er die hier wiedergegebene Karte an. Nach dem Augenschein gemalt, vereinfacht die Karte die topographische Situation, gibt sie zugleich aber recht bildhaft wieder. Die Szenen auf dem Knappwerk im Vordergrund und auf dem Zinkenwerder beruhen zweifellos auf den Erzählungen des Amtsschreibers.

Aus den Akten ist leider nicht zu erfahren, welche konkreten Folgen dieser gewaltsame Übergriff hatte. Sicher ist nur, daß die Auseinandersetzungen über die Uferbefestigungen bis zum Ende des 18. Jahrhunderts immer wieder aufflammten. Auf calenbergische Einsprüche gegen hildesheimisches Knappwerk folgten Proteste des Amtes Ruthe gegen ähnliche Uferbauwerke der Bauern zu Schliekum, denen der Zinkenwerder gehörte. 1683 rückten die Calenberger noch einmal mit rund 400 Soldaten vom Landesausschuß an, um das Knappwerk vor Ruthe gewaltsam einzureißen. Doch sie verzichteten darauf, als sie sahen, daß der Amtmann zu Ruthe „einige Unterthanen mit Vorcken und Grepen, auch die Soldaten aus Sarstedt ... jedoch ohne Gewehr" bei dem Knappwerk postiert hatte.

Mag dies manchem als ein Possenspiel erscheinen, so sollte man doch bedenken, daß derartige Vorkommnisse vielfach nur Ausdruck der komplizierten, oft unklaren und widersprüchlichen Rechtsverhältnisse jener Zeit waren sowie der damaligen, häufig unzulänglichen Mittel und Wege, Konfliktfälle zu lösen.

Burgen, Festungen, Städte, Dörfer

Im folgenden Abschnitt sind Karten und Pläne vereinigt, auf denen Siedlungen und befestigte Plätze dargestellt sind. Nach ihrem unterschiedlichen Zweck lassen sie sich in mehrere Gruppen aufgliedern. Eine Anzahl älterer Karten ist anläßlich von Auseinandersetzungen über Besitz- und Rechtsverhältnisse angefertigt worden; konkret geht es hier um Besitzanteile an Burgen (Nr. 48 und 49), um die Mühlengerechtigkeit in einem gutsherrlichen Dorf (Nr. 47) und um den Geltungsbereich der städtischen Gerichtsbarkeit (Nr. 50). Unter den jüngeren, vornehmlich aus dem 18. Jahrhundert stammenden Karten befassen sich mehrere mit der Planung, der Neuanlage von Festungen (Nr. 52, 56–58); andere sind im Zusammenhang mit dem Wiederaufbau abgebrannter Ortschaften entstanden (Nr. 61 und 62). In einem Einzelfall geht es um die Reparatur einer baufälligen Schloßanlage (Nr. 54). Weitere Blätter zeigen den Ist-Zustand einer Festung bzw. eines Jagdschlosses (Nr. 53 und 55), und schließlich liegt uns in der „Ichnographia von der Reichsstadt Bremen" (Nr. 59 und 60) eine Art Baubestandsaufnahme vor, die in Grund- und Aufrissen einen bestimmten, in kurhannoverschem Besitz befindlichen Gebäudekomplex erfaßt.

Manchem Betrachter mag auffallen, daß in diesem Abschnitt die Darstellung von Festungen und befestigten Orten überwiegt. Darin spiegelt sich die große Bedeutung, die dem Befestigungswesen in früheren Jahrhunderten zukam. Für die Städte, die in Norddeutschland erst seit dem hohen Mittelalter auftreten, bildete die Befestigung bis zum ausgehenden 18. Jahrhundert ein wesentliches Merkmal, bestimmte ihre äußere Gestalt und ihre städtebaulichen Entwicklungsmöglichkeiten. Auch in Dörfern kennt man einfache Befestigungsformen, wie die Karte von Wrisbergholzen dokumentiert (Nr. 47).

Bis ins 18. Jahrhundert hinein war der Krieg in hohem Maße Festungskrieg; es ging um Angriff und Verteidigung von befestigten Orten. Die rasch voranschreitende Kriegstechnik erzwang eine ständige Verstärkung und Umgestaltung der Befestigungsanlagen, bis ihr Ausmaß die finanziellen und militärischen Kräfte der Staaten zu übersteigen drohte. Ein solcher Punkt war offensichtlich um 1740 im Kurfürstentum Hannover erreicht, so daß der Ausbau des Befestigungsringes um die Stadt Hannover nicht verwirklicht wurde (siehe Nr. 56). Drei Jahrzehnte später hat Graf Wilhelm zu Schaumburg-Lippe einen Ausweg eigener Art gesucht: Nicht eine einzelne Festung sollte dem Feind Widerstand leisten, sondern eine befestigte Landschaft, ein System von kleineren Festungen und Verteidigungsanlagen sollte die offensiven Kräfte des Gegners binden (vgl. Nr. 57 und 58).

Die Festungstechnik machte die Karte zu einem unentbehrlichen Hilfsmittel, nicht nur für den Entwurf und die Ausführung von Festungsbauten, sondern überhaupt zum militärtechnischen Studium von Befestigungswerken – nicht zuletzt auch des Gegners. Exaktheit, mathematische Genauigkeit und ein hoher Abstraktionsgrad kennzeichnen den Kartenstil. Angesichts ihrer hohen technischen Fertigkeiten nimmt es nicht wunder, daß die Festungsbaumeister und Militäringenieure auch zu sonstigen Bau- und Vermessungsarbeiten herangezogen wurden, so im Kurhannoverschen z. B. zum Chausseebau (vgl. Nr. 43) und zur Landesvermessung (vgl. Nr. 70 und 71).

Eine besondere Bedeutung kommt jenen Karten und Plänen des 18. Jahrhunderts zu, die im Zusammenhang mit dem Wiederaufbau abgebrannter Ortschaften entstanden. Sie gewähren einen Einblick in landesplanerische Denkweisen und Methoden jener Zeit. Die wiederholten verheerenden Feuersbrünste in den meist engen, aus Fachwerk erbauten kleineren Landstädten veranlaßten insbesondere die kurhannoversche Regierung, stark regulierend in den Wiederaufbau einzugreifen. Sie pflegte zuerst, als eine Art Bestandsaufnahme, einen Grundriß des abgebrannten Ortes und danach einen Wiederaufbauplan anfertigen zu lassen, der bestimmte Grundsätze berücksichtigen mußte: Die Straßen sollten verbreitert und die Häuser weiter auseinandergesetzt werden. Anstatt der überkommenen niedersächsischen Giebelhäuser, in denen Mensch und Vieh unter einem Dach lebten, sollten zur Minderung der Feuergefahr nun Traufenhäuser als reine Wohngebäude errichtet werden – eine Maßnahme, die nicht nur stark in die Lebensgewohnheiten der Ackerbürger eingriff, sondern auch das Straßenbild grundlegend veränderte. Über das feuerpolizeilich Notwendige hinaus war, gemäß dem rationalen Zeitgeschmack, auf einen geradlinigen Verlauf der Straßen, auf einen möglichst regelmäßigen Grundriß der Stadt zu achten. Ein typisches Beispiel für diese Verfahrensweise bieten die Pläne von Pattensen (Nr. 62).

Nr. 47

Burg, Dorf und Gemarkung von Wrisbergholzen
(Östlich von Alfeld/Leine). 1589

Vom Leinetal, von Alfeld aus gesehen, liegt hinter den Sieben Bergen an der Straße nach Hildesheim das Dorf Wrisbergholzen. Mit Blick nach Westen zeigt uns die Karte den Zustand vor knapp vierhundert Jahren. Das Dorf wird beherrscht von der Burg der adeligen Grundherren von Wrisberg; der etwas flüchtigen Zeichnung nach zu schließen, handelt es sich offenbar um einen schloßartigen, zweiflügeligen Bau im Renaissancestil. Wall und Wassergraben umgeben die Burg; ein „Porthaus" sichert den Brückenübergang. Hinter dem Burgbezirk liegt die Kirche, umzogen von einer ringförmigen Kirchhofsmauer. Das eigentliche Dorf wird nur durch schematische Häuserreihen angedeutet, lediglich die Schäferei und die „Neue Mühl" sind hervorgehoben.

Auffällig ist der grüne Ring, eine dichte Hecke, die das Dorf umschließt. Außer den Lücken für den Mühlbach und dem Weg zur alten Mühle ist nur ein Durchlaß eingezeichnet, ein Tor, das auf die Heerstraße von Hildesheim nach Alfeld hinausgeht. Die Karte von Wrisbergholzen ist eines der wenigen erhaltenen bildlichen Zeugnisse für diese Art der Umfriedung mit einer Hekke, einem „Hag" oder „Hagen", womit im Mittelalter vielfach nicht nur einzelne Gehöfte, sondern auch ganze Dörfer geschützt waren. – Außerhalb des Dorfes erstreckt sich beiderseits des Mühlenbaches der Anger, gesäumt von dem höher gelegenen Ackerland. Trotz aller erkennbaren Besonderheiten schildert uns der Kartenzeichner dank seinem Sinn für symmetrische Anordnung und seiner Neigung zur Vereinfachung das Dorf Wrisbergholzen mit seinen wesentlichen Elementen: Burg und Kirche, Dorf und Hagen, Bach, Anger und Ackerland so, daß es uns als das Bild eines typischen gutsherrlichen Dorfs erscheint, in dem sich ältere, ins Mittelalter zurückreichende Verhältnisse spiegeln.

Anlaß zu dieser Karte war eine Auseinandersetzung der Brüder Christoph und Adrian von Wrisberg mit der landesherrlichen Regierung zu Wolfenbüttel. Die Gebrüder hatten im Sommer 1589 mit dem Bau einer neuen Mühle im Dorf unmittelbar neben dem Burggraben begonnen. Der Amtmann zu Winzenburg hatte ihnen dies jedoch untersagt, da der „Consens", die Zustimmung des Landesherrn, fehle. Gegen dieses Verbot wehrten sich die Brüder. Ihnen stünde „der Sitz mit dem Dorfe, dem Wasser sambt dem Unter- und Obergericht" zu Wrisbergholzen zu. Aus dem beigefügten Abriß gehe hervor, daß die neue Mühle auf ihrem eigenen Grund stehe, daß sie mit ihrem eigenen Wasser betrieben werden solle, das seine Quelle im Burggraben habe. Das Amt Winzenburg habe keine landesherrliche Mühle in der Nähe, die durch ihre Mühle beeinträchtigt werden könne. Man habe schon seit alters her eine Mühle, nur sei diese für ihre eigene Haushaltung etwas abgelegen. Diese alte Mühle aber beweise, daß ihnen die Mühlengerechtigkeit zustehe. Es könne „also die Mühle keinem Menschen in der Welt Schaden thun." – Über den Ausgang der Sache ist nichts Sicheres bekannt. Eine hundert Jahre jüngere Karte über die Wälder und Mühlen im Amt Winzenburg zeigt die alte Mühle unterhalb der Mühlenteiche, nicht aber die neue Mühle – das könnte dafür sprechen, daß die Gebrüder von Wrisberg letztlich doch auf die neue Mühle verzichtet haben.

An der Stelle der Burg im Renaissancestil steht seit 1745 ein barockes Schloß, dessen Besonderheit ein mit Wandfliesen geschmückter Speisesaal ist. Diese Fliesen, sogen. Spruchfliesen mit barocken Sinnbildern, sind in der Fayencefabrik zu Wrisbergholzen entstanden, die der Erbauer des Schlosses, Rudolf Frhr. v. Wrisberg, Präsident des Oberappellationsgerichts zu Celle, begründet hat und die knapp hundert Jahre in Betrieb war.

Topographische Karte 1:25 000
Pfeil: Blickrichtung des abgebildeten Kartenausschnitts
1 alte Mühle, 2 neue Mühle, 3 Burg, 4 Hagen, 5 Heerstraße zwischen Alfeld und Hildesheim

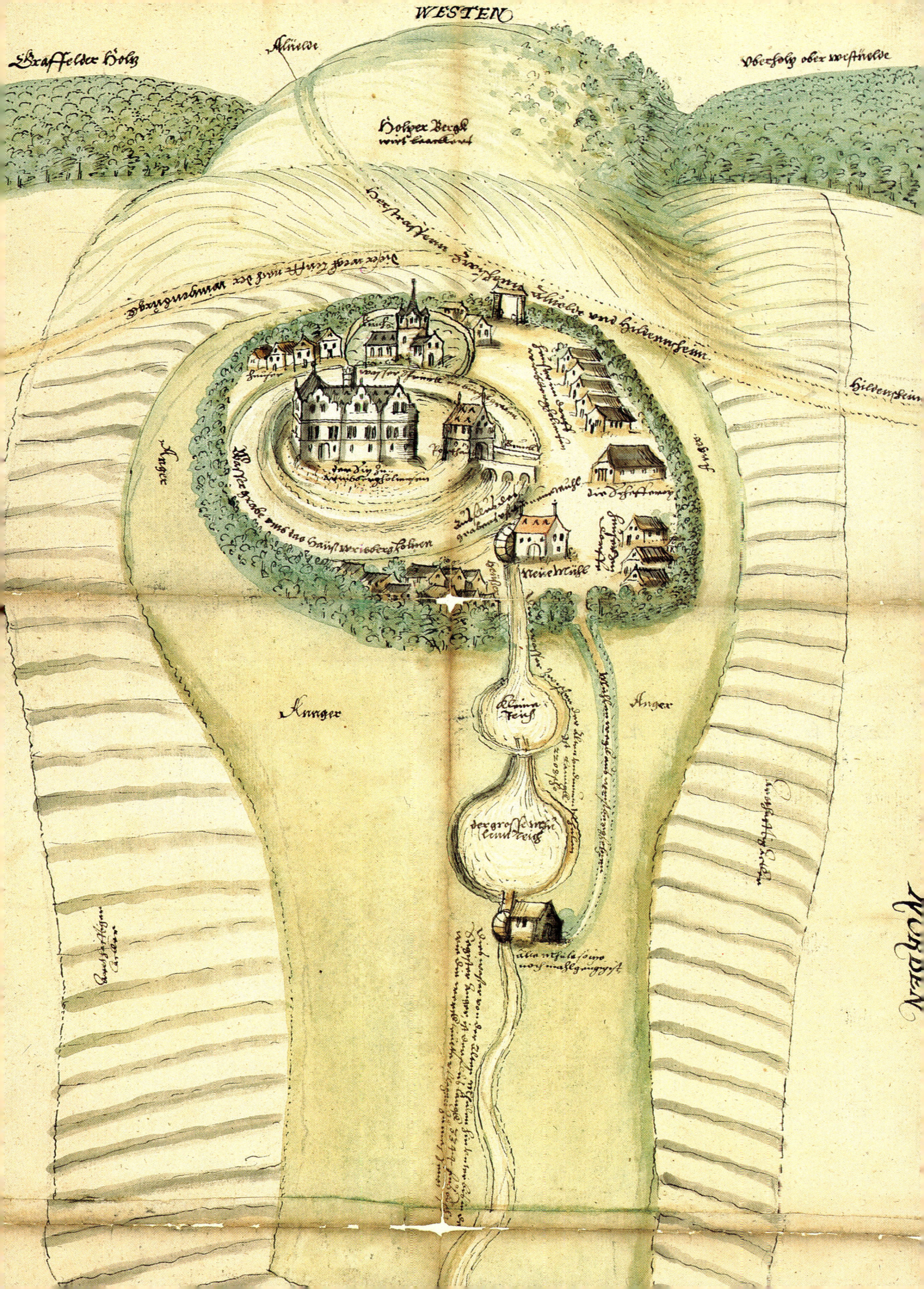

Burg und Flecken Oldersum
(Östlich von Emden). Um 1580

Diese Karte bedient sich einer ungewöhnlichen Darstellungsweise. Sie zeigt Burg und Flecken Oldersum in Rundumsicht von einem imaginären Standpunkt senkrecht über dem Burghof aus. So erscheinen die Ansichten der Gebäude, Brücken, Mauern usw. gleichsam von der Kartenmitte nach außen zu den Kartenrändern hin umgeklappt. Der Kartenzeichner nimmt gewissermaßen das Prinzip der Fischaugenlinsen der heutigen Fototechnik vorweg. Diese Darstellungsweise ist dem Zweck der Karte durchaus angemessen. Sie sollte dem Reichskammergericht in Speyer bei einem Erbschaftsprozeß die Situation der Burg erläutern. Es kam also vor allem auf die Darstellung der Burg samt ihren Nebengebäuden an; das übrige – der stattliche Flecken mit dem Hafen, der Kirche und den stark schematisierend gezeichneten Häusern sowie das Umland mit Wegen und Wasserläufen – tritt demgegenüber zurück, dient nur zur allgemeinen Orientierung.

Die im 14. Jahrhundert angelegte Wasserburg Oldersum war Häuptlingssitz und Mittelpunkt eines kleinen Herrschaftsgebietes, einer „Herrlichkeit", die der Hoheit des ostfriesischen Grafenhauses nur beschränkt unterworfen war. Nach dem Letzten Willen des Hero von Oldersum waren 1559 Burg, Flecken und Herrlichkeit unter den beiden Söhnen Hector und Boiocko von Oldersum geteilt worden. Hector erhielt den nordwestlichen Teil der Burg mit den 1558 und später im Renaissancestil errichteten Gebäuden, dazu das große „Schatt- oder Viehhaus" auf der westlichen Vorburg; Boiocko bekam den südöstlichen Teil mit dem eingeschossig-schlichten Alten Osterhaus, dazu Viehhaus und Pferdestall zwischen Burg und Ems. Den Bau der „Scheidmauer" quer über den Burghof hatte der Vater testamentarisch verfügt. – In der südwestlichen Ecke der Burg ragen die Ruinen des 1533 zerstörten Westerhauses empor. Zwischen dem großen Viehhaus auf der Vorburg und der Brücke hinüber zum Flecken ist das „Richthaus", das Gerichtsgebäude, eingezeichnet – die Inhaber der Herrlichkeit besaßen nicht nur die niedere, sondern auch die hohe Gerichtsbarkeit.

Die beiden Brüder waren derart untereinander verfeindet, daß der kinderlose Boiocko seinen Besitz nicht seinen Anverwandten, sondern dem Grafen Johann von Ostfriesland vermachte – darüber entstand nach seinem Tod 1578 der erwähnte Reichskammergerichtsprozeß. Nicht ein Gerichtsurteil, sondern ein Schiedsspruch der niederländischen Generalstaaten beendete 1620 die Auseinandersetzung: das Testament Boiockos wurde aufgehoben, beide Teile kamen wieder in eine Hand. Wenig später, 1631, verkauften die Erben des Hector von Oldersum die gesamte Herrlichkeit an die Stadt Emden. Mit dem Erwerb dieser und noch weiterer kleiner Herrlichkeiten hatten Bürgermeister und Rat von Emden gehofft, nunmehr als Häuptlinge dieser Herrlichkeiten Sitz und Stimme in der Ritterschaft und damit maßgeblichen Einfluß auf die ständischen Auseinandersetzungen mit dem Landesherrn zu erlangen. – Die Oldersumer Burganlage zu erhalten, wurde der Stadt bald zu einer Last. Seit dem 18. Jh. begann sie allmählich zu verfallen; der letzte Rest, das Westerhaus, wurde 1954 abgebrochen.

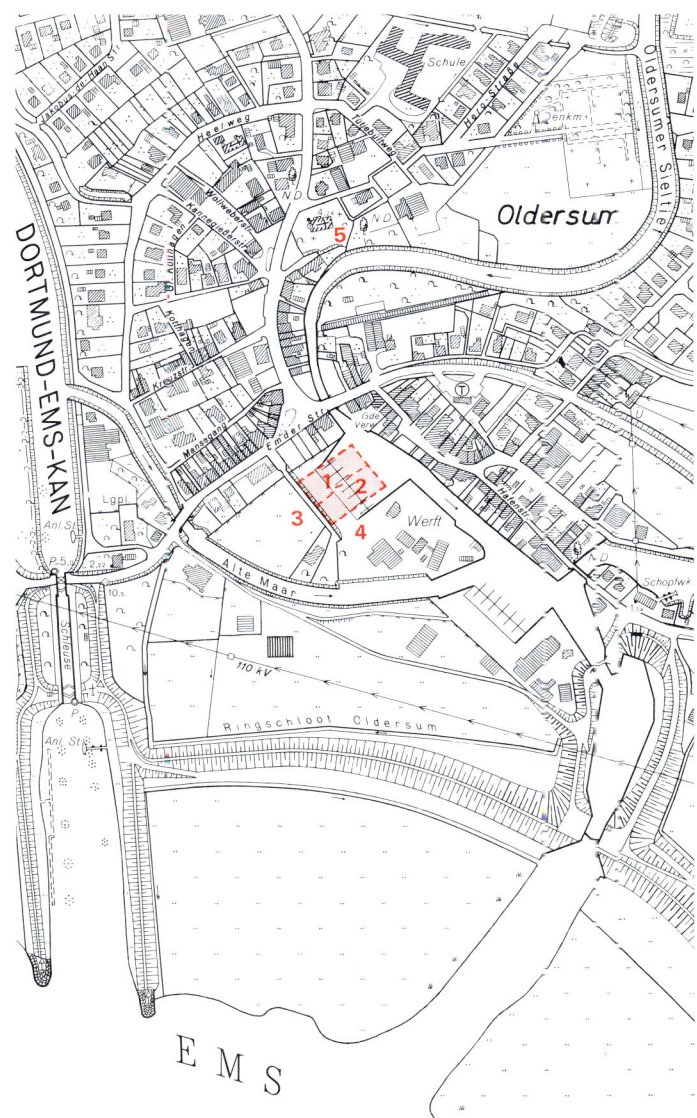

Deutsche Grundkarte 1:5000, verkleinert auf ca. 1:7000
Rotes Rechteck: ungefähre Lage der ehem. Burg
1 Hectors Teil der Burg, 2 Boiockos Teil,
3 Hectors Schatt- oder Viehhaus, 4 Boiockos Schatt- oder Viehhaus,
5 Kirche

Nr. 49

Klappriß des Braunschweiger Burgplatzes und der näheren Umgebung
Um 1600

Um die dritte Dimension in die Kartendarstellung mit einzubeziehen, geht der hier wiedergegebene Riß einen eigenen Weg – die auf Papierstreifen gezeichneten Fassadenansichten der Gebäude können senkrecht hochgeklappt werden. So wird die Karte gleichsam in ein plastisches Modell verwandelt. Freilich sind nur die Gebäude rund um den Burgplatz mit hochzuklappender Fassade dargestellt, wobei die Burggebäude auch von der Rückseite gezeigt werden (auf dem Foto mit der Bildseite nach unten geklappt; man sieht den weißen Umriß) und der Dom gar von allen vier Seiten betrachtet werden kann.

Dieser „Klappriß" gehört wahrscheinlich zu einem Reichskammergerichtsprozeß (begonnen 1567, ergebnislos beendet 1626) der welfischen Herzöge aus der Lüneburg-Celler Linie gegen die aus der Wolfenbüttler Linie. Während die Wolfenbüttler die Stadt Braunschweig in ihre alleinige Herrschaftsgewalt ziehen wollten, forderten die Celler ihren Anteil an dem welfischen Gesamtbesitz, insbesondere auch ihren Anteil an der Burg Dankwarderode inmitten der Stadt. Die Karte zeigt den Burgbezirk unmittelbar an der Oker gelegen, umzogen von dem Burggraben. Hauptzugang ist das westliche Burgtor, von dem aus die Wege über den Burgplatz in verschiedene Richtungen gehen. Links liegen die Lehnshöfe adeliger Familien (auf dem Foto zurückgeklappt). Rechts erhebt sich der Blasiusdom, hinter dem sich u. a. der Kirchhof, der Kreuzgang und die Stiftsschule befinden (nur im Grundriß gezeichnet). Gegenüber dem Haupttor erblickt man den eigentlichen Palastkomplex: links das „Mushaus", auch Palas oder Saalbau genannt, in der Mitte die doppelgeschossige Burgkapelle und rechts die Kemenate. Dieser Klappriß bietet die älteste zuverlässig erscheinende Ansicht der Burg, die Heinrich der Löwe zu einer prachtvollen Fürstenresidenz ausgebaut hatte. Allerdings erscheint nur die Kapelle unversehrt, das Mushaus und die Wohngebäude sind durch einen Brand in der ersten Hälfte des 16. Jhs. zu Ruinen geworden. In der Folgezeit ist auch die Kapelle verschwunden. Das heutige Gebäude stellt einen rekonstruierenden Neubau des 19. Jhs. dar mit den romanischen Resten des alten Mushauses als Kern. Nahezu unverändert aber ist das Löwenstandbild durch die Zeiten gekommen, das Heinrich der Löwe vor der Burg als Symbol seines Geschlechtes und seiner Gerichtsbarkeit hatte errichten lassen. Als ein eigenes Klappbild ist es auch auf unserem Riß zu erkennen; einer der Anwälte hatte ausdrücklich darum gebeten, auf dem Burgplatz den „großen Löwen aus dem Augenschein und dem Abriß nicht zu vergessen."

Dieser Klappriß gilt als einzigartig, da bislang für das 16. und 17. Jh. im deutschsprachigen Raum kein vergleichbares Stück nachgewiesen werden konnte.

Vereinfachte Umzeichnung des Grundrisses (ohne die Klappmodelle)

Abriß der Landwehren um Lüneburg
Von Daniel Frese. 1576

Die reiche Salzstadt Lüneburg hatte es im Spätmittelalter verstanden, sich weitgehend aus der landesherrlichen Gewalt herauszulösen. Bezeichnend war, daß die Bürger der Stadt die landesherrliche Burg auf dem Kalkberg zerstört (1371) und die welfischen Herzöge gezwungen hatten, ihre Residenz nach Celle zu verlegen. Mit dem Erstarken des landesherrlichen Regiments im 16. Jh. ging die unabhängige Stellung der Stadt jedoch allmählich wieder verloren. So beschränkte der auch sonst tief einschneidende Vertrag von 1562 die städtischen Gerichtsrechte, die der Rat bisher auch außerhalb der Stadt ausgeübt hatte: nur Verbrechen innerhalb der Stadt und der Landwehren durfte das Ratsgericht künftig bestrafen. Die Landwehren – meist aus Graben, Wall und einer dichten Hecke bestehend – dienten ursprünglich als vorgeschobener äußerer Schutzgürtel um die Stadt, dann auch als Mittel, den Verkehr im Interesse des Zolls und des Stapelzwanges an feste Zugangsstraßen zu binden und so die „Umfuhr" zu verhindern. Über die Ausdehnung des Landwehrbezirks als künftigen städtischen Gerichtsbezirk kam es bald zum Streit. Der Rat ließ seine Auffassung in einem Abriß festhalten, von dem eine Ausfertigung – das hier wiedergegebene Blatt – in die landesherrlichen Akten gelangte.

Die Karte ist nach Südosten ausgerichtet. Schräg über das Blatt von oben nach unten verläuft die Ilmenau, in die von links her die Neetze einmündet; links unten ist ein kleines Stück der Elbe bei Artlenburg zu erkennen. Auf die Stadt Lüneburg, die als schmale Silhouette mit dem Kalkberg rechts eingezeichnet ist, laufen die feinen Linien des Wegenetzes zu. Der von dem Rat „prätendierte" Landwehrbezirk hebt sich deutlich als helle Fläche von dem dunklen Umland ab. Über weite Strecken bilden Gewässer die Grenze. Westlich der Ilmenau zieht sich der Wall der Landwehr in einem halbkreisförmigen Bogen um die Stadt bis hin zum Hasenburger Mühlenbach mit seinen zahlreichen Teichen. Östlich der Ilmenau verläuft der Wall scheinbar schnurgerade von Süden kommend auf die Neetze zu, unterbrochen von dem Osterbruch nördlich von Rullstorf, das hier als ein See dargestellt erscheint. Gegenüber diesem Anspruch des Rates behaupteten die landesherrlichen Beamten, daß in dem Vertrag von 1562 nur die westliche Landwehr gemeint sei; im Osten bilde die Ilmenau die Grenze der städtischen Gerichtsbarkeit. – In einem neuen Vertrag von 1576 mußte sich Lüneburg schließlich zu einem Kompromiß bequemen; danach wurde der Stadt jenseits des Flusses nur ein ähnlich großes Gebiet wie diesseits zugestanden. Die Linie der neuen Landwehr wurde so gezogen, daß bis auf Hagen (das ohnehin einem anderen Gericht unterstand) alle umliegenden Dörfer ausgeschlossen blieben. – Die „Neue Landwehr" hat offenbar keine Spuren im Gelände hinterlassen, während von der alten noch ansehnliche Reste nördlich von Reppenstedt und jenseits des Elbeseitenkanals im Bilmer Strauch vorhanden sind.

Gezeichnet hat die Karte Daniel Frese (1540–1611), der jahrzehntelang als Maler und Kartograph in Lüneburg gewirkt hat und maßgeblich an der Ausgestaltung des Rathauses beteiligt war. Es entspricht seinem ausgeprägten Selbstbewußtsein, daß er sich in recht auffälliger Form selber nennt; auf einer anderen Karte, der Landtafel von Holstein, hat er, wie man wohl zu Recht vermutet, gar sich selber in ganzer Gestalt abgebildet.

Topographische Übersichtskarte 1:200 000; Pfeil: Blickrichtung
Rote gestrichelte Linie: die Landwehren nach dem Abriß
Gepunktet: die „Neue Landwehr"

Nr. 51

Karte der Stadt Nienburg an der Weser
Von Johannes Hamelmann, Mathematicus. 1634

Die hier im Ausschnitt abgebildete Karte zeigt Nienburg in Schrägansicht. Der Blick des Betrachters geht in östlicher Richtung über die Weser mit der hölzernen Brücke auf die schloßartig umgebaute Wasserburg und die Stadt, die von Festungsanlagen umschlossen wird. Wasserflächen sind grünlich-grau koloriert, oft sind Wasservögel angedeutet; Straßen und Plätze sowie waagerechte Flächen der Befestigungen sind hellblau ausgetuscht.

Die Karte ist 1634 mitten im 30jährigen Krieg entstanden. Nienburg, das schon von den Grafen von Hoya und seit 1582 von den welfischen Herzögen festungsmäßig ausgebaut war, hatte mit einer dänischen Besatzung 1625 einer mehrwöchigen Belagerung durch Tilly standgehalten, war aber zwei Jahre später nach fünfmonatiger Belagerung infolge von Hunger, Munitionsmangel und Pest in die Hände der kaiserlichen Truppen gefallen. Die Stadt hat unter den Belagerungen und den wechselnden Besatzungen schwer gelitten – gegen Ende des Krieges sollen von einst 600 Häusern nur noch 150 vorhanden gewesen sein. Doch von den Einwirkungen des Krieges verrät diese Karte nichts. Sie bietet offenbar ein friedensmäßiges Bild der Stadt. Mag die Darstellung in manchem recht naiv und schematisierend sein, die Topographie der Stadt ist recht zutreffend wiedergegeben, und zahlreiche Gebäude sind mit vielen Details ausgemalt, so das Schloß (E) mit dem sogen. Stockturm, die Kirche (F), das Rathaus (G), die Burgmannshöfe – z. B. der Hakenhof (Z) – und nicht zuletzt die vielen giebel- und erkerverzierten Bürgerhäuser, vor allem in der Langen Straße (I).

Der Kartenzeichner Johannes Hamelmann, wohl ein Ingenieur der kaiserlichen Besatzungstruppen, hat diesen „Abriß" den Bürgermeistern und Ratsherren der Stadt gewidmet. Wenige Tage vor Übergabe der Stadt an den Herzog Georg von Braunschweig-Lüneburg im Juni 1635 ließ Bürgermeister Hake die Karte dem Bruder des Herzogs, Herzog August d. Ä. in Celle, zur Information über Stadt und Festung zukommen. Auf diese Weise gelangte die ursprünglich dem Rat der Stadt übereignete Karte in das landesherrliche Archiv.

Wegen seiner strategisch wichtigen Lage am Weserübergang und als Kreuzungspunkt wichtiger Fernstraßen von Westfalen ins Lüneburgische und vom Leinetal in Richtung Bremen blieb Nienburg, mehrmals verstärkt und ausgebaut, im 17. und 18. Jh. eine der wichtigsten Festungs- und Garnisonstädte der welfischen Lande.

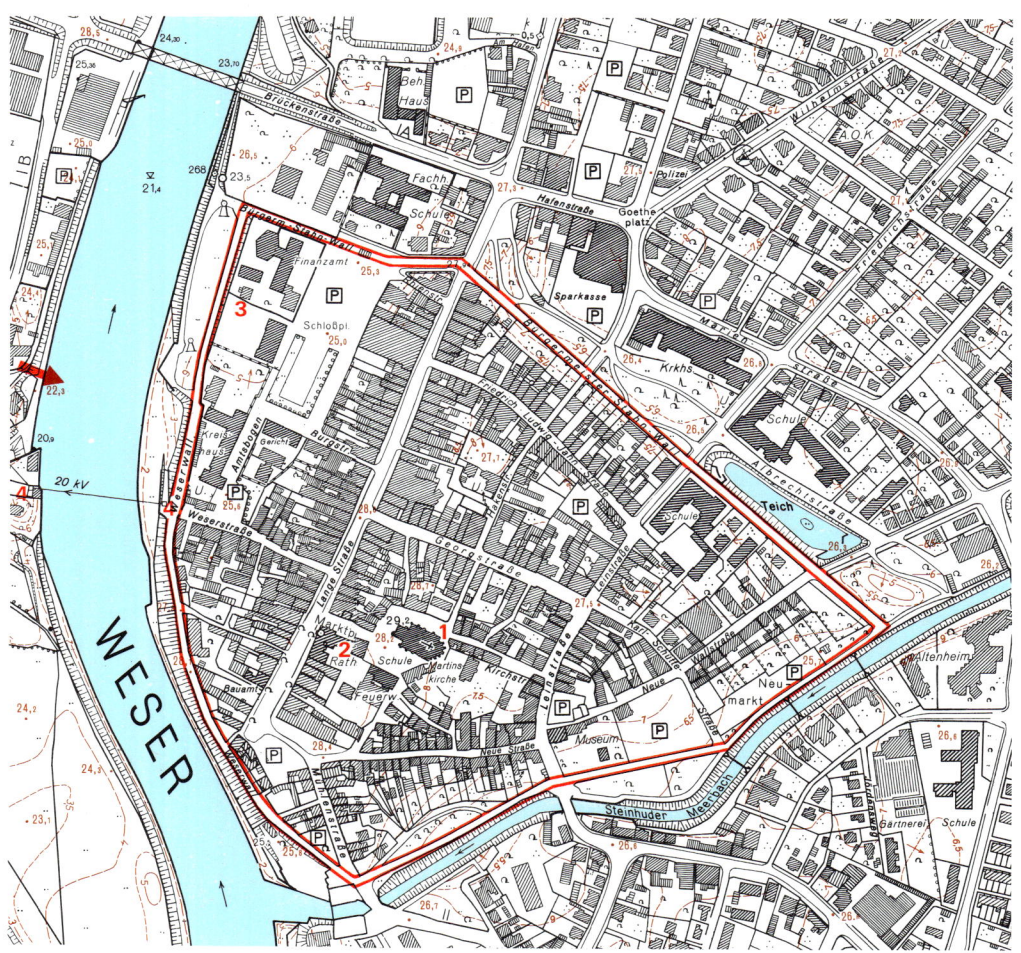

Deutsche Grundkarte 1:5000,
verkleinert auf ca. 1:7000
Pfeil: Blickrichtung
Rote Linien: Promenadenwege über den
1808 demolierten Festungsanlagen
1 Kirche, 2 Rathaus, 3 „Stockturm",
4 Reste der alten Weserbrücke

Plan der Festung Christiansburg
(Östlich von Varel). Vor 1694

Diese Karte könnte man für einen Idealplan halten, für einen Entwurf zu Übungs- und Studienzwecken; doch sie gehört zu einem tatsächlich ausgeführten Projekt, zu der Anlage von Christiansburg am Jadebusen.

Die Grafschaft Oldenburg ist, nachdem Graf Anton Günther 1667 ohne legitime Nachkommen gestorben war, über hundert Jahre mit Dänemark in Personalunion verbunden gewesen, da die dänischen Könige dem Haus Oldenburg entstammten. In diese Zeit gehören die folgenden drei Karten.

Ab 1681 ließ König Christian V. zur „ohnumgänglichen Defension und Sekurität" der Grafschaft in sechsjähriger Bauzeit am Jadebusen die Festung „Christiansburg" anlegen. Wie der nach Westen ausgerichtete Plan erkennen läßt, handelt es sich im Kern um eine regelmäßige Sechseckanlage, die zum Jadebusen hin erweitert wurde, um auch ein Hafenbecken mit einzubeziehen. Die Befestigungstechnik entspricht der niederländischen Manier. Aus Mangel an Steinen wurden die Bastionen, die Kurtinen (also die dazwischen liegenden Wälle) und die sonstigen Außen- und Vorwerke aus Erde aufgeworfen. Ein doppelter Graben umgibt landeinwärts die Festung; nur ein einziger Zugang über mehrere Brücken war von der Landseite her vorgesehen. Fortifikatorisch sicher ein schwacher Punkt war die Einfügung der Festung in die Deichlinie. Um den Schutz vor Hochfluten zu gewährleisten und den Binnenwasserstand durch das Hafentor als Sielschleuse regulieren zu können, mußte der Deich durch die Festungsgräben hindurch bis an den Hauptwall herangeführt werden.

Die Festung war nicht als rein militärische Anlage gedacht, sie sollte eine richtige Stadt mit Handel und Gewerbe umschließen. Christian V. verlieh seiner Neugründung städtische Privilegien und suchte durch die Gewährung von Abgabenfreiheit und religiöser Toleranz möglichst viele Handwerker und Gewerbetreibende nach Christiansburg zu ziehen. Als der gewünschte Erfolg ausblieb, verbot er 1689, „umb die Commercien nach Christiansburg desto mehr zu leiten", allen Handel in Varel, Bockhorn und anderen umliegenden Orten. Wer sein Geschäft weiterführen wollte, mußte sich verpflichten, nach Christiansburg überzusiedeln.

Diese zwangsweise Umsiedlung fand ein baldiges Ende. Die wasserbautechnischen Anlagen erwiesen sich als ungenügend, Hafen und Sieltief verschlammten, und die gesamte Anlage, die über 300 000 Taler verschlungen hatte, mußte wieder aufgegeben werden. 1694 wurden die letzten Gebäude öffentlich auf Abbruch versteigert. Nur Reste der südlichen Wallanlagen, infolge späterer Eindeichungen etwas landeinwärts gelegen, erinnern noch heute an die kurzlebige Schöpfung des absolutistischen Monarchen.

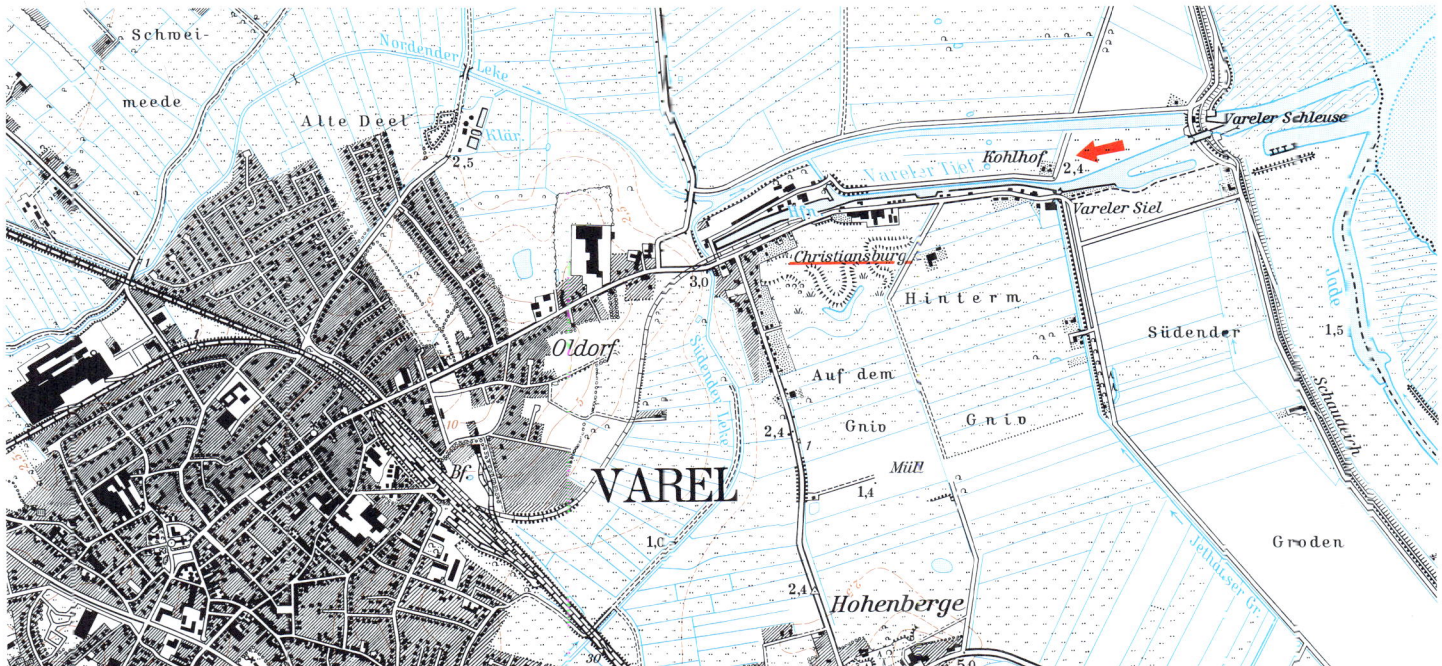

Topographische Karte 1:25 000; Pfeil: Blickrichtung; südlich des Hafens: Reste der Befestigungsanlagen

Nr. 53

Perspektivische Ansicht der Festung Apen
Nach 1730

Die vorhergehende Karte von Christiansburg bot ein gutes Beispiel für einen ingenieurmäßig ausgeführten Plan einer Festung im Grundriß. So sauber und klar er gezeichnet ist, für den Laien bleibt er in vielem abstrakt; erst mit geübtem Auge kann man etwa an der unterschiedlichen Kolorierung die ebenen und schrägen Flächen unterscheiden und eine Vorstellung von dem Aufbau der Befestigungen gewinnen. Das hier wiedergegebene Blatt mit der Festung Apen erscheint als überzeugendes Beispiel für eine andere charakteristische Darstellungsart, nämlich für eine perspektivische Ansicht (Szenographie), die einen Eindruck von der räumlichen Gestalt einer Festung zu vermitteln vermag. –

Dank ausgedehnter Moore war jahrhundertelang Ostfriesland von Oldenburg aus nur über zwei Heerwege erreichbar; der eine verlief nordwärts über Neuenburg, der andere westwärts über Apen. Seit dem hohen Mittelalter befand sich in Apen eine Zollstätte. Um 1515 errichtete Graf Johann V. von Oldenburg hier eine einfache Grenzfestung mit Erdwall und Wassergraben. Die Anlage nutzte die natürlichen Gegebenheiten: sie lag vor dem Dorf geschützt in dem Winkel zwischen der großen Norderbäke und dem Aper Tief. Nördlich und südlich dehnten sich damals kaum passierbare Nieder- und Hochmoore aus. An der Engstelle zwischen Festung und dem Aper Tief war der Heerweg nach Ostfriesland leicht zu kontrollieren.

Die wichtigste Funktion der Grenzburg Apen war der militärische Schutz gen Westen. Gewöhnlich wohl nur mit einer kleinen Besatzung versehen, wurde die Mannschaft in Kriegszeiten verstärkt. So ist überliefert, daß im 30jährigen Krieg um das Jahr 1633 rund hundert Söldner die Grenze zu sichern hatten; 19 Geschütze standen damals auf der Festung bereit. Daneben blieb Apen weiterhin Zollstätte; die erhaltene Zollrolle von 1565 etwa läßt die Bedeutung der ammerländischen Holzausfuhr in das waldarme Ostfriesland erkennen. Zeitweilig Amtssitz des Drosten, war die Festung außerdem Verwaltungsmittelpunkt des Ammerlandes und Gerichtsort. Die Festung diente also in mehrfacher Hinsicht landesherrlichen Interessen.

Mehrmals ist die Festung ausgebaut und verstärkt worden. Die ältesten erhaltenen Pläne und Zeichnungen zeigen sie uns als quadratische Schanze mit zwei runden, einander diagonal gegenüber liegenden Eckbastionen, wie sie nach italienischen Vorbildern seit dem 16. Jh. üblich war. Diese Grundgestalt blieb bei späteren Um- und Ausbauten gewahrt.

Auch als 1710 bis 1730 große Teile der alten Anlage demoliert wurden, um die Festung deutlich zu vergrößern, behielt man diese Grundform bei, wie die perspektivische Ansicht sehr anschaulich zeigt. Archäologischen Grabungsbefunden nach wurden damals das Innengeviert von vordem 30 × 35 m auf 52 × 52 m vergrößert, die Wälle verstärkt und der Graben bis zu einer Breite von 45 m verbreitert. Im Innenraum stehen nur wenige Gebäude: das Kommandantenhaus mit Garten, ein Zeughaus und ein Magazin mit Scheune. Das spitze Dächlein überdeckt den Brunnen in Hofesmitte. Rampen führen zu den Bastionen und Eckplätzen, auf denen Geschütze aufgestellt werden können. Am Ende des letzten Umbaus stand also trotz der vorgenommenen Erweiterungen eine nur bescheiden ausgestattete, nüchterne, ganz vom militärischen Zweck bestimmte Anlage. – Sie ist wenige Jahrzehnte später (1773) aufgegeben worden. Seit 1868 durchschneidet die Eisenbahntrasse Oldenburg-Leer das Festungsgelände, das trotz allem in Umrissen noch heute zu erkennen und auf der topographischen Karte als kulturgeschichtliches Denkmal (K. D.) eingetragen ist.

Topographische Karte 1:25 000

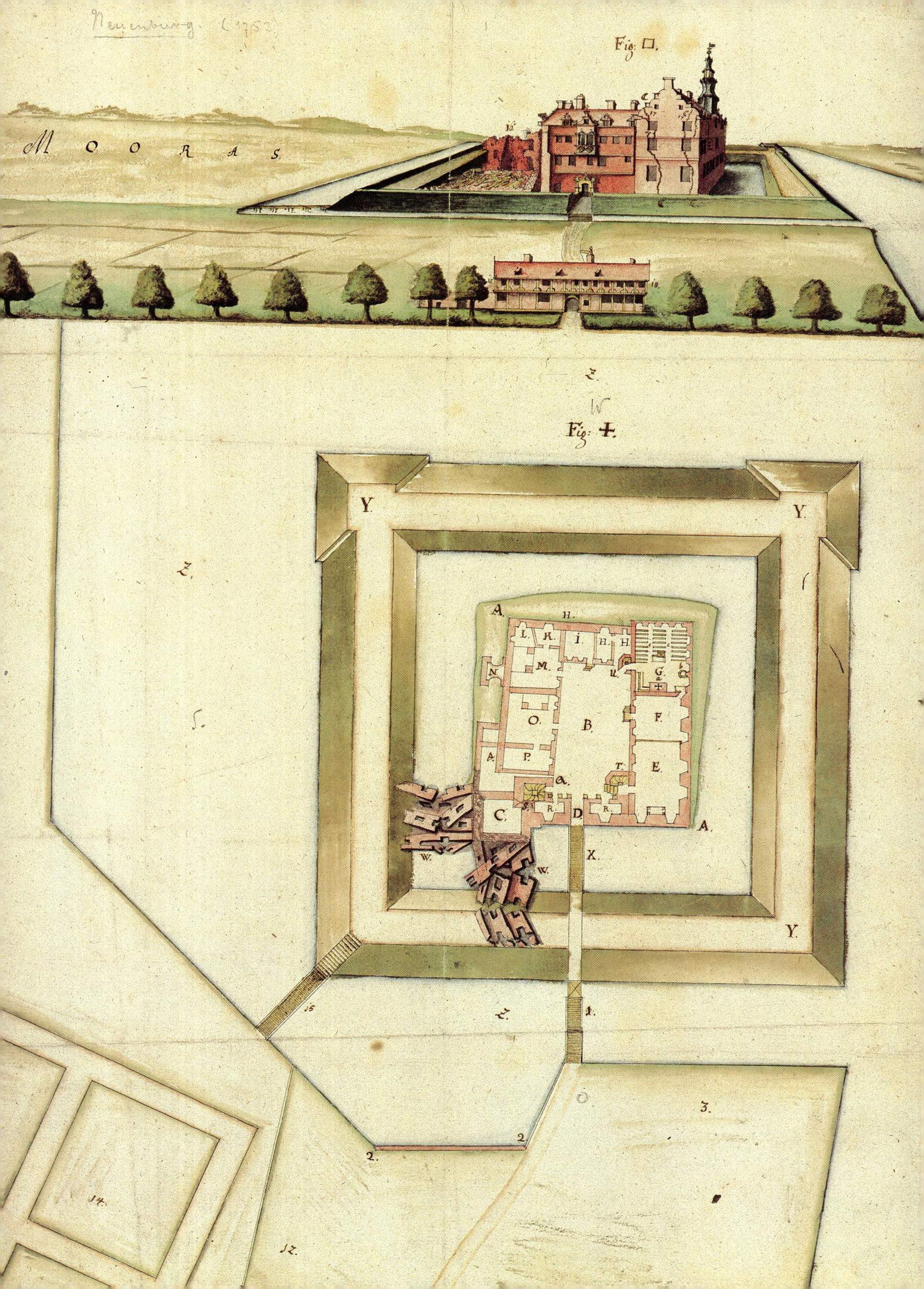

Nr. 54

Ansicht und Grundriß des Schlosses Neuenburg
(Westlich von Varel). Von Ing.-Kapitän Wilhelm Anton Hunrichs. 1712

Das „herrschaftliche Haus" zu Neuenburg – so heißt es im Titel dieser nach Westen ausgerichteten Karte – ist 1462 als oldenburgische Grenzburg gegen die ostfriesischen und jeverschen Häuptlingsherrschaften errichtet worden. Unter Einbeziehung des alten Burgturmes, des „Steinhauses", entstand 1578 bis 1583 eine neue Anlage, die mit dem quadratischen Wall und dem doppelten Wassergraben nach außen hin den Wehrcharakter betonte, während im Innern des vierflügeligen Schlosses repräsentative Räume fürstlichen Personen ein standesgemäßes Verweilen erlaubten. Dieses feste Schloß diente unter anderem Graf Anton Günther als Sommerresidenz und seiner Witwe als Witwensitz.

In dänischer Zeit begann das Schloß rasch zu verfallen. 1709 stürzte der Eckturm ein, auch andere Gebäudeteile wiesen schwere Schäden auf. – Zur Entscheidung der Frage, ob das Schloß ganz abgerissen werden sollte, ließ sich König Friedrich IV. diese Karte vorlegen. Deutlich sind auf dem Grundriß die im Graben liegenden Trümmer des Eckturmes, des alten „Steinhauses", zu erkennen sowie in der Ansicht die Mauerrisse in der Schmalseite des Nordflügels, in dem sich der Große Saal (E) und die Kapelle (G) befanden. Da die Neuenburger Bürger um die Kapelle für ihren Gemeindegottesdienst baten, auch das Landgericht für die Friesische Wehde und das Ammerland neue Räume brauchte, wurden schließlich nur der Ostflügel und das Obergeschoß des Saalbaues abgerissen. Als einfache hufeisenförmige Anlage hat das Schloß die folgenden Zeiten überdauert und wird heute als Dorfgemeinschaftshaus genutzt.

Der „kunstlustige Garten" von Neuenburg

Aufgabe der Karte war es, die Bauschäden darzustellen. Das erklärt, warum die Gartenanlagen in der Ansicht links unten nur mit umrißartigen Linien angedeutet werden. Diesen „kunstlustigen Garten" hatte Graf Anton Günther um 1650 im Stil der Renaissancegärten anlegen lassen; abseits vom Schloß, ohne Zusammenhang mit der Architektur und ohne Bezug zur umgebenden Landschaft, bildet er eine Welt für sich. Ein zeitgenössischer Stich zeigt uns den Garten in der Zeit um 1670: entlang des Mittelganges reihen sich mit Hecken und Blumentöpfen abgeteilte Karrees, die jedes für sich einen eigenen, jeweils anders gestalteten Garten bildeten. An Besonderheiten erkennt man vorn rechts eine großflächige Sonnenuhr aus Buchsbaumhecken, zwei Felder mit wappengeschmückten Beeten und einen Irrgarten. Die Felder dahinter gehörten zu dem Baumgarten, an den sich der Küchengarten mit einem Fischteich anschloß. Von dieser Gartenpracht war um 1700 schon viel verschwunden. Einem Inventar zufolge hatten z. B. Erbsen, Kohl und Rüben die Wappenbeete verdrängt. Doch war noch eine Fülle von Gartenpflanzen anzutreffen, so gelbe und weiße Narzissen, Akelei, Päonien, Liebstöckel, Rosen und Syringen. Heute ist das Gartengelände überbaut, u. a. von der Post und dem Bahnhof. Im Umriß kann man auf der Grundkarte die einstige Ausdehnung noch erkennen: ein kleiner Graben umzieht südlich des Bahnhofes den Küchengarten mit dem Fischteich.

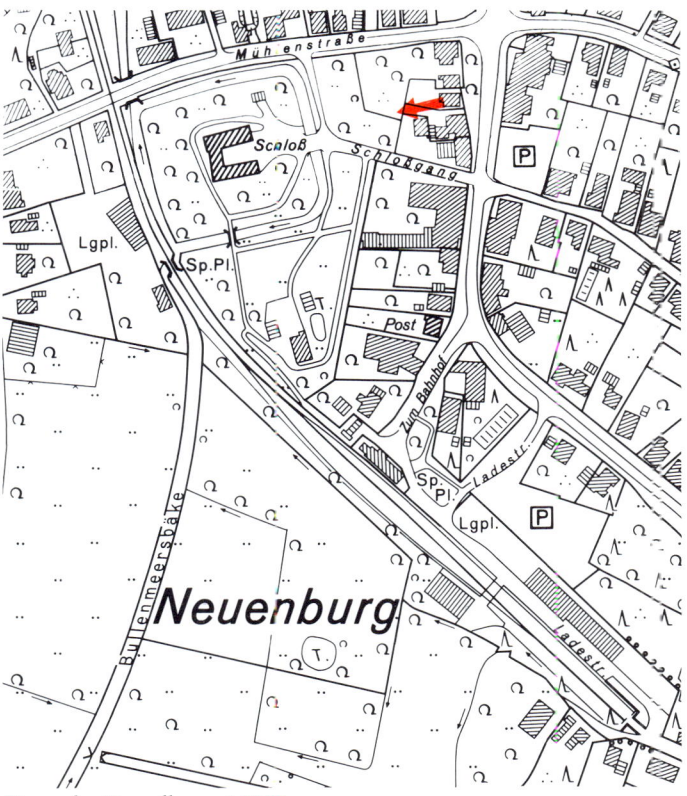

Deutsche Grundkarte 1:5000
Pfeil: Blickrichtung des abgebildeten Kartenausschnitts

Nr. 55

Karte des Jagdschlosses Clemenswerth im Hümmling
Von August Reinking. 1804

Mit kurfürstlichem Reskript vom 27. März 1736 beauftragte der Wittelsbacher Clemens August, Kurfürst von Köln und Bischof der Stifter Münster, Paderborn, Hildesheim und Osnabrück, seinen Architekten Johann Conrad Schlaun, in der einsamen und wildreichen Landschaft des Hümmlings ein Jagdschloß zu errichten: „Wir haben gnädigst beschlossen, zu unserer bequemeren Wohnung ein Jagdschloß auf dem sogenannten Hümmling erbauen zu lassen und haben bereits einen Abriß durch unseren Obersten Schlaun anfertigen lassen." Errichtet werden sollte eine Anlage für die in der Zeit des Barocks an europäischen Fürstenhöfen äußerst beliebte Parforcejagd, die auch Clemens August mit Leidenschaft pflegte. Zugleich sollte das geplante Schloß die Möglichkeit zu ungestörten politischen Gesprächen und religiösen Betrachtungen geben.

Der Bau wurde nach den Entwürfen Schlauns 1737 begonnen und 1744 im wesentlichen abgeschlossen. Die Längs- und Symmetrieachse bildet die 800 m lange Hauptallee, die in westlicher Richtung direkt auf die Kirche in Sögel zuläuft. Beim Eintritt in die Schloßanlage wird die Allee von einem ursprünglich beidseitig geplanten, jedoch nur zur Hälfte errichteten Marstallgebäude unterbrochen und mündet jenseits der Anlage in das „Grand Bassin", den mittleren der drei durch Kanäle verbundenen Teiche, die für die Fischzucht und Haltung von Wasservögeln bestimmt waren. Im Mittelpunkt der „étoile" wurde das zweigeschossige Jagdschloß in Form eines Oktogons errichtet, umgeben von acht eingeschossigen Pavillons, die zwischen den sich radial schneidenden Hauptachsen liegen. Die Pavillons tragen den Namen des Kurfürsten, seiner Bistümer Köln, Münster, Paderborn, Hildesheim, Osnabrück und der Residenz des Deutschen Ordens in Mergentheim, dessen Hochmeister Clemens August war. Die an der Hauptachse in westlicher Richtung liegenden Pavillons „Köln" und „Mergentheim" dienten als Wachthäuser, der Pavillon „Paderborn" beherbergte in seinem Anbau die kurfürstliche Küche. Der achte, durch ein kleines Türmchen mit Glockenstuhl kenntlich gemachte Pavillon ist die Kapelle, der sich ein kleines Kapuzinerkloster mit einem symmetrisch angelegten Klostergarten anschließt. Wie der Plan August Reinkings zeigt – er gleich übrigens auffällig den Schlaunschen Entwürfen –, hat die gesamte Schloßanlage die Zeit bis hin zur Gegenwart im wesentlichen unverändert überstanden.

Mit Baubeginn wurde um das Jagdschloß ein etwa 40 Hektar großer waldähnlicher Park angelegt und nach Schlauns Plänen, die von französischen Gartenbauarchitekten beeinflußt waren, das ursprüngliche Gelände des „Sögeler Holzes" systematisch mit Tausenden von Erlen-, Ebereschen-, Linden-, Buchen-, Eichen- sowie Fichten- und Lärchensetzlingen bepflanzt. Dieser bunte Mischwald bildet bis heute die grüne Kulisse für das Jagdschloß Clemenswerth, das mit der architektonisch reizvollen Symbiose von rot-braunem Backstein und gelbem Baumberger Sandstein zu den gelungensten Barockbauten Nordwestdeutschlands zählt.

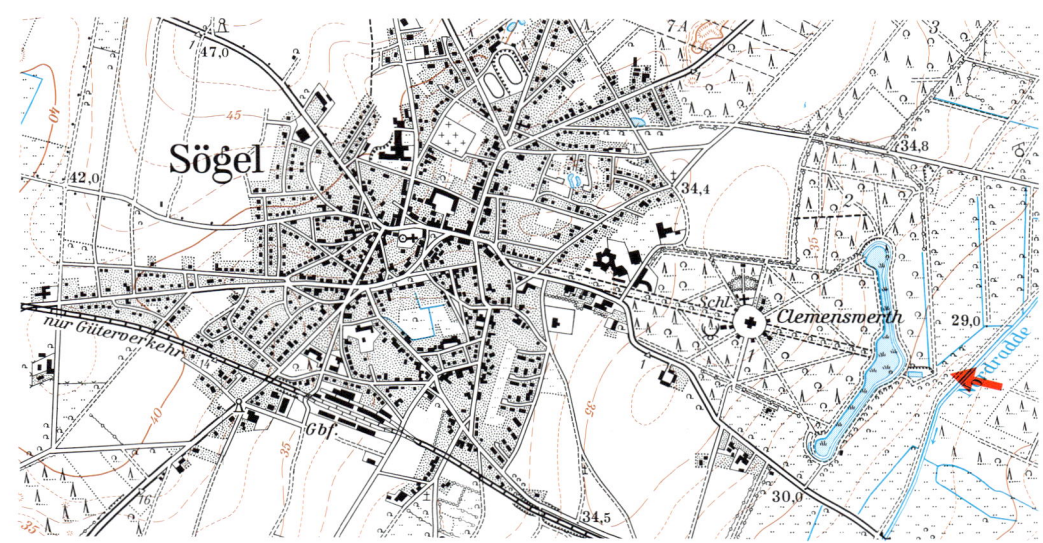

Topographische Karte 1:25 000
Pfeil: Blickrichtung der abgebildeten Karte

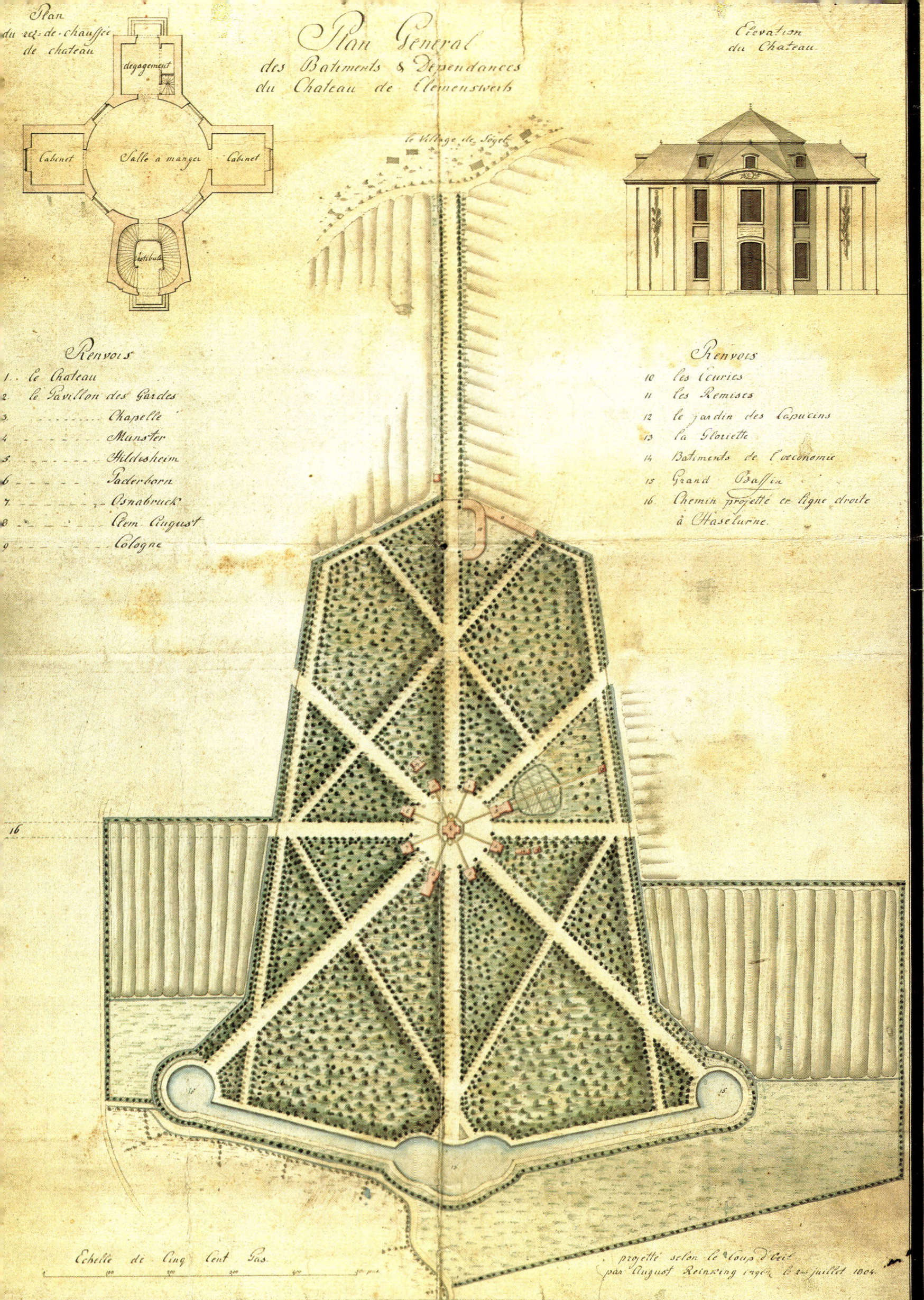

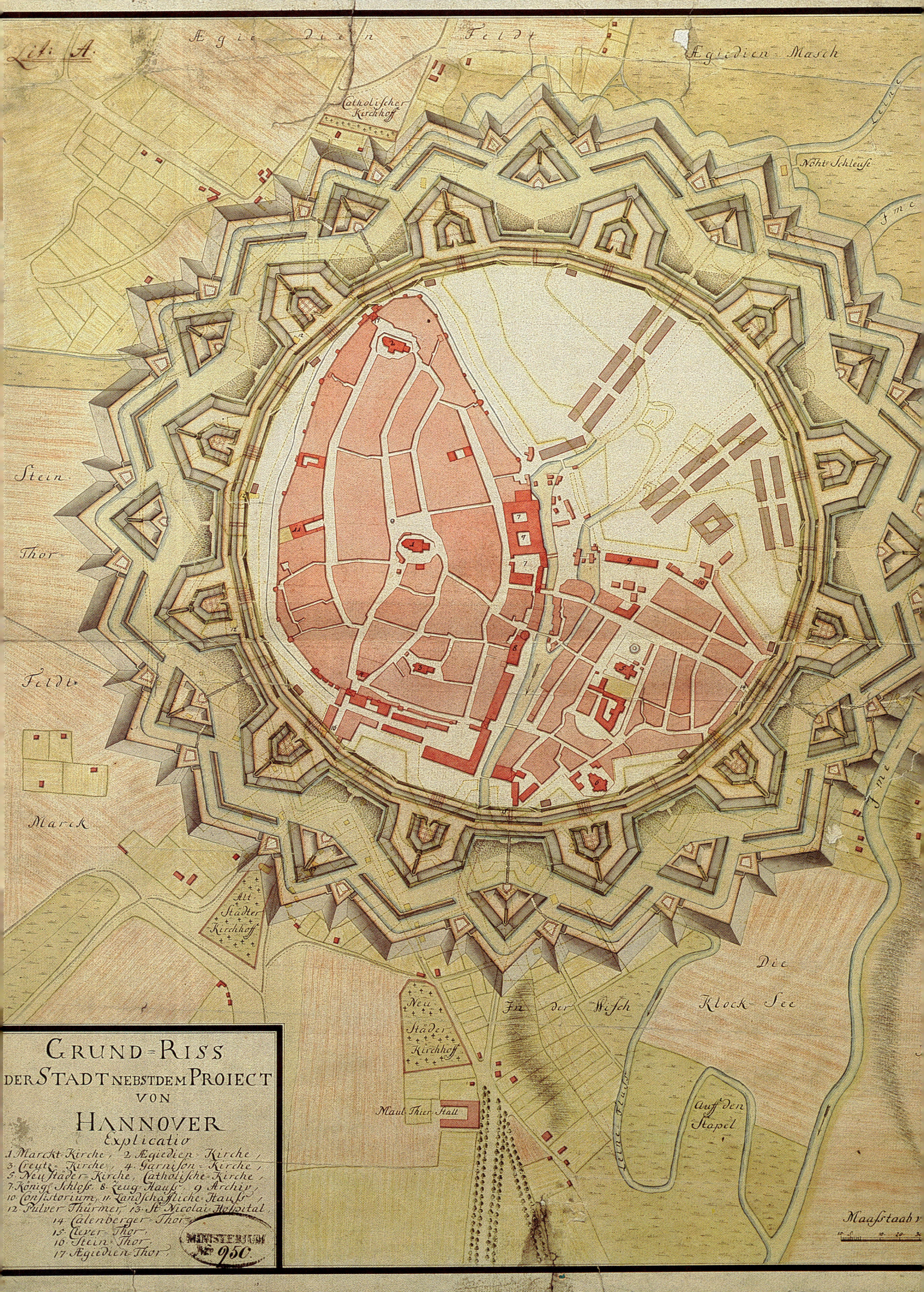

Plan für eine neue Befestigung der Stadt Hannover
Um 1740

Dem Titel nach zeigt die nach Süden ausgerichtete Karte die Stadt Hannover „nebst dem Project" – damit ist die ringförmige Befestigungsanlage gemeint, die nicht nur die Altstadt (links) mit der Marktkirche in der Mitte sowie die jenseits der Leine gelegene Neustadt (rechts unten) umschließt, sondern einen Teil der überschwemmungsgefährdeten Wiesen in der Leineniederung südlich der Stadt (rechts oben) mit einbezieht. Dieser projektierte Befestigungsring ist so in der Karte dargestellt, als wäre er schon gebaut, während die alte Bastionärbefestigung und das übrige zu überbauende Gelände mit grünen gestrichelten Linien gezeichnet sind und gleichsam durch die neuen Anlagen hindurchschimmern.

Geometrischer Mittelpunkt des Ringes ist das Leineschloß. Hierin scheint sich der Einfluß barocker Stadtplanungsideen bemerkbar zu machen, die die Residenz des absolutistischen Landesherrn als die politische und gesellschaftliche Mitte der Stadt auch räumlich ins Zentrum rücken. Sosehr das Projekt von formal-ästhetischer. Grundsätzen, von den Vorstellungen einer idealen Stadt- und Befestigungsanlage geprägt erscheint, es gehört zu einem ganz konkreten Auftrag des Landesherrn, Überlegungen zum Festungsausbau im Hannoverschen anzustellen.

Im Juli 1739 berichten die Geheimen Räte zu Hannover an König Georg II.: Angesichts der ungewissen Zeitläufe müsse man mit der Gefahr eines Krieges rechnen. Es sei aber keine der vorhandenen Festungen im Kurfürstentum in der Lage, einen Feind eine Zeitlang abzuhalten, und keine zur sicheren Verwahrung der landesherrlichen Archive, Barschaften und Pretiosa geeignet. Auf Weisung Georgs II. prüften daraufhin die Geheimen Räte, die Kriegskanzlei und die Generalität die Frage, ob man eine völlig neue Festung, etwa an der Mündung der Aller in die Weser, anlegen solle oder ob man eine der vorhandenen Festungsstädte so ausbauen könne, daß sie als eine „tüchtige", „haltbare" Festung einem Feind ernsthaft widerstehen könne. Die Mehrheit der Generäle sprach sich für den Ausbau Hannovers aus. Dabei müsse die „Figur" der Befestigung, die gegenwärtig die Gestalt eines halben Mondes habe, „regulär" gemacht werden, die Befestigung müsse also erweitert, „arrondiert" werden. Die dadurch einbezogenen Maschwiesen böten Platz für Kasernen, Zeughaus und Magazine. Freilich müsse auch die übrige Altbefestigung erneuert und durch Außenwerke verstärkt werden. Diesen Vorstellungen von einer besseren, einer optimalen Befestigung der Stadt entspricht der hier wiedergegebene Plan. Er gehört, zusammen mit mehreren anderen, geringfügig abweichenden Plänen, gewissermaßen zu einer ersten Planungsphase – Tore, Durchlässe für die Leine etc. sind noch nicht eingearbeitet, wohl aber sind, in recht schematischer Manier, Militärgebäude in die Leinewiesen eingezeichnet.

Das Projekt ist offensichtlich nicht weiter verfolgt worden. Gewichtige Gegengründe finden sich schon in den Gutachten der Militärs. Eine derart große Festung mit 12 Bastionen erfordere eine Garnison von mindestens 8000 Mann, die übrigen Landesfestungen benötigten zusammen ebenfalls rund 8000 Mann; dann bliebe nicht genug Infanterie übrig, um dem Feind im Felde zu begegnen. Außerdem sei die Stadt Hannover so volkreich, daß man befürchten müsse, durch die Bürgerschaft nach längerer Belagerung zur Kapitulation gezwungen zu werden, weshalb zusätzlich eine Zitadelle erforderlich sei, um „von einer zahlreichen Bürgerschaft Meister zu bleiben".

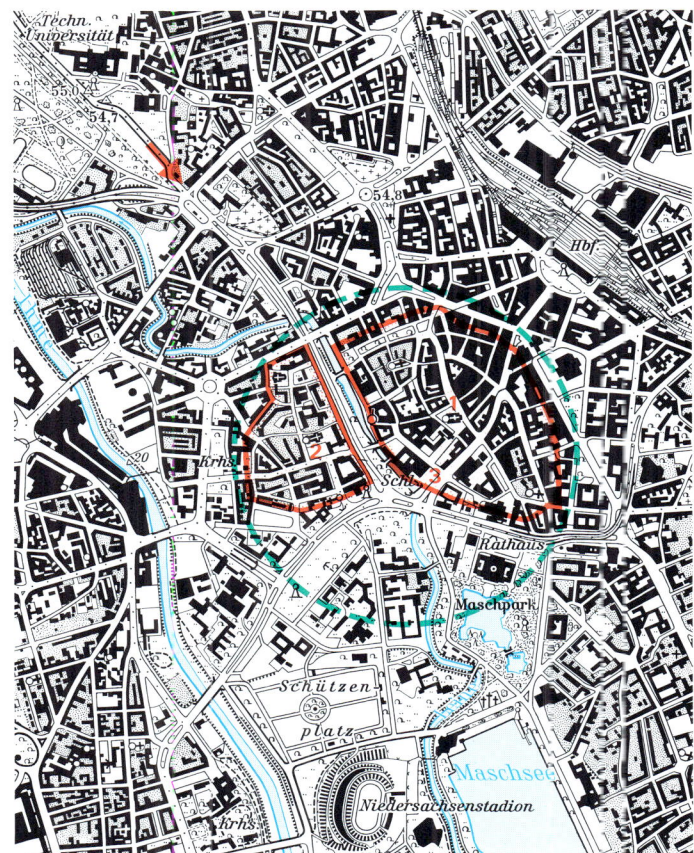

Topographische Karte 1:25 000 ; Pfeil: Blickrichtung
Grüner Kreis: ungefähre Lage des geplanten Befestigungsringes um Altstadt und Neustadt
1 Marktkirche, 2 Neustädter Kirche, 3 Leineschloß

Nr. 57

Plan von der Festung Wilhelmstein im Steinhuder Meer
Um 1767

Die auf einer künstlichen Insel errichtete Festung Wilhelmstein trägt ihren Namen nach dem Erbauer, Graf Wilhelm zu Schaumburg-Lippe (1724–1777), der sich im Siebenjährigen Kriege als kurhannoverscher Generalfeldzeugmeister und dann als Oberbefehlshaber der portugiesisch-englischen Truppen in Portugal großes Ansehen erworben hatte. Mag heute manchem Besucher die Festung als Spielerei eines kleinen Duodezfürsten erscheinen, so gehörte sie doch damals zu einem Verteidigungskonzept des Grafen Wilhelm, das nicht nur auf seinen jahrelangen militärischen Erfahrungen, sondern auch auf eigenen, überzeugenden politischen und philosophischen Reflexionen beruhte. Zu Anfang des Siebenjährigen Krieges hatte Graf Wilhelm dem Feind sein Land räumen müssen; künftig sollten die praktisch uneinnehmbare Wasserfestung und die von ihr aus im weiten Umkreis möglichen Störaktionen den Feind nötigen, diese Gegend zu meiden. Mit dieser Festung blieb man, und darauf war ein Kleinstaat angewiesen, für den größeren Nachbarn, für Kurhannover, als Bündnispartner interessant und besaß ein Unterpfand zur Erhaltung der eigenen, vor allem durch Hessen-Kassel bedrohten Souveränität.

Hinter allem stand die Grundüberzeugung des Grafen Wilhelm, daß der Krieg das schlimmste aller Übel sei, das in den bösen Leidenschaften der Menschen seine Quelle habe. Zwar sei – im Sinne der aufklärerischen Philosophie – zu hoffen, daß die Vernunft einst vollständig die Herrschaft über die Leidenschaften erlange. Bis dahin aber müsse man mit Mitteln der Verteidigung die offensiven Kräfte zur Untätigkeit zwingen, müsse man die Kriegskunst einsetzen, um den Krieg zu verhindern, zumindest seine Übel zu verringern.

Erster Anfang eines so begründeten Defensionssystems war die Festung Wilhelmstein. 1761 begann man, etwa 1400 m vom südlichen Ufer des Steinhuder Meeres entfernt, bei rund 2,5 m Wassertiefe mit der Aufschüttung der künstlichen Insel. Bis 1767 entstand die sternförmige Schanze, der eigentliche Wilhelmstein, bis 1770 folgten die 16 kleinen Außenwerke, die sich in kunstvoller Geometrie um die Schanze scharen und mit ihr die sogenannten Wilhelmsinseln bilden. Die ganze Anlage – im Umriß ein Quadrat von ca. 120 m Seitenlänge – wurde unter Wasser ringsum mit einer starken Kette auf Rammpfählen umgeben.

Aus der Bauzeit der Festung stammt der hier wiedergegebene Plan. Links zeigt er die Anlage im Grundriß, rechts bringt er zwei Schnitte durch die Schanze (oben) und weitere Schnitte durch zwei Außenwerke (Bastion und Kurtine), die im Unterschied zur Schanze auf Rammpfählen ruhen. Im Grundriß ist deutlich eine Planänderung erkennbar. Ursprünglich sollten nur die „Bastionen" in der Verlängerung der Schanzenspitzen mit Gebäuden versehen werden; mit flüchtigen Bleistiftstrichen sind dann bei den übrigen Außenwerken – den 4 „Ravelins" und 8 „Courtinen" – ebenfalls Grundrisse zu Häusern nachgetragen worden, die – wie die unten wiedergegebene Ansicht zeigt – auch tatsächlich gebaut wurden und zur Unterbringung der Besatzung (im Frieden rund 150, im Krieg 800 Mann) dienten. – Zwischen den Außenwerken sind Flöße und Boote skizziert, von denen aus das Artilleriefeuer der Werke im Falle eines Angriffs verstärkt werden sollte. Diese Skizzen und all die sonstigen Bemerkungen und Berechnungen, die das Kartenblatt bedecken, stammen von der Hand des Grafen Wilhelm und verraten damit seine intensive Beschäftigung mit dem Projekt und seine praktische Mitwirkung bei dessen Ausführung.

Ansicht der Festung Wilhelmstein
(Zustand von ca. 1774)

Plan der Wilhelms Insuln

Nr. 58

Plan vom „Wilhelmsteiner Feld" am Steinhuder Meer
Um 1775

In seinen „Denkschriften zur Beförderung der Verteidigungskunst" hat Graf Wilhelm zu Schaumburg-Lippe dargelegt, daß die wirksamste Landesverteidigung in einer Befestigung größerer Geländeräume bestehe. Als Beispiel, als Muster für eine solche befestigte Landschaft («contrée fortifiée») ließ er ab 1772 als ein Vorfeld der Festung Wilhelmstein auf dem südlichen Ufer des Steinhuder Meeres das „Wilhelmsteiner Feld" anlegen.

„Figur des Fisches"
Plan zu einem Tauchboot (um 1764)

Der nach Süden ausgerichtete Plan zeigt das Moor bei Hagenburg, heute „Meerbruch" genannt. Am Seeufer liegt als größeres, mit 30 Mann zu besetzendes Fort die „Tenaille" (Zangenwerk), umgeben von einem tief gestaffelten Gürtel aus verschiedenartigen kleinen Schanzen. Im linken, östlichen Teil ist das Moor schon trockengelegt und teilweise parzelliert. Die Großbuchstaben (B–K, N–X) bezeichnen Häuser, Gärten und Wiesen, die an verdiente Soldaten oder andere geeignete Bewerber vergeben wurden unter der Bedingung, daß sie im Ernstfall an der Verteidigung teilnehmen müßten. Auch sollte die landwirtschaftliche Nutzung des Feldes zur Versorgung der Inselfestung Wilhelmstein beitragen.

Darüber hinaus diente das Wilhelmsteiner Feld als Anschauungs- und Übungsplatz für die Militärschule, die Graf Wilhelm 1767 auf dem Wilhelmstein eingerichtet hatte, um dort befähigte junge Leute ohne Rücksicht auf ihre Herkunft zu Offizieren ausbilden zu lassen. – bedeutendster Schüler war der Schöpfer der preußischen Heeresreform, Gerhard Scharnhorst, der sich zu den Anregungen, die er von Graf Wilhelm empfangen hat, stets dankbar bekannte. Während die Festung Wilhelmstein noch heute erhalten ist – verändert nur darin, daß durch spätere Aufschüttung alle 17 Inseln zu einer einzigen zusammengefaßt sind –, so ist das Wilhelmsteiner Feld spurlos verschwunden. Wenige Wochen nach dem Tod des Grafen Wilhelm sind die Gebäude, Festungsmaterial, Vieh und selbst die Obstbäume meistbietend verkauft worden, und die Natur hat wieder von dem Gelände Besitz ergriffen. So ist diese Karte, ähnlich der vorhergehenden mit eigenhändigen Eintragungen des Grafen versehen, eines der wenigen Zeugnisse, das von diesem Muster einer „befestigten Landschaft" eine gewisse Vorstellung vermitteln kann.

Wilhelmstein und Wilhelmsteiner Feld haben auch als Experimentierfeld für militärische Neuerungen gedient. So ließ Graf Wilhelm 1772 durch J. Praetorius, Lehrer an der Militärschule, ein Tauchboot für acht Mann Besatzung bauen, das – aufgetaucht – als Kanonenboot eingesetzt werden konnte. Bei seiner Erprobung soll es etwa 12 Minuten getaucht sein und darf deshalb als das älteste U-Boot eines deutschen Konstrukteurs gelten. Es entsprach offenbar in vielen Einzelheiten dem hier abgebildeten Entwurf zu einem größeren Tauchboot, „Figur des Fisches" genannt. Dieses Holzboot, das über Wasser flossenähnliche Segel setzen konnte, sollte unter Wasser durch Hin- und Herschlagen des Schwanzes fortbewegt werden; dazu mußte die Bootsmannschaft im Wechseltakt an zwei Seilen ziehen. Das Boot nahm sich also nicht nur in der äußeren Gestalt den Fisch zum Vorbild.

Topographische Karte 1:50 000
Pfeil: Blickrichtung des abgebildeten Kartenausschnitts
1 Westschanze, 2 Tenaille, 3 Ostschanze, 4 Schanze am Eingang,
5 Schloß Hagenburg

Nr. 59

Grundriß der Altstadt Bremen mit dem kurhannoverschen Grundbesitz
Aus dem Kartenwerk „Ichnographia von der Reichsstadt Bremen". Von Johann Christian Danckwerth. 1750

Im Nordischen Krieg (1700–1721) fiel das Erzbistum bzw. Herzogtum Bremen, seit 1648 in schwedischer Hand, an Kurhannover. Zu dieser Erwerbung gehörten Rechte, Besitzungen und Einkünfte des Erzbischofs und des Domkapitels in der seit 1646 reichsunmittelbaren Stadt Bremen. Man unterschied zwei Vermögensmassen: den Kirchenfonds des St.-Petri-Doms, dessen Administration einem Struktuar oblag, und die dem Kurfürsten als dominium directum privatrechtlich zustehenden Staatsgüter, die von einem Intendanten verwaltet wurden. Zu den Strukturgütern gehörten 45 Gebäude, u. a. der Dom, das erzbischöfliche Palatium und die Wohnungen der Pastoren und der kirchlichen Offizianten. Zu den Intendanturgütern zählten 160 – meist an Bremer Bürger oder hannoversche Untertanen vermietete – Immobilien: 97 Kurien (Wohn- und Wirtschaftsgebäude umfassende Höfe aus dem Besitz des Kapitels oder einzelner Kanoniker) und Häuser, 51 Buden und kleine Wohnungen sowie mehrere Keller und Ställe. Die meisten dieser Bauten standen in der östlichen Altstadt im Dombezirk. Der Landeshoheit des Kurfürsten von Hannover zugeordnet, bildete dieser staatsrechtlich und – als Hochburg des Luthertums im reformierten Bremen – auch konfessionell eine Enklave im Herzen der Stadt.

In Hannover hatte man offenbar keine rechte Vorstellung von dem Umfang und der Lage des kurfürstlichen Eigentums. Die Kammer erbat sich daher 1747 „einen Plan von der Stadt Bremen, worinnen insonderheit die Herrschaftlichen Domkapitelshäuser markiert sein" sollten. Der Intendant J. Chr. (von) Danckwerth (1717 bis 1791) arbeitete gründlich, wenn auch nicht schnell: 1750 legte er eine „Ichnographia von der Kaiserlichen und des Heiligen Römischen Reichs Stadt Bremen" vor. Diese für die bremische Baugeschichte des 18. Jhs. bedeutsame Quelle enthält u. a. einen Grundriß der Altstadt mit den gewünschten Eintragungen. Von dieser südwestlich ausgerichteten Karte ist hier der östliche Teil zwischen Marktplatz und Ostertor abgebildet. Die Häuser der Intendantur sind dunkelrot (mit grünen Gärten) eingezeichnet und mit den Nummern versehen, unter denen sie in den Registern und Akten geführt wurden. Die Grundstücke der Struktur erscheinen blau, die Grundzinsplätze gelb. Blaßrosa sind die stadtbremischen öffentlichen und privaten Gebäude angelegt.

Aufgrund des Reichsdeputationshauptschlusses trat Hannover 1803 sämtliche Rechte und Besitzungen an Bremen ab, das damit zum erstenmal die ungeteilte und unbestrittene Landeshoheit innerhalb seiner Stadtmauern erhielt. Die Intendanturhäuser wurden in den folgenden Jahren bis auf einige Ausnahmen, darunter der Eschenhof (vgl. Nr. 60), verkauft. Die Strukturgebäude verblieben teils der Kirche, teils fielen sie, wie das Palatium, dem Staat zu. Von allen genannten Bauten blieb außer dem Dom nur einer in seiner ursprünglichen Gestalt erhalten. Verhältnismäßig gut ist dagegen noch das alte Straßennetz im heutigen Stadtbild zu erkennen.

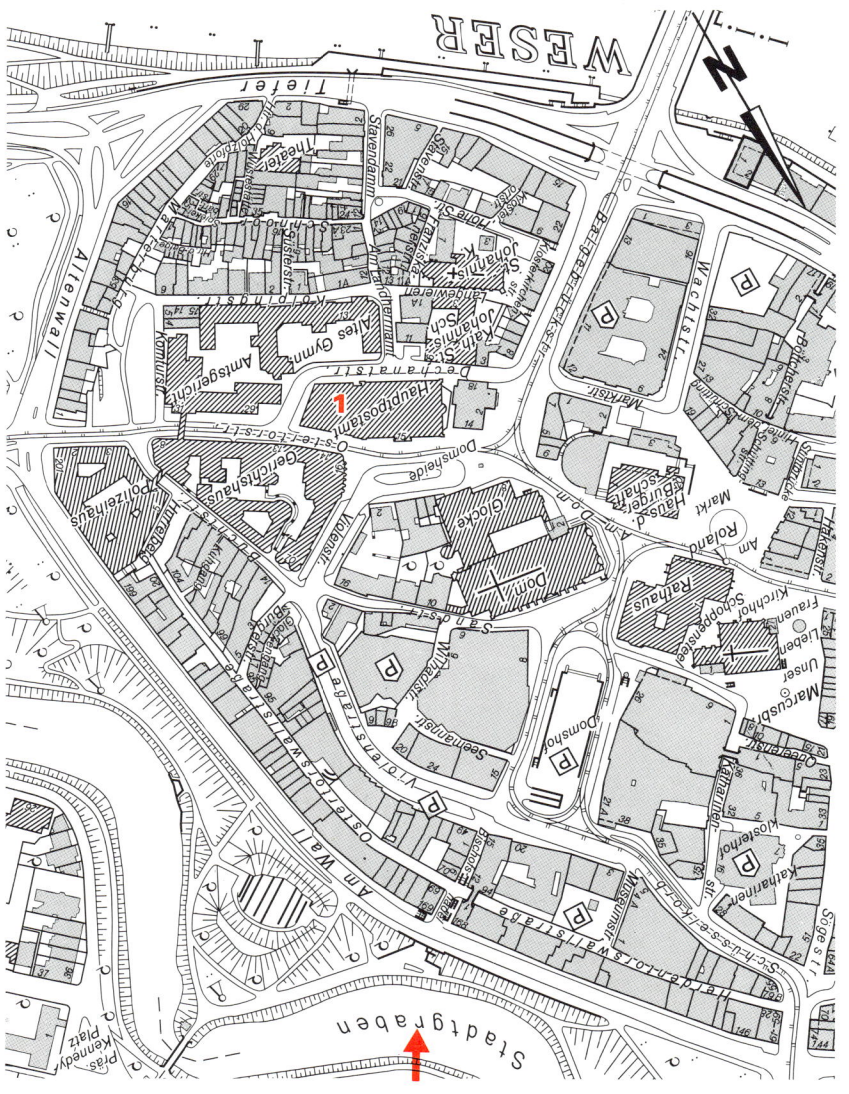

Deutsche Grundkarte 1:5000, zum besseren Vergleich hier „auf den Kopf gestellt"
Pfeil: Blickrichtung des abgebildeten Kartenausschnittes
1 Ort des ehem. Dekanathofs (siehe S. 143)

Nr. 60

Grund- und Aufriß vom Dekanathof, genannt „Eschenhof" in Bremen
Aus dem Kartenwerk „Ichnographia von der Reichsstadt Bremen". Von Johann Christian Danckwerth. 1750

Der Intendant Danckwerth hat für die Kammer in Hannover nicht nur den Grundriß der Altstadt angefertigt (s. Nr. 59), sondern hat auf 22 Tafeln auch jedes der Intendanturhäuser mit Nebengebäuden, Hofplätzen und Gärten in genauen Grund,- Auf- und Fassadenrissen dargestellt.

Darunter befindet sich der „Dekanathof" als die bedeutendste der bremischen Kurien, in der Nähe des St.-Petri-Doms zwischen Domsheide und Dechanatstraße gelegen. Der vierflügelige Hauptbau, mehrere Nebengebäude und ein großer Garten bedeckten ein ovales Areal von über 100 m Länge und fast 45 m Breite. Der Dekan Dr. Joachim Hincke, ein namhafter Jurist und Diplomat, ließ die schloßartige Anlage 1565/68 errichten, um sie sodann dem Domkapitel zu schenken, das seitdem über die Alte Dekanei am Domshof und diesen „Dekanathof" verfügte.

Der Hof gehörte zu den sog. Donationen, mit denen Königin Christine von Schweden zahlreiche Gefolgsleute für ihre Dienste abfand. Sie verlieh das Anwesen 1647 dem Staatssekretär Anders Gyldenklou, der es alsbald dem Präsidenten der schwedischen Regierung in Stade und Erbkämmerer des Herzogtums Bremen, Alexander von Erskein, für 4000 Rtl. verkaufte. Mit einer ähnlich hohen Summe ließ dieser die Gebäude instand setzen und neue Wohnhäuser errichten. Dennoch behandelte der Stockholmer Hof die Kurie bei der Wiedereinziehung der verschenkten Staatsgüter 1680 wie andere Donationen: Er enteignete Erskeins Sohn und kündigte dem Mieter, dem kaiserlichen Residenten Theobald Edler von Kurzrock. Der Name Erskeins – er entstammte einem auf Schloß Erskine ansässigen schottischen Baronengeschlecht – lebt in der aus Erskeinhoff abgeschliffenen Bezeichnung Eschenhof fort, unter der der alte Dekanathof, an den die heutige Dechanatstraße erinnert, in die bremische Baugeschichte eingegangen ist.

Nach 1680 war die Kurie, die als königliche Domäne zu den Intendanturgütern zählte, mehrfach langfristig – für 110 bis 140 Rtl. im Jahre – vermietet, so 1692 an die Witwe des Grafen Anton Günther von Oldenburg, Sophie Katharine, und ihren Hofstaat, an den bremischen Advokaten Dr. Daniel von Büren und sodann 1710 auf 30 Jahre an den hannoverschen Oberkämmerer Johann Erich Schilden, der das Gebäude erweiterte, indem er den Südflügel an der Dechanatstraße in westlicher Richtung verlängern ließ.

Als die Erben Schildens den Hof 1740 wieder abgetreten hatten, entschloß sich die Kammer in Hannover zu einer „Hauptreparation", für die sie 3077 Rtl. veranschlagte. Bei den Bauarbeiten, die 1742 beendet waren, berücksichtigte man die Wünsche des neuen Mieters, Conrad Alexander Freiherr von Vrintz zu Treuenfeld. Da es vom 17. bis zum 19. Jahrhundert üblich war, daß das jedesmalige Haupt der Familie Vrintz das Amt des kaiserlichen Residenten und Postdirektors in Bremen versah, wurden sowohl Räume für repräsentative Zwecke als auch Unterkünfte für das Taxissche Postamt benötigt 1747 ließ Vrintz außerdem noch eine Remise zur Hauskapelle umbauen, die bald zum Sammelpunkt der Katholiken in der Hansestadt wurde.

Der um diese Zeit entstandene Plan Danckwerths zeigt im Grundriß den Hauptbau (A) und die drei Flügel (C-K-D-E) des alten Dekanathofs mit Innenhof (a) und Garten (o), die Kapelle (M) sowie zwei Nebenhäuser an der Ostertorstraße (F, H) und vier – vermutlich von Erskein errichtete – Wohnhäuser an der Domsheide (N-Q), ferner in der Ansicht den Nordflügel des Dekanathofs (B, L) mit dem Portal und der Gartenmauer sowie links und rechts die Häuser an der Ostertorstraße (G, J) und an der Domsheide (S).

Fast 70 Jahre war der Eschenhof Residenz der Familie Vrintz, die dafür anfangs 447 Rtl., zuletzt aber, infolge der Mietsteigerungen seit 1795, 600 Rtl. im Jahr zahlen mußte. 1811, nach der Annexion Bremens durch Frankreich, wurde er auf Kosten der Stadt zum Dienst- und Wohnsitz des Präfekten des Departements der Wesermündungen hergerichtet. Dabei beseitigte man den Ostflügel und die vier Wohnhäuser an der Domsheide. Nach erneutem Umbau diente der Eschenhof seit 1819 als Gebäude der Hauptschule, seit 1822 auch der Navigationsschule.

Die Geschichte des Eschenhofs endete 300 Jahre nach seiner Errichtung. Aufgrund eines Vertrags von 1869 trat Bremen das Areal Anfang 1875 an die Reichspostverwaltung ab. Für 19 500 M auf Abbruch verkauft, fiel er als eines der ältesten bremischen Baudenkmäler im Frühling dieses Jahres der Spitzhacke zum Opfer. An seiner Stelle entstand 1875/78 ein monumentales Postgebäude im Renaissancestil (heute Postamt 1) Das Eschenhofportal, das man als einziges Architekturfragment geborgen hatte, fand an einem Nebeneingang einen neuen Standort. Bei einem Umbau des Hauses 1973/77 wurde es an die Dechanatstraße versetzt.

Nr. 61

Wiederaufbauplan des Rundlingsdorfes Hoitlingen
(Nördlich von Wolfsburg). Von Friedrich H. A. Penther, revidiert von J. F. Fricke. 1767

Als in der Nacht vom 16. zum 17. September 1766 das Dorf Hoitlingen in seinem nordwestlichen Teil abgebrannt war, überließ der Landesherr, Herzog Karl I. von Braunschweig, die Planung des Wiederaufbaus nicht dem zuständigen Oberamtmann in Vorsfelde, sondern beauftragte den „Lehrer der Meßkunst" am Collegium Carolinum, Friedrich H. A. Penther, damit, einen Wiederaufbauplan zu entwerfen. Dieser Plan, gleichsam am grünen Tisch unter der Verwendung einer Karte der Generallandesvermessung (s. unten Nr. 69) entstanden, sah tiefgreifende Änderungen der Dorfanlage vor: Die abgebrannten Hofstätten (Nr. 1–5, 16 und 17) hatten im Halbkreis um das sackartige Ende der zur Feldflur hinausführenden Dorfstraße gelegen. Dieser „Sack" sollte nun beseitigt und eine gerade, breite Straße (d) hindurchgelegt werden, an der die neu zu erbauenden Häuser (c) in gleichem Abstand voneinander zu errichten waren. Der Herzog hielt lange an dem Plan fest, weil er „auf gute Ordnung und im Grunde zugleich auf das Beste der Unterthanen" abziele.

Die betroffenen Einwohner von Hoitlingen wie auch der Oberamtmann von Vorsfelde wehrten sich jedoch dagegen. Die neue Straße schaffe keine „bequemere Communication mit anderen Wegen", sondern führe nur zu einem Felde, die Loje genannt, das schon bisher leicht zu erreichen war – es würde nur Wiesenland unnütz geopfert. Vor allem wollte man die bisherige Dorfform erhalten. Der Dorfschulze – dieses Amt war erblich – müsse am Oberende des „Sacks" wohnen, um von dort aus die Übersicht über das Dorf zu behalten. Vor seinem Hause befinde sich der Versammlungsplatz der Gemeinde. Außerdem hätten die Vorfahren diese Siedlungsweise „aus der Ursache vielleicht mit erwählet, damit sie für feindliche Streiffereyen und Überfälle mehr gesichert seyn mögten", da das Dorf rundum dicht von „Hecken, Knicken oder Verhacken" umgeben wäre. Auch praktische Gründe sprächen gegen den Plan, u. a. müßte nach Penthers Vorstellung ein Teil der neuen Häuser über den bisherigen Mistkuhlen (im Plan grün koloriert) errichtet werden. Die Regierung kam den Einwohnern schließlich entgegen: Es müsse zwar der Raum für die geplante Straße frei bleiben, diejenigen Häuser aber, die der Streckenführung nicht im Wege stünden, dürften an der alten Stelle wieder aufgebaut werden. Danach ist, wie der Ausschnitt aus der Deutschen Grundkarte zeigt, im wesentlichen auch verfahren worden, so daß die Grundform des Rundlings im Westteil des schon 1767 stark nach Osten erweiterten Dorfes noch erkennbar ist.

Die Siedlungsform des Rundlings ist in Niedersachsen nicht nur im Hannoverschen Wendland, sondern auch südlich davon im Osten der Lüneburger Heide bis in den Kreis Helmstedt hinein anzutreffen. Die eigenartige Erscheinungsform – keilförmige Hofgrundstücke in runder oder hufeisenförmiger Anlage um einen platzartigen Innenraum mit nur einem Zugang – und die slawische Herkunft vieler Bewohner, die noch heute an den Orts-, Flur- und Personennamen ablesbar ist, beschäftigt seit langem die Forschung. Manches spricht dafür, daß die Rundlinge in der Zeit der Ostkolonisation im 12. Jahrhundert angelegt sind und daß – möglicherweise zwangsweise – Wenden in diesen Dörfern angesiedelt wurden.

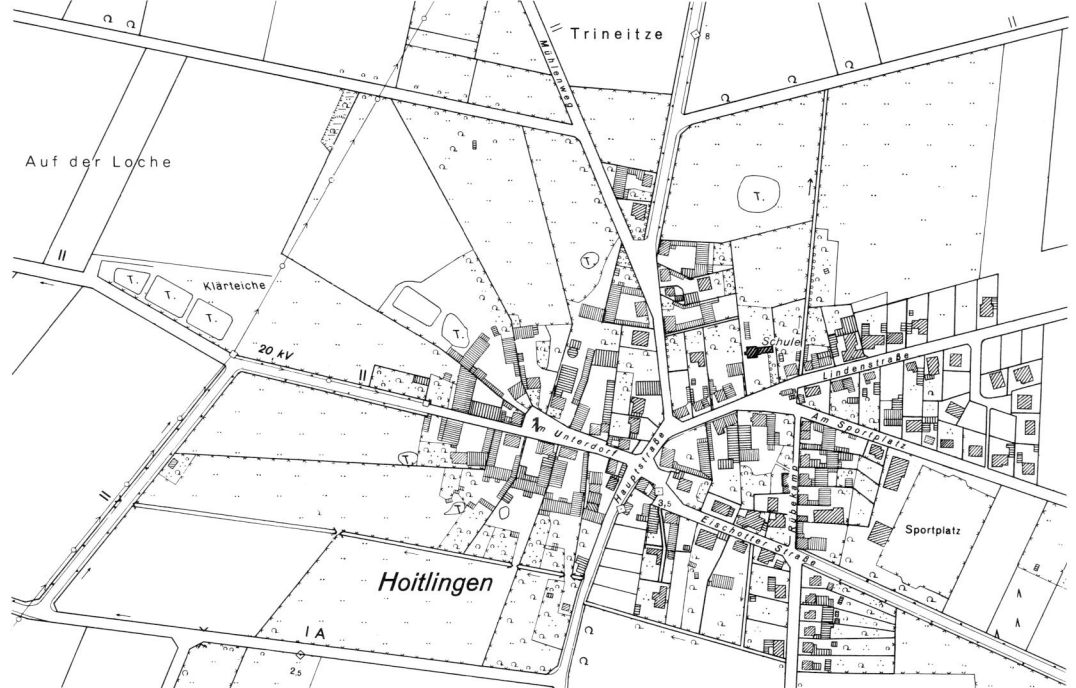

Deutsche Grundkarte 1:5000, verkleinert auf ca. 1:7000
1 „Sack" des Rundlingsdorfes Hoitlingen

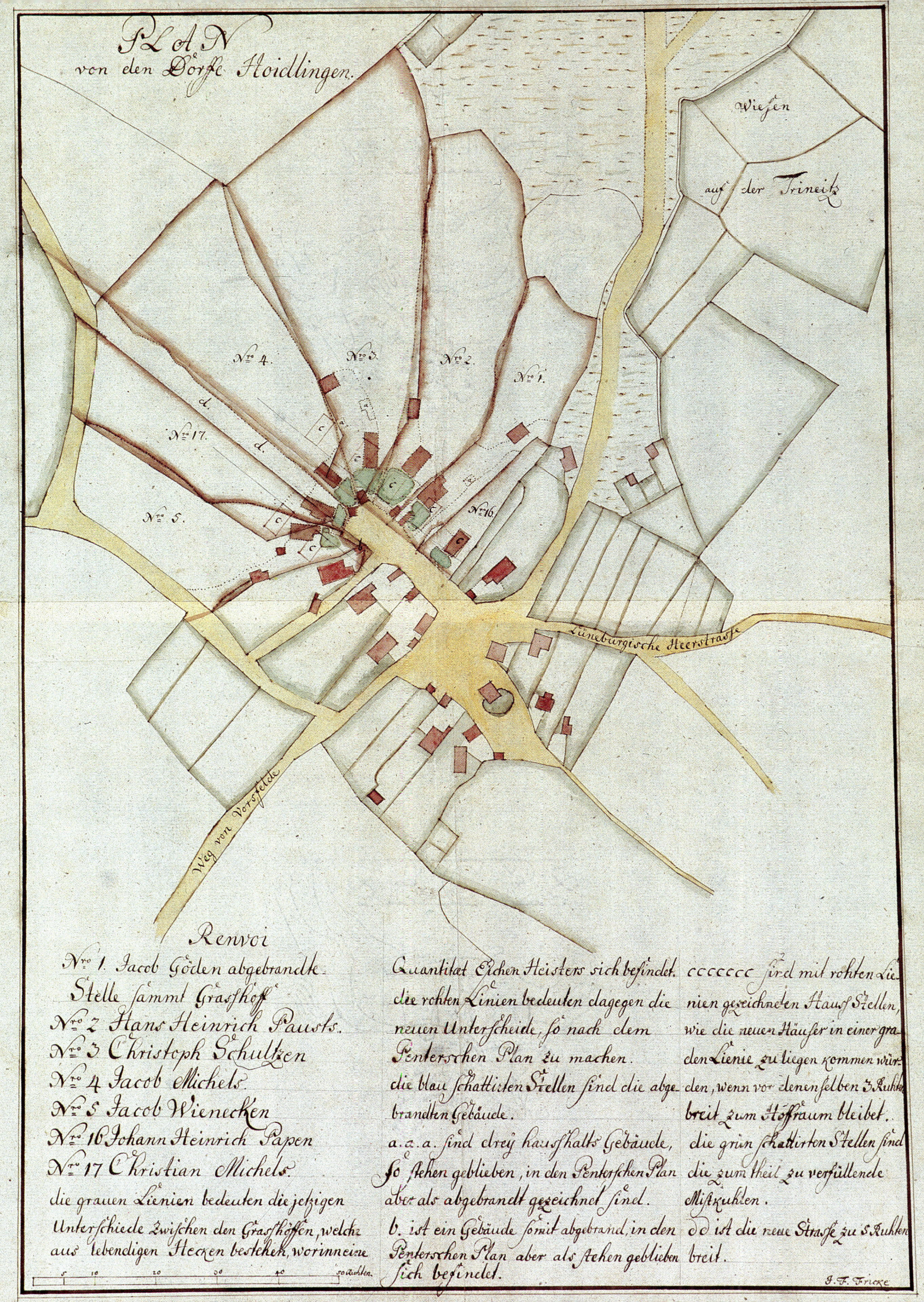

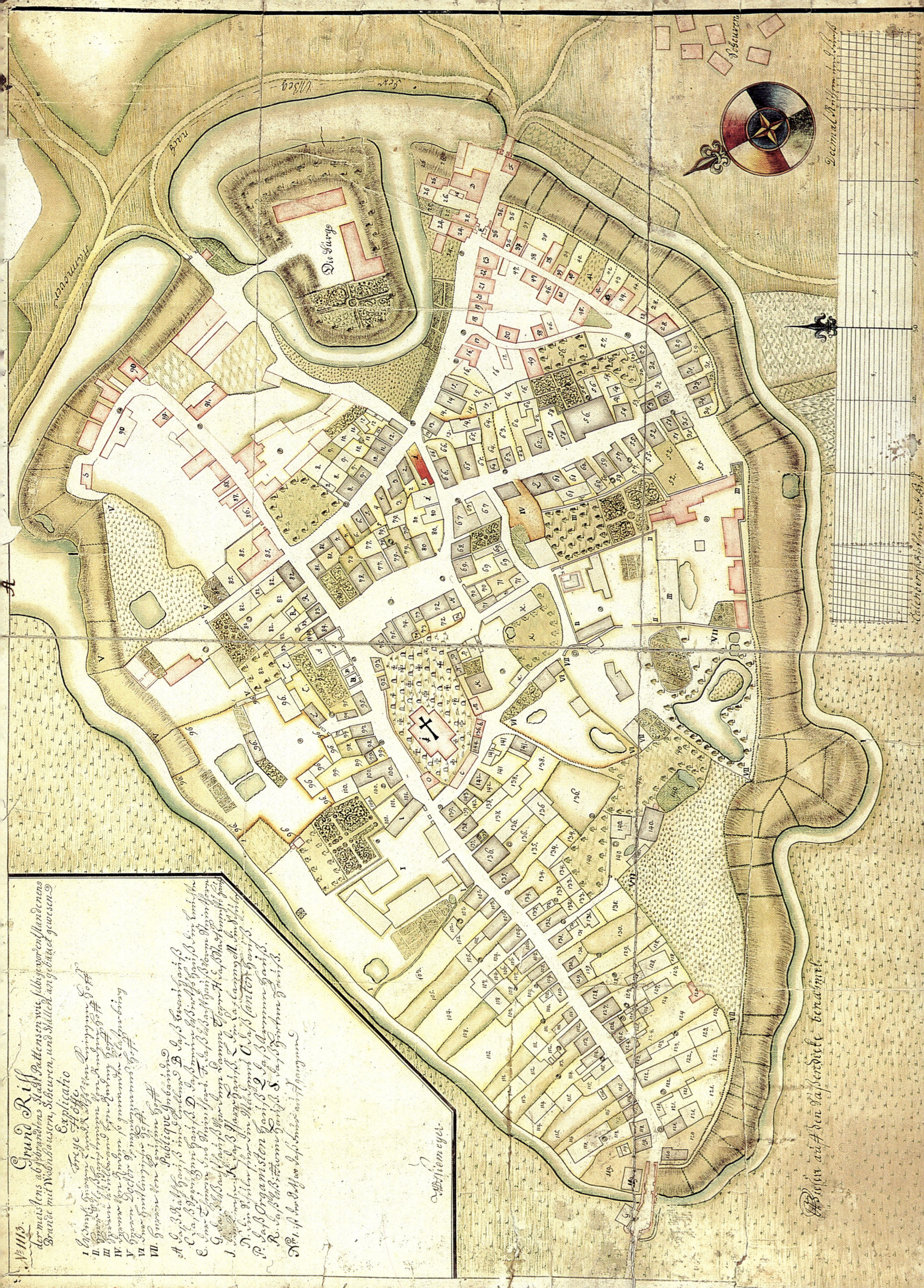

Nr. 62

Grundriß der vom Brand zerstörten Stadt Pattensen
Von H. D. Niemeyer. 1733

Am 2. September 1733 vormittags entstand im Hause des Schmieds Amelung in Pattensen ein Brand, der sich rasch ausbreitete und in wenigen Stunden fast die ganze Stadt in Asche legte. Insgesamt brannten 271 Gebäude – einschließlich der Scheunen und Ställe – ab, nur 52 blieben stehen. Zwölf Menschen kamen in den Flammen ums Leben.

Derartig verheerende Stadtbrände sind auch für zahlreiche andere Städte bezeugt, nicht wenige wurden sogar zu wiederholten Malen davon betroffen. Der Grund lag nicht nur in den mangelhaften Löschanstalten, sondern auch in der Bauweise: auf engem Raum vorherrschend aus Fachwerk erbaut, boten die Städte dem Feuer reiche Nahrung.

Der „Grundriß" veranschaulicht das Ausmaß des Brandes: Alle grau kolorierten Hausstätten sind abgebrannt, die rot getönten Gebäude stehengeblieben. Das Haus des Schmieds Amelung (Nr. 1), von wo aus das Feuer seinen Ausgang nahm, ist durch gelb-rote Farbe hervorgehoben. Unter den verschont gebliebenen Gebäuden befinden sich die Burg, die Kirche, die beiden Stadttore – das Dammtor im Westen (G) und das Steintor im Osten (E, F) – sowie einzelne der „Freien Höfe" mit ihren auffällig weiträumigen, unregelmäßigen Hofflächen. Die „Freien Höfe", zumeist Adelssitze, gehen zurück auf die mittelalterlichen Burgmannshöfe.

Kaum waren nach der Brandkatastrophe die unmittelbare Not gelindert und die 700 obdachlos gewordenen Einwohner größtenteils in den Nachbardörfern untergebracht, als auf Weisung der Geheimen Räte in Hannover eine Kommission aus Beamten der Ämter Koldingen, Calenberg und Blumenau den Wiederaufbau zu planen begann.

Ein Techniker, der Kondukteur H. D. Niemeyer aus Hameln, hatte zunächst den Grundriß der abgebrannten Stadt aufzunehmen und dann entsprechend den Vorstellungen der Geheimen Räte und der Kommission einen Entwurf für den Wiederaufbau vorzulegen. Von diesem Wiederaufbauplan ist hier in Umzeichnung der westliche Teil mit der Dammstraße wieder-

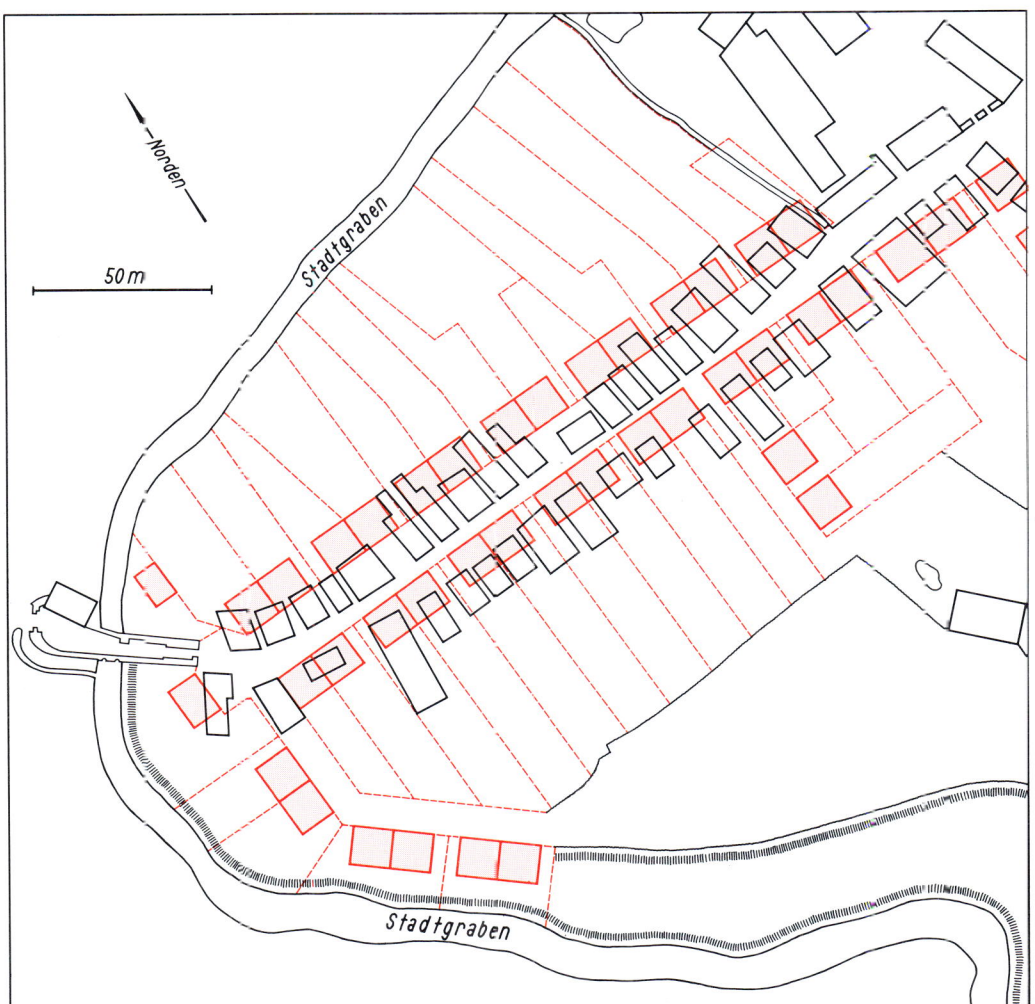

Plan zum Wiederaufbau der Stadt Pattensen von 1733. Vereinfachte Umzeichnung vom Westteil der Stadt mit der Dammstraße
Schwarz: Situation nach dem Brand
Rot: neue Wohngebäude entlang der Dammstraße und neue Grundstücksgrenzen

gegeben. An ihm lassen sich die Grundsätze ablesen, nach denen entsprechend obrigkeitlicher Weisung beim Wiederaufbau zu verfahren war: Zur Minderung der Feuergefahr waren die Straßen zu verbreitern und die Häuser weiter auseinanderzurücken. Gemäß dem rationalen Zeitgeschmack galt es, die etwas gewundenen Straßenzüge zu begradigen und überhaupt der Gesamtlage eine größere Regelmäßigkeit zu geben. Obwohl diese Grundsätze nur eine Modifizierung des vorgefundenen Grundrisses der Stadt beabsichtigten, lief ihre Verwirklichung doch auf eine weitgehende Neuverteilung des Grundbesitzes hinaus: Hatten etwa auf der Nordseite der Dammstraße bis zum Kniggenhof (I) vor dem Brand 17 Hausstätten Platz, so sieht der Plan von Niemeyer dort nur noch 13 Hausstellen vor. Den Besitzern der ausfallenden Stellen sollten auf dem Wall beim Dammtor sowie vor dem Steintor neue Plätze angewiesen werden.

Nicht weniger einschneidend war für die Ackerbürgerstadt Pattensen die Vorschrift, statt der bisherigen Giebelhäuser Traufenhäuser zu bauen, die als Doppelhaus besser mit einer zwischengezogenen steinernen Brandmauer gesichert werden konnten. Zwar wurde kein Einheitshaus vorgeschrieben, aber die Zahl der Haustypen war begrenzt; nur in der Größe, nicht in der Art der Ausführung unterschieden sich die Bürgerhäuser voneinander. Noch heute bieten die einfachen Fachwerkhäuser in der Dammstraße, trotz mancher Fassadenumgestaltung, ein einheitliches Bild. Die Häuser längs der Straße waren als reine Wohngebäude zu errichten; Stallungen und Vorratsgebäude mußten mindestens 40 Fuß davon entfernt sein, Scheunen sollten möglichst außerhalb der Stadt in Scheunenvierteln errichtet werden; es mußten sich eben „viele mit ihrer großen Unbequemlichkeit zu des gemeinen Besten richten".

Da die Geheimen Räte den Wiederaufbau mit Steuerbefreiung und Geldzuschüssen förderten, zögernden Grundstücksbesitzern außerdem der Verlust ihres Eigentums drohte, vollzog sich der Wiederaufbau bemerkenswert rasch: 1746 waren nur elf Stellen noch nicht wieder bebaut.

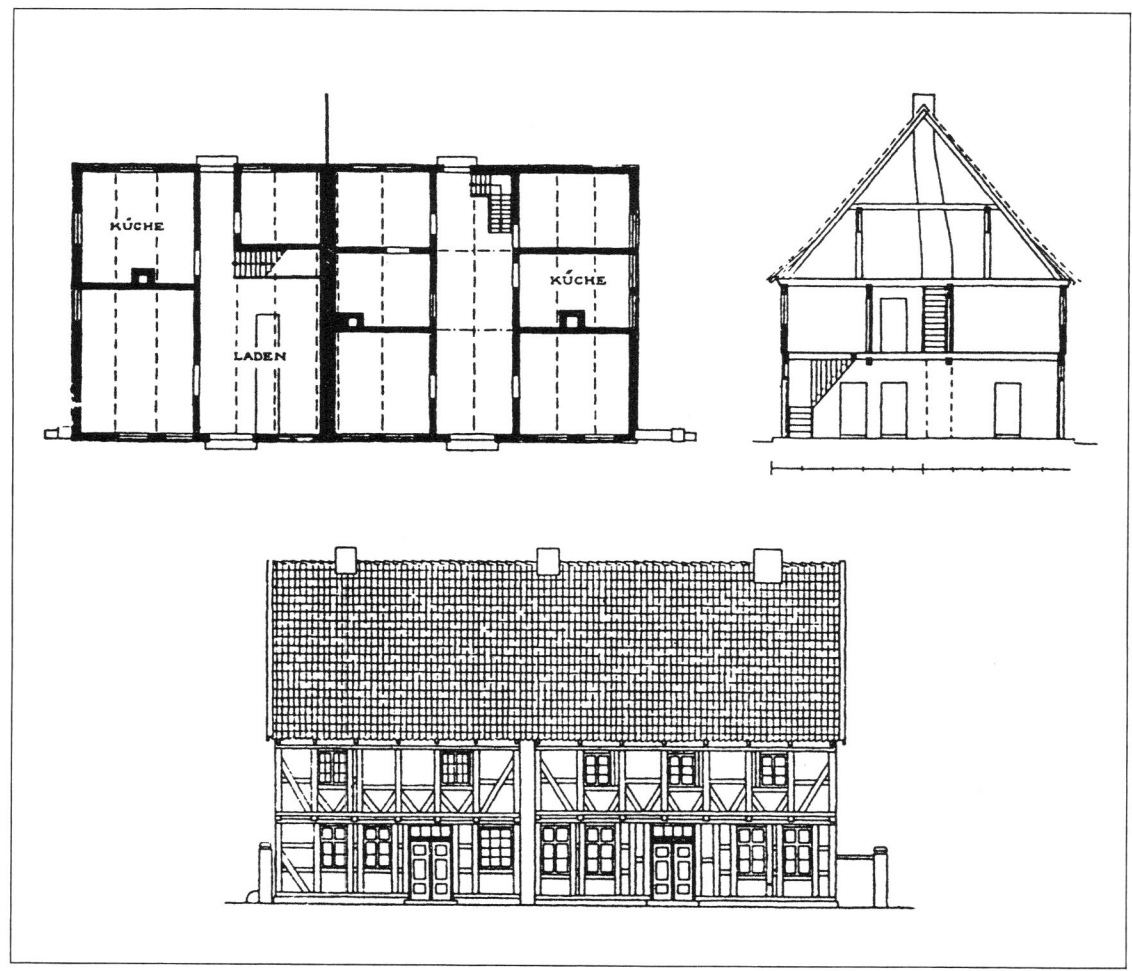

Zwei nach dem Brand von 1733 errichtete Bürgerhäuser an der Dammstraße

Flurkarten und Landesvermessungen

Seit dem 17. Jahrhundert werden Flurkarten mit ihrer grundrißartigen Darstellung von Ackerland, Wiesen und sonstigen landwirtschaftlich genutzten Flächen zu einem wichtigen, vielseitig genutzten Mittel vornehmlich der landesherrlichen Verwaltungen. Ob es um eine Bestandsaufnahme des landesherrlichen Besitzes, um eine Inventarisierung der Domänen und Vorwerke, die Verpachtung von Grundstücken, die Fixierung des Grundbesitzes zur Rechtssicherung, die Ermittlung grundherrlicher Abgaben oder überhaupt die katastermäßige Erfassung steuerpflichtiger Ländereien ging, stets bot sich die Anfertigung von Flurkarten an. Mit ihrer Hilfe ließen sich einerseits die schriftlichen Eintragungen in den Erbregistern, Amtsbeschreibungen, Kontributionsverzeichnissen usw. nachprüfen, und andererseits ließ sich später die Lage der einzelnen Flurstücke in der Feldmark jederzeit wieder nachweisen. Angesichts der zunehmenden Intensität und Rationalität der landesherrlichen Verwaltung genügte es bald nicht mehr, fallweise für einen konkreten Zweck einzelne Karten anfertigen zu lassen. Vielmehr erschien es zweckmäßig, sich durch eine systematische Vermessung und Kartierung des ganzen Landes ein für die verschiedensten Zwecke verwendbares, umfassendes Kartenwerk zu schaffen. Im niedersächsischen Raum sind mehrere derartige Landesvermessungen bis zum Ende des 18. Jahrhunderts durchgeführt worden: in der Grafschaft Schaumburg-Lippe ab 1743 (Nr. 68), im Herzogtum Braunschweig ab 1746 (Nr. 69), im Kurfürstentum Hannover ab 1764 (Nr. 71), in der Grafschaft Oldenburg ab 1781 (Nr. 72) und im Fürstbistum Osnabrück ab 1784 (Nr. 70).

Diese unabhängig voneinander entstandenen Kartenwerke weisen gewiß manche Unterschiede auf. Während z. B. den meisten ein großer Maßstab (1:4000 o. ä.) zugrunde liegt, der eine genaue Wiedergabe der einzelnen Grundstücksparzellen erlaubt (etwa vergleichbar der heutigen Grundkarte), sind die Karten der kurhannoverschen Landesaufnahme und der oldenburgischen Vogteien in einem kleineren Maßstab (1:21 333 bzw. 1:20 000) gehalten, der ungefähr dem der heutigen Meßtischblätter entspricht. Auch mochte im Einzelfall ein bestimmter Zweck im Vordergrund stehen – die kurhannoversche Landesaufnahme sollte die Grundlage für eine Militärkarte bilden, die Osnabrücker Vermessung sollte die Voraussetzung für ein berichtigtes Grundsteuerkataster schaffen. Gemeinsam aber ist den Landesvermessungen, daß sich die Auftraggeber einen vielfältigen Nutzen von ihnen versprachen: für die gerechtere Steuerverteilung, die Fixierung der Besitzverhältnisse und Grenzen, die Einleitung von Gemeinheitsteilungen und Zusammenlegungen, die Urbarmachung von Moor und Heide, für Wasser- und Straßenbauten und anderes mehr. Nicht nur fiskalische und rechtliche Gründe sprachen also für die umfassende Landesvermessung, sondern die Absicht, die Landeskultur zu fördern und die wirtschaftliche Lage der Untertanen und des Landes überhaupt zu verbessern. Selbst die kurhannoversche Landesaufnahme mit ihrer ursprünglich militärischen Zweckbestimmung ist für zivile Verwaltungs- und Planungsaufgaben genutzt worden.

Eine weitere Gemeinsamkeit besteht darin, daß – mit einer Ausnahme – von den Karten der Landesvermessung durch Verkleinerung weitere Karten in verschiedenen Maßstäben abgeleitet wurden. Auf diese Weise gewann man Übersichtskarten des ganzen Territoriums. Alle diese Kartenwerke sind in nur wenigen, wohlbehüteten Exemplaren als Handzeichnungen angefertigt worden.

Die Kartenwerke der genannten Landesvermessungen finden heutzutage aus zweifachem Grunde wieder große Beachtung: Zum einen überliefern sie uns den Zustand der Kulturlandschaft in der 2. Hälfte des 18. Jahrhunderts, also noch vor den einschneidenden Veränderungen im 19. und 20. Jahrhundert, die sich mit Begriffen wie Gemeinheitsteilung, Verkoppelung, Aufforstung, Melioration, Verkehrserschließung, Industrialisierung und Verstädterung verbinden. Zum anderen hat das dargestellte Flur- und Siedlungsbild zum Teil ältere Zustände bewahrt, die mitunter Rückblicke bis ins Mittelalter erlauben. So werden die Karten in doppelter Weise zu einer historischen Quelle. Wegen ihres hohen Wertes für die siedlungsgeschichtliche Betrachtungsweise hat man die Kartenwerke in der letzten Jahrzehnten entweder ganz oder zum großen Teil in photographischen Reproduktionen oder Umzeichnungen vervielfältigt.

Nr. 63

Neues Vorwerk Jade mit den Ländereien auf dem Wurp
Von W. Röpken und J. C. Musculus. Vor 1644

In der ersten Hälfte des 17. Jhs. wurden im Rahmen einer Art Bestandsaufnahme alle Vorwerke der Grafschaft Oldenburg vermessen und kartiert. An der Ausführung hat neben dem „geschworenen Geometer" Wierich Röpken auch Johann Conrad Musculus mitgewirkt, dessen Neuenbürger Grodenatlas schon oben (Nr. 32) vorgestellt wurde.

Ausgewählt wurde das Blatt mit den „Wurp" genannten Ländereien, die zu dem Neuen Vorwerk Jade gehören. Diese bilden einen geschlossenen, über 100 Hektar großen Komplex, der durch Gräben in dreizehn Hamme aufgeteilt ist. Unter einem Hamm, hier „Hamb" geschrieben, versteht man im Friesischen ein durch Gräben eingefriedetes Stück Land. Der Gesamtkomplex und auch die einzelnen Hamme lassen sich leicht im heutigen Kartenbild wiedererkennen – das System der Gräben bewahrte ihre Form. Die Großbuchstaben verweisen auf das der Karte beigefügte Vermessungsregister, in dem die Größe der Hamme bis hinunter zum (Quadrat-)Zoll genau angegeben ist. Gemessen wurde wohl schon in dem neuen oldenburgischen Rutenmaß (1 Rute = 5,33 m; 1 Jück = 160 Quadratmeter). Die gewünschte Umrechnung auf das offensichtlich noch vertrautere alte Rutenmaß (1 Rute = 5,92 m) hat den Vermessern, den zahlreichen Korrekturen nach zu urteilen, einige Schwierigkeiten gemacht.

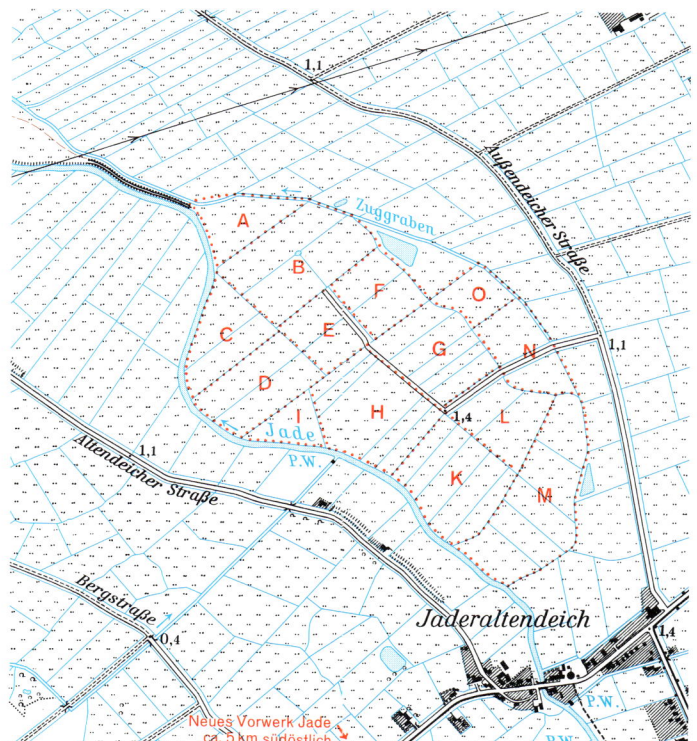

Vermessungsregister zu der Flurkarte

In lebhaftem Kontrast zu der nüchternen Flurkarte steht die mit Fruchtgirlanden geschmückte, farbkräftige Kartusche, die eine Ansicht des Vorwerks umschließt. Im Kartengrundriß erscheinen diese Gebäude nicht, denn sie liegen jadeaufwärts, von den „Wurp"-Ländereien etwa 5 Kilometer in südlicher Richtung entfernt. Die Ansicht kann eine kleine Vorstellung von den Wohn- und Wirtschaftsgebäuden herrschaftlicher Vorwerke im 17. Jh. vermitteln. Neben der Bockwindmühle rechts im Vordergrund und dem etwas abgesetzt erbauten zweigeschossigen Wohnhaus sind die vier langgestreckten, nebeneinander liegenden Wirtschaftsgebäude bemerkenswert. Die ersten drei reetgedeckten Fachwerkbauten mit Rauchluke im Giebel und großer mittlerer Toreinfahrt entsprechen dem niedersächsischen Hallenhaus; das vierte, offensichtlich aus Ziegelsteinen errichtete, ganz mit Dachziegeln gedeckte Gebäude, versehen mit zwei Schornsteinen und seitlich versetztem Haupttor, ähnelt dem ostfriesischen Haustyp, dem sogen. Gulfhaus. Dieses offensichtlich besonders stattliche Vorwerk bewirtschaftete seinerzeit Ländereien – einschließlich des „Wurps" – im Umfang von rund 465 Hektar und trug wesentlich zur Versorgung des Oldenburger Hofes bei.

Topographische Karte 1:25 000

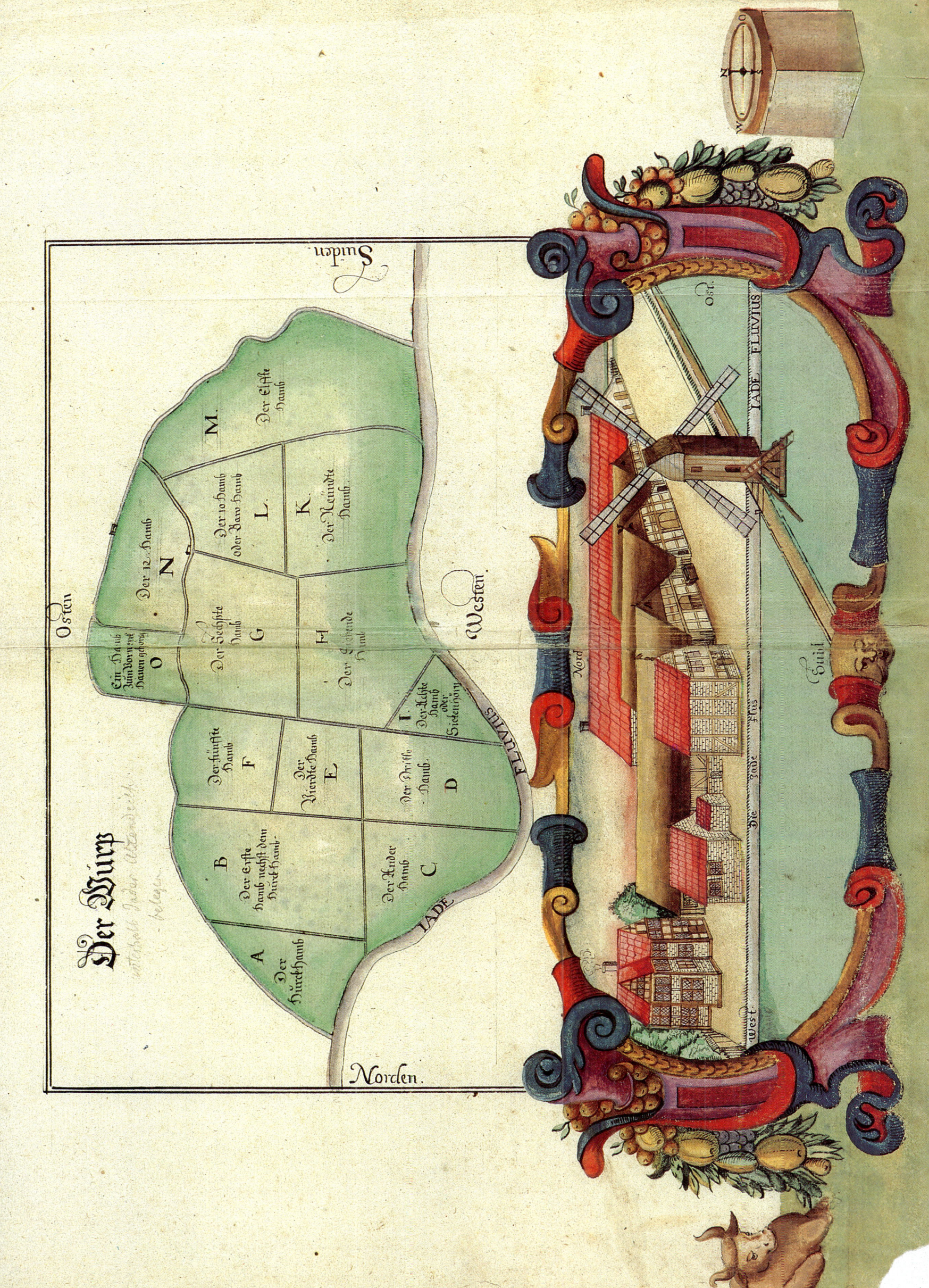

Die Gemarkung von Uphusen bei Emden
Eine Spezialkarte aus dem Generalregister der Oberemsischen Deichacht. Von Johann von Honart 1669–1673

In den Küstengebieten ruhte die Pflicht zum Unterhalt der Deiche in der Regel auf den Grundstücken, die unmittelbar durch den Deich geschützt wurden. Die erheblichen Aufwendungen, die für die regelmäßigen Instandsetzungsarbeiten erforderlich waren, führten früh zu einer genauen Verteilung der Lasten. In Deichregistern, auch Deichkataster oder -rollen genannt, wurde sorgfältig über Besitz und Flächengröße der deichpflichtigen Grundstücke Buch geführt. Danach wurden die Deichbauarbeiten oder Geldabgaben – der Deichschoß – bemessen.

Im Bereich der Oberemsischen Deichacht, eines mehrere Kirchspiele umfassenden Unterhaltsverbandes an der Ems östlich von Emden, waren im Laufe des 17. Jhs. so große Unklarheiten über das deichpflichtige Land entstanden, daß ein neues Register angefertigt werden mußte. Fünf Jahre lang war der Ingenieur und Landmesser Johann von Honart damit beschäftigt, sämtliches zur Oberemsischen Deichacht gehörige Land zu vermessen und die Ergebnisse in ein Generalregister einzutragen.

Der besondere Wert des Generalregisters liegt darin, daß es sich nicht, wie sonst bis weit ins 18. Jh. hinein üblich, mit der buchmäßigen Erfassung des Grundbesitzes begnügt, sondern die genaue Lage und Größe der Grundstücke auch kartenmäßig darstellt. Die 20 in das Register eingebundenen Spezialkarten ergeben – zusammen mit einer Übersichtskarte – ein in sich geschlossenes Flurkartenwerk für einen größeren Landesteil Ostfrieslands.

Auf der ausgewählten Spezialkarte von der „Uphuser Mark" ist das Dorf Uphusen nicht im Grundriß, sondern nur in schematisierender Schrägansicht als Kirchdorf mit einer Häuptlingsburg dargestellt – die Vermessung der Ortslage lag eben nicht im Interesse der Deichacht, sondern nur die der Ländereien. Uphusen, ein altes, auf einer Wurt errichtetes Marschendorf, liegt im Sietland nordöstlich von Emden. Charakteristisch für dieses Niederungsgebiet sind die zahlreichen Binnenseen, „Meere" genannt. Ein Vergleich der Flureinteilung auf dieser Karte mit heutigen Flurkarten zeigt, daß die Parzellengrenzen über drei Jahrhunderte hin weitgehend konstant geblieben sind, selbst die Feldwege sind in der Zwischenzeit nicht weiter ausgebaut worden (mit Ausnahme des Weges östlich des „Middelmeeres"). Doch auch dieses Flurbild wird bald der Vergangenheit angehören. Das Gebiet rechts des Uphuser Tiefs (heute Ems-Jade-Kanal) gehört zum Meliorationsgebiet Riepe-Emden, das durch Aufspülung von Aushub aus dem Emder Hafen künstlich erhöht und ertragfähiger gemacht wird; verbunden damit ist eine Neuaufteilung und Neuerschließung der landwirtschaftlichen Flächen. Im nordöstlichen Bereich der „Uphuser Mark" ist die Überschlickung schon abgeschlossen – etwa bis zu dem „Maar" zwischen „Middelmeer" und Uphuser Tief. – Die ehemals zahlreichen „Meere" sind heute bis auf zwei verschwunden: das genannte Uphuser Middelmeer und das unter Naturschutz gestellte Bansmeer.

Wie alle übrigen Karten aus dem Deichregister weist auch diese starke Gebrauchs- und Bearbeitungsspuren auf. Das mag einer der Gründe gewesen sein, die Karten um 1777 kopieren zu lassen – mit dem Vermerk: „nach der Original-Charte des Ing. Regemortes". Man wußte also damals nicht mehr, daß Honart der Zeichner der – unsignierten – Karten war, und schrieb sie einem Zeitgenossen zu, dem Ingenieur Johann Baptist Regemort(es), der von 1670 bis 1679 ein ähnliches, ebenfalls höchst beachtliches Kartenwerk von den deichpflichtigen Ländereien im Harlingerland angefertigt hatte – ein folgenreicher Irrtum, denn bis heute werden die viel benutzten Karten Honarts als „Regemortsche Karten" zitiert.

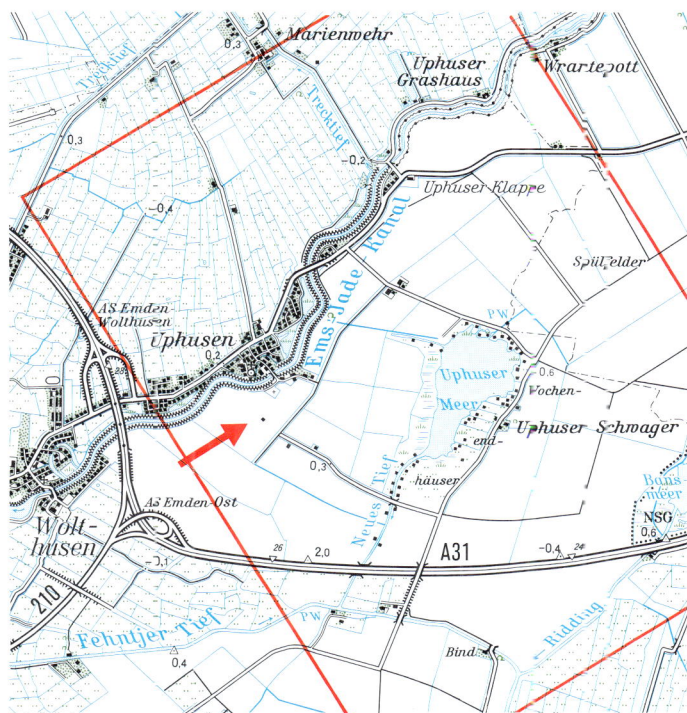

Topographische Karte 1:50 000
Rotes Rechteck: ungefähre Lage des abgebildeten Kartenausschnitts
Pfeil: Blickrichtung

Nr 65

Zehntkarte des Dorfes Wittorf
(Südöstlich von Rotenburg/Wümme). Von E. H. Cumme, geschworener Geometer. 1754

Unter den vielfältigen Steuern, Abgaben und Diensten, die der Bauer in früheren Jahrhunderten zu leisten hatte, darf der Zehnt als die älteste, noch ins frühe Mittelalter zurückreichende Abgabe gelten. Ursprünglich war diese Abgabe des zehnten Teils der landwirtschaftlichen Erträge dem Bischof zur Erfüllung der kirchlichen Aufgaben zu entrichten. Im 17./18. Jh. aber war vielerorts der Landesherr auch Zehntherr, und der Zehnt bildete einen nicht geringen Teil der landesherrlichen Kammereinkünfte, wobei er häufig schon nicht mehr in Naturalien, sondern in Form einer Geldabgabe geleistet wurde. Zur besseren Berechnung dieser Einnahmequelle verlangte die kurhannoversche Kammer um die Mitte des 18. Jhs. von den Ämtern eine genaue Vermessung, Kartierung und Beschreibung der zehntpflichtigen Ländereien; dabei war nach einheitlichen, in einer gedruckten Instruktion vom 16. Oktober 1744 festgelegten Grundsätzen zu verfahren.

Dementsprechend sind auf dem nach Osten ausgerichteten, hier im Ausschnitt gezeigten Plan von Wittorf nur die Ackerfluren aufgrund „specialer Vermessung" wiedergegeben; die Ortslage, die Wege, Holzungen, Moor, Heide und Weide sind lediglich nach ungefährer Schätzung eingetragen worden. Die Zahlen verweisen auf das dazugehörige Zehntregister.

Das Flurbild auf dieser Zehntkarte erscheint charakteristisch für die Geestdörfer im Nordwesten der Lüneburger Heide. Das Kulturland macht nur einen Teil der Dorfgemarkung aus; die parzellierten Ackerflächen (gelb umsäumt) und die Gärten (grün umrandet) liegen wie Inseln in der Allmende, die von den Dorfbewohnern gemeinsam als Viehweide, zur Torf- und Brennholzgewinnung und zum Plaggenhieb zwecks Düngung der Äcker genutzt wurde. Einen geschlossenen Komplex bildet die Kernflur (Altflur) östlich des Dorfes, schlicht „in den Äckern" benannt. Die übrigen Ackerflächen erscheinen merkwürdig zerstreut und unregelmäßig gestaltet. Bei der seit dem 16. Jh. allgemein zu beobachtenden Vergrößerung der Dörfer nahm man in der Allmende zunächst jene Flächen unter den Pflug, wo der bessere Boden zu erwarten war. Als Hinweis darauf diente den Bauern u. a. das Vorkommen anspruchsvollerer Bäume, wie in dieser Gegend etwa der Buche. In den Flurnamen lebt manchmal noch die Erinnerung an gerodete Waldstücke fort; auf unserem Kartenausschnitt finden sich: „Auf dem Raven Horst" und „Auf der Habich Horst". Häufig liegen die Kämpe auf kleinen Erhöhungen, wie ein Vergleich mit der Topographischen Karte zeigt; auch in den Flurnamen „Auf dem Hoh Berge" oder „Der Hohe Camp" kommt dies zum Ausdruck. Nicht Willkürlichkeit, sondern Anpassung an die natürlichen Gegebenheiten innerhalb der Gemarkung spiegelt sich also in der auffälligen Streulage der Kämpe. –

Durch die Agrarreformen des 19. Jhs. – Gemeinheitsteilung und Verkoppelung – wurde dieses Landschaftsbild grundlegend umgestaltet. Auf der Topographischen Karte lassen sich diese Maßnahmen an dem Netz gradliniger Feldwege, die die gesamte Gemarkung erschließen, ablesen. Moor und Heide sind in Wiesen, zum Teil auch in Ackerland umgewandelt worden. – In die Zeit dieser Agrarreformen fällt auch die Aufhebung der Zehntabgaben und anderer grundherrlicher Lasten im Rahmen der hannoverschen Ablösungsgesetze von 1831 und 1833.

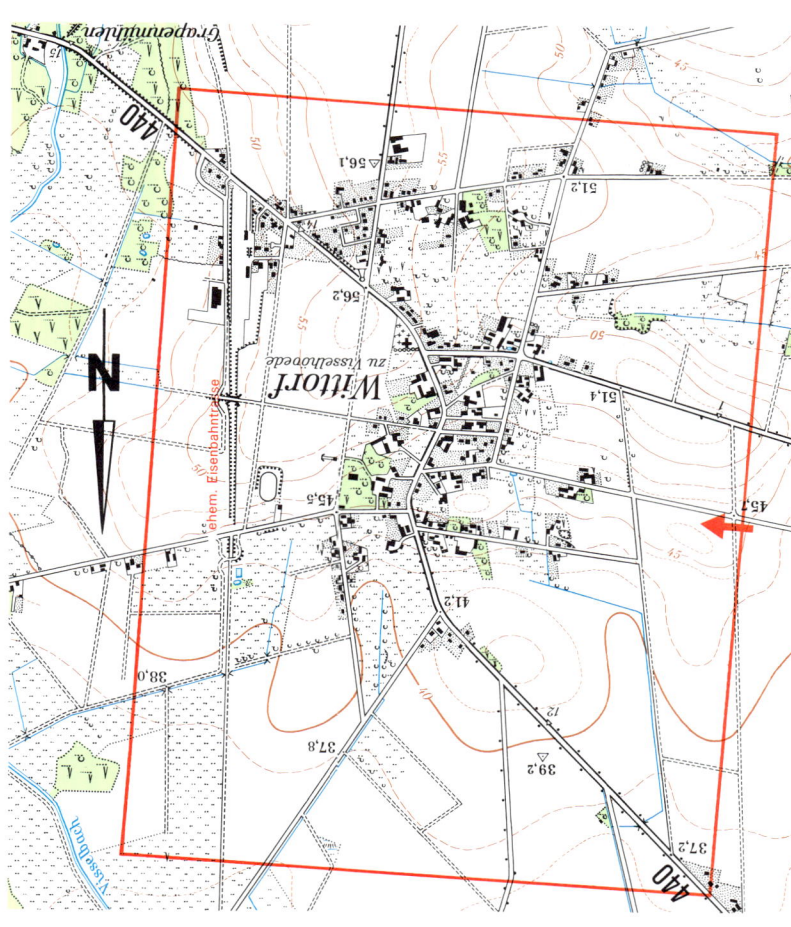

Topographische Karte 1:25 000, zum besseren Vergleich hier „auf den Kopf gestellt"
Pfeil: Blickrichtung des Kartenausschnitts

Zehntkarte der Wüstungsgemarkung Steder im Calenberger Land
Zehntflur des Klosteramts Barsinghausen in der Gemarkung Gehrden, südwestlich von Hannover.
Von Henning Andreas Nicolai, Conducteur. 1764

Der besondere Wert mancher historischer Karten besteht darin, daß mit ihrer Hilfe Einblicke in Vorgänge gewonnen werden können, die bereits lange Zeit vor dem Entstehungsjahr der Karten abliefen. Hierdurch lassen sich Informationen erschließen, die durch schriftliche Quellen kaum oder nur unzureichend belegbar sind. Die Auswertung historischer Karten stellt daher eine wichtige Arbeitsmethode in der genetischen Siedlungsforschung dar. Ein Teilgebiet dieser Forschungsrichtung ist die historisch-geographische Wüstungsforschung, die sich speziell mit der Erforschung von aufgegebenen Ortschaften (Ortswüstungen) und Wirtschaftsflächen (Flurwüstungen) beschäftigt.

Im Verlauf des späten Mittelalters wurden besonders viele Siedlungen und erhebliche Teile des Kulturlandes aufgegeben, so daß von einer speziellen „spätmittelalterlichen Wüstungsperiode" gesprochen werden kann, die sich auch in Niedersachsen stark auswirkte. Um zuverlässige Aussagen über die Siedlungslandschaft des frühen und hohen Mittelalters zu erhalten, ist eine Erfassung der Wüstungen unabdingbar, da nur auf diesem Wege ein vollständiges Bild entsteht. Die Wüstungsforschung verfolgt im einzelnen die Ziele, die untergegangenen Ortschaften genau zu lokalisieren, die ehemaligen Wirtschaftsflächen zu erfassen, den zeitlichen Ablauf des Wüstungsprozesses zu fixieren und die Ursachen dieses überaus einschneidenden Vorganges festzustellen. Für die Lokalisierung der Wüstungen sind historische Karten unverzichtbare Quellen, da die in ihnen enthaltenen Flurnamen und die Flurformen oft wichtige Hinweise geben.

Auf dem Kartenausschnitt fällt sofort der aus einer Zusammenballung blockförmiger Parzellen bestehende Flurkomplex ins Auge, der als „die Steers Cämpe" bezeichnet wird. In der zur Karte gehörigen Zehntbeschreibung heißt es: „In Ansehung derer Steers-Kämpe ... ist noch zu bemerken, daß daselbst in alten Zeiten ein Dorf gelegen, so Steers genannt worden. Wennehero dieses Dorf eingegangen und wüste worden, ist nicht zuverlässig in Erfahrung zu bringen gewesen. Inzwischen ist so viel gewis, daß darin verschiedene Kloster-Amts Barsinghäusische Coloni gewohnet haben, so nachher mit denen übrigen Einwohnern nach Gehrden gezogen sind, und sich daselbst angebauet, die Haus- und Hof- und Garten-Stellen in Kämpe und Wiesen verwandelt haben und solchergestalt jetzt nutzen, wie dann auch diese Kämpe zehntfrey sind. Inzwischen müssen einige ... von ihren Kämpen annoch ... gewisse Hof- oder Zins-Hüner entrichten ..."

Anhand mittelalterlicher Urkunden lassen sich weitergehende Informationen erschließen. Demnach umfaßte der Ort, der eine günstige Siedlungslage in der Lößbörde einnahm, im 14. Jh. drei große und acht kleinere Höfe, und die Flurgröße betrug schon im 13. Jh. 24 Hufen. Der Zehnte war seit dem frühen 13. Jh. im Besitz des Klosters Barsinghausen. Die einzelnen Höfe und das dazugehörige Ackerland befanden sich in der Hand verschiedener Grundherren, die im Verlauf des 14. Jhs. allerdings mehrfach wechselten. In den 60er Jahren des 14. Jhs. wurden letztmalig Einwohner von „Stedere", das ehemals von ca. 80 Personen bewohnt gewesen sein dürfte, erwähnt. Allem Anschein nach ist der Ort bald darauf, ungefähr um 1400, verlassen worden. Die Menschen zogen in den nahen Flecken Gehrden und bewirtschafteten von dort aus ihre alten Felder und Wiesen weiter. Ähnlich vollzog sich auch die Entwicklung zweier anderer Wüstungen bei Gehrden. Ursachen des Wüstungsprozesses dürften bessere wirtschaftliche und rechtliche Gegebenheiten in Gehrden gewesen sein, wahrscheinlich gekoppelt mit einem vorherigen Bevölkerungsrückgang durch Seuchen. Nach Aufgabe des Ortes blieben aufgrund der Bewirtschaftungskontinuität die Flureinteilung und der Grundriß des ehemaligen Dorfes, der dem Typus des Haufendorfes entspricht, im wesentlichen unverändert. Daher vermittelt die Karte einen hervorragenden Einblick in Zustände und Abläufe des Spätmittelalters.

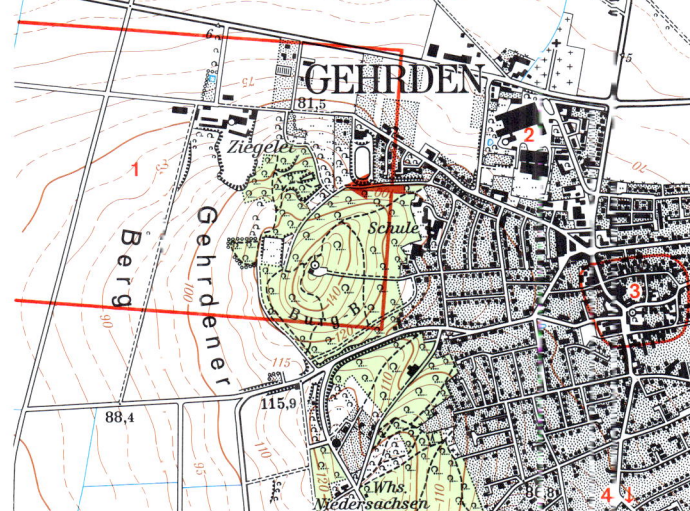

Topographische Karte 1:25 000
Rotes Rechteck ungefähre Lage des abgebildeten Kartenausschnitts
Pfeil: Blickrichtung ; 1 Wüstung Steder, 2 Wüstung Sperse,
3 Flecken Gehrden (um 1400), 4 Wüstung Südersen

Nr. 67

Karte der Feldmark von Marienburg
(Südlich von Hildesheim). Von Johann Arnold Schaken. 1723

Anlaß zur Anfertigung dieser Karte war die Neuverpachtung der zur Marienburg gehörenden Ländereien, des sog. „Amtshaushalts". Der Eigentümer, das Hildesheimer Domkapitel, wünschte als Grundlage für die Neufestsetzung der Pachtsumme zuvor eine Vermessung der Flur und ließ diese durch den Geometer Johann Arnold Schaken, Kanonikus des Stiftes Maria Magdalena im Schüsselkorb in Hildesheim, durchführen.

Zusätzlich zu der Karte fertigte Schaken noch eine – leider nicht erhaltene – Aufstellung über Flächeninhalt und Bonität der einzelnen Flurstücke des Amtshaushaltes an. Auf der Legende (mittlere und rechte Spalte) ist zu erkennen, daß er die Äcker (agri) in drei „Klassen" eingeteilt hatte. Außerdem führt er in der Legende die Wiesen (prata), Weiden (pascuae) und Gärten (horti) gesondert auf. Auf der Karte sind die Flurstücke im Grundriß wiedergegeben; sorgfältig sind Grenzmerkmale, wie Baumreihen, einzelne Bäume, Pfähle, Steine und Kreuze eingezeichnet.

Während die umliegenden Dörfer in stark schematisierter Weise wiedergegeben sind, entspricht die Darstellung der Marienburg eher der Wirklichkeit; noch heute bietet der Kern der Bauten das gleiche Bild. Das „castrum Mariae" hatte Bischof Heinrich III. 1346 als Stützpunkt gegen die unbotmäßige Stadt Hildesheim errichtet. Von dieser mittelalterlichen Wasserburg zeigt

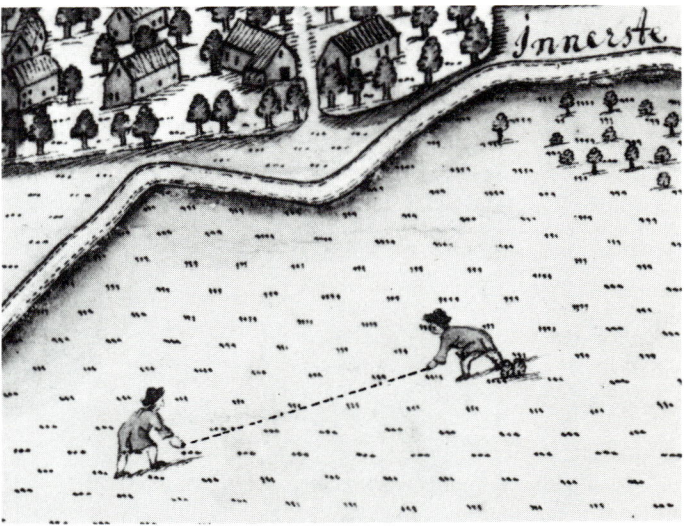

die Schrägansicht nahe dem unteren Kartenrand – in der Verkleinerung freilich nur schwer erkennbar – in der linken Ecke das sogen. „Hohe Haus", ein fünfgeschossiges Gebäude mit einem gotischen Festsaal, und im Hintergrund den quadratischen Bergfried.

Schaken hat die nüchterne kartographische Darstellung der Amtsländereien mit einigen barocken Putten ausgeschmückt; links unten hält eines der Engelchen Stechzirkel und Winkelmeßgerät in den Händen, während eine zusammengebundene Meßkette danebenliegt. Außerdem sind in der „Großen Wiese" unterhalb der Legende zwei Gehilfen bei der Arbeit, dem Abmessen mit der Meßkette, abgebildet.

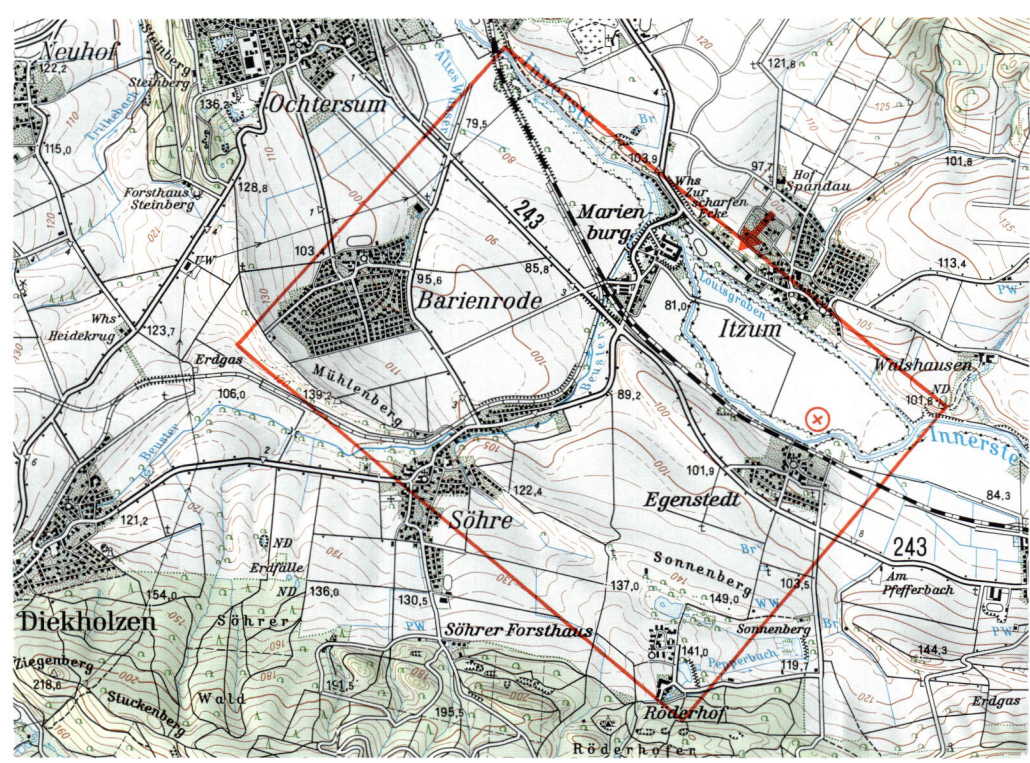

Topographische Karte 1:50 000
Rotes Rechteck: ungefähre Lage des abgebildeten Kartenausschnitts
Pfeil: Blickrichtung
× Standort der beiden Meßgehilfen in der „Großen Wiese" vor Egenstedt (siehe Kartenausschnitt oben)

Schaumburg-lippische Landesvermessung: Ämter Stadthagen und Hagenburg
Von Johann Caspar Giesler, 1754

Eine der ersten systematischen Vermessungen in Nordwestdeutschland wurde ab 1743 in der Grafschaft Schaumburg-Lippe begonnen, zunächst in der Absicht, Unterlagen für die Steuerregister zu gewinnen. Gerieten die Vermessungsarbeiten in den beiden südlichen Ämtern Bückeburg und Arensburg auch bald ins Stocken, so hat der beeidigte Landmesser Johann Caspar Giesler die Vermessungen der nördlichen Ämter Stadthagen und Hagenburg fast ganz zu Ende führen können.

Für jede Gemeinde wurde eine Spezialkarte in dem großen Maßstab von 1:4 800 angefertigt; darauf sind das Dorf und die dazugehörigen Ländereien dargestellt. Hinzu kamen Nebenrisse für die Hoflagen sowie Meßregister. Aus diesen inselartigen Spezialkarten hat Giesler dann die Ämterkarte unter fünffacher Verkleinerung des Maßstabes auf 1:24 000 zusammengesetzt. Die Stadt Stadthagen, die in die Vermessung nicht einbezogen war, erscheint auf der Karte nur im Umriß. Auch fehlt von dem Amt Hagenburg der nordöstliche Teil um Steinhude, da hier die Vermessung nicht zum Abschluß gelangt war. – Ihre besondere Wirkung gewinnt die sorgfältig auf Pergament gemalte, mit einer reich verzierten Kartusche geschmückte Ämterkarte durch den Farbkontrast zwischen dem Grün der Wälder und Wiesen und dem Braun der Äcker.

Die Ämterkarte zeigt das Kerngebiet der schaumburgischen Hagenhufensiedlungen. Diese entstanden innerhalb weniger Jahrzehnte in der 1. Hälfte des 13. Jhs. als planmäßig angelegte, oft kilometerlange Rodungsdörfer: Während auf der einen Seite der Straße in lockerer Reihe die Gehöfte und dahinter das Wiesen- und Weideland lagen, erstreckten sich auf der anderen Seite von der Straße weg die dazugehörigen Äcker als langstreifige „Hufen" bis an die Feldmarkgrenze. Den Kolonisten waren Sonderrechte gewährt worden, die zusammengefaßt als Hagen- oder Hägerrecht bezeichnet werden. Dazu gehörte u. a. die persönliche Freiheit des Kolonisten, das unbedingte Erbrecht an dem Hagengut, eigene Hägergerichte und weitgehende Selbstverwaltung.

Diese schaumburgischen Hagenhufensiedlungen sind aber keine isolierte Erscheinung, sondern Teil der großen Kolonisationsbewegung im Hohen Mittelalter, die sich von der Weser bis jenseits der Oder erstreckte.

Topographische Übersichtskarte 1:200 000; Pfeil: Blickrichtung
Rote Linien: Grenzen der Ämter Stadthagen und Hagenburg (die Grenzlinie zwischen den beiden Ämtern fehlt auf der Gieslerschen Karte; bei Lindhorst liegen zwei hessische Enklaven)

Nr. 69

Braunschweigische Landesvermessung: Feldriß von Groß Twülpstedt
(Nördlich von Helmstedt). Von Johann Julius Christoph Schmidt, Ingenieur. 1758

Im Herzogtum Braunschweig wurde 1746 eine besondere Behörde, die sogen. „Generallandesvermessungskommission", mit der Aufgabe eingesetzt, sämtliche Dörfer und Feldmarken zu vermessen, in Feldrissen darzustellen und dazu „Dorf-, Feld- und Wiesenbeschreibungen" anzufertigen. Als die Kommission 1784 aufgelöst wurde, war mit Ausnahme des Fürstentums Blankenburg das ganze braunschweigische Territorium in 424 Feldrissen im Maßstab 1:4000 erfaßt.

Das Eigentümliche der braunschweigischen Landesvermessung liegt darin, daß zwei verschiedene Vermessungsmethoden angewandt wurden. Bei der „speziellen" Vermessung wurde der vorgefundene Zustand naturgetreu vermessen und kartographiert. Dieses Verfahren wurde überall dort angewandt, wo die zweite Methode, die sogenannte „allgemeine" Vermessung – aus welchen Gründen auch immer – nicht zum Zuge kam. Bei dieser zweiten Methode wurde in kleinem Rahmen eine Art Flurbereinigung mit Zusammenlegung, Umlegung, Begradigung und Besteinung der Grenzen usw. durchgeführt und das Ergebnis in den Feldrissen festgehalten. Dabei wurde die alte Besitzeinteilung nicht zuvor vermessen; man begnügte sich mit der Überprüfung der alten Erbregister, Kontributionskataster u. ä. und teilte nach den so ermittelten Werten die neu abgesteckten Fluren in neue Parzellen ein.

Ziel der Landesvermessung war eine möglichst klare Fixierung der Grundbesitzverhältnisse, verbunden mit kleineren Maßnahmen zur Förderung der Landwirtschaft; es sollte „den Prozessen wegen der Grenzen, des Abpflügens etc. abgeholfen, ... die bey dem Ackerbau, bey Wiesen und Ängern sich findenden Fehler abgestellt und Verbesserungen gemacht werden, mithin ... das Landwesen in bessere Aufnahme" kommen. Selbstverständlich dienten Feldrisse und dazugehörige Register auch als Unterlagen für die Steuerberichtigung und überhaupt für vielfältige Verwaltungs- und Planungszwecke, wie die erhaltenen zahlreichen Kopien für Gemeinden, Ämter und Behörden bezeugen.

Der hier im Ausschnitt abgebildete Feldriß von Groß Twülpstedt ist ein Beispiel für die „allgemeine Vermessung", gekennzeichnet durch eine linealgerade parzellierte Gewannflur. Wie die Aufgliederung der Feldmark in „Brachfeld" (unten), „Winterfeld" (oben) und „Sommerfeld" (rechts) zeigt, herrscht noch die Dreifelderwirtschaft. Der Zeichenstil ist unpersönlich, nüchtern; er weist voraus auf den abstrakten kartographischen Stil, der im 19. Jh. in den Urkatasterkarten volle Geltung erlangte. Dazu paßt es, daß die Karte auf eine Darstellung des Geländereliefs verzichtet, im Unterschied etwa zu dem Flurkartenwerk des Fürstbistums Osnabrück (vgl. Nr. 70). Da Groß Twülpstedt in einem flachwelligen Gelände liegt, wie ein Blick auf die Topographische Karte zeigt, ist eine Interpretation des Feldrisses erschwert. Das Bild des Dorfes wird bestimmt von der Kirche, dem Rittergut und einer Anzahl überwiegend kleinerer Bauernstellen; nach der „Dorf-, Feld- und Wiesenbeschreibung" handelte es sich um 4 Ackerhöfe, 1 Großkotsassen, 7 Kleinkotsassen und 13 Brinksitzer. Das Rittergut hat übrigens zeitweilig dem bekannten Helmstedter Professor Dr. Hermann Conring (1606–1681) und dessen Erben gehört.

Mit der Generallandesvermessung wurde von vornherein noch ein weiterer Zweck verfolgt. Durch Verkleinern und Zusammenfügen der Feldrisse sollten Übersichtskarten der Amtsbezirke und Landesdistrikte gewonnen werden. Das konkrete Ergebnis ist die topographische Karte des Herzogtums Braunschweig im Maßstab 1:42 000, die Oberstleutnant Heinrich Daniel Gerlach nach langjährigen Vorbereitungen 1775 der Geheimen Kanzlei zu Braunschweig vorlegen konnte.

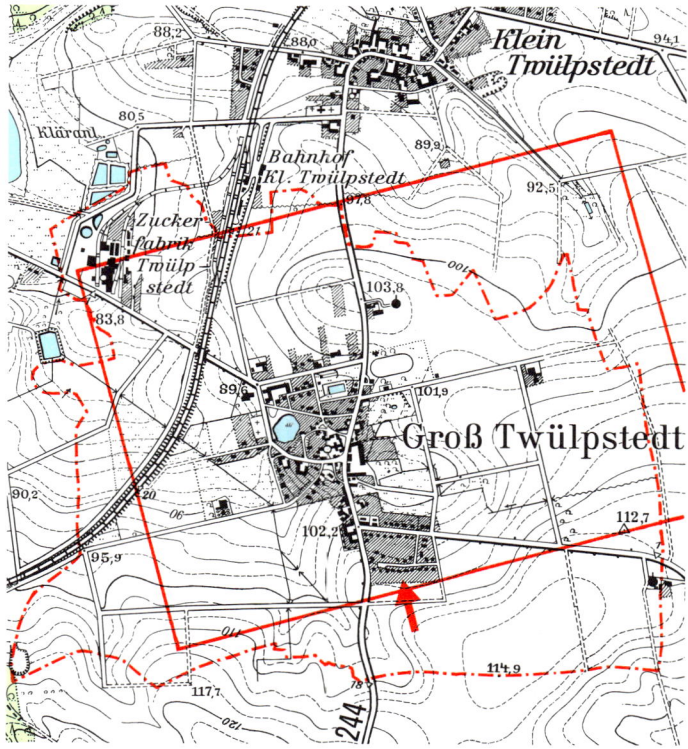

Topographische Karte 1:25 000
Rotes Rechteck: ungefähre Lage des abgebildeten Kartenausschnitts
Pfeil: Blickrichtung
Rote Grenzlinie: Gemarkungsgrenze um 1758

Osnabrücker Landesvermessung: Gemarkung des Dorfes Oesede
(Südlich von Osnabrück). Von Johann Wilhelm du Plat und Franz Edmund Babille. 1787

Eine weitere großangelegte Vermessung und Kartierung aller Dorfgemarkungen fand gegen Ende des 18. Jhs. im Fürstbistum Osnabrück statt. Kein Geringerer als Justus Möser (1720–1794) hat 1784 Landstände und Landesherrn des Fürstbistums Osnabrück dazu bewogen, die schon vor Jahrzehnten geplante kartographische Aufnahme der steuerpflichtigen Ländereien endlich zu verwirklichen. Die Stände waren schließlich selber der Meinung, daß die Vermessung „nicht nur für Steuerzwecke, sondern auch auf andere Vorteile nützlich sein könne wie Markenteilungen, Torf- und Kanalarbeiten, Privateigentumsgrenzen, Heer- und Landwegen usw." Das in den Jahren 1784 bis 1790 mit einem Kostenaufwand von 64 500 Talern erstellte Kartenwerk umfaßt 476 Blätter, durchweg in dem großen Maßstab 1:3840. Die Ausführung des Unternehmens hatte man hannoverschen Offizieren übertragen, die schon an der kurhannoverschen Landesaufnahme (s. u. Nr. 71) mitgewirkt hatten. So nimmt es nicht wunder, daß auch äußerlich, ungeachtet des unterschiedlichen Maßstabes, einige Ähnlichkeit zwischen den Osnabrücker und den hannoverschen Kartenblättern besteht, etwa in der Reliefdarstellung durch Schummerung oder in der Kolorierung mit zarten Pastelltönen. Wie der Ausschnitt aus der Oeseder Karte zeigt, sind die Gebäude rot umrandet, Gärten schwarz gestrichelt, Ackerflächen schwach braun getönt (mit Andeutung der Furchenrichtung) und Wiesen grün koloriert.

Die Gemarkung ist in mehrere große Fluren eingeteilt, gekennzeichnet durch rote römische Zahlen. Den kleinen roten arabischen Parzellennummern sind in Schwarz Buchstaben vorangestellt, die auf den Besitzer der Parzellen weisen. Zu der Karte gehören Vermessungsregister, die in der Nummernfolge der Fluren und Parzellen den Besitzer, den Umfang und die Kulturart der einzelnen Grundstücke nennen, sowie Schätzungsregister, die höfeweise die Parzellen aufführen.

Das Kartenwerk gibt die Gemarkungen in dem vorgefundenen Zustand wieder und bietet sich daher heute für Untersuchungen zur Entwicklung der Kulturlandschaft an. So kann der geübte Blick z. B. auf der Oeseder Karte erkennen, daß die älteste Höfegruppe (b, f, l, m, n) am südlichen Ufer der Düte lag und dazu als Ackerland der „Oeseder Esch" mit seinen langstreifigen Parzellen nördlich des Baches gehörte; die Flur „Feuerstelle" erscheint bereits als Ausbauflur. Der Vollerbenhof b liegt deutlich von den übrigen Höfen abgesetzt am Papiermühlenbach. Auf seinem Grund scheint die Kirchengründung erfolgt zu sein, eine Eigenkirche der Edlen Hildsvith, die zu den Vorfahren der Edlen von Oesede zugerechnet wird; diese Edelherren von Oesede haben 1170 wenige Kilometer weiter östlich das Benediktinerinnenkloster Oesede begründet. Eine zweite, jüngere Höfegruppe (c, d, e, i) hat ihre Ländereien vor allem in den Blockfluren südwestlich des Ortes. Derartige Beobachtungen wird man nur mit Vorsicht und unter Hinzuziehung weiterer schriftlicher Quellen machen können. Darüber hinaus bleibt die Karte ein unmittelbares historisches Zeugnis für den Zustand vor den Agrarreformen des 19. Jhs. und insbesondere vor der Industrialisierung und ihren Auswirkungen, die sich gerade im Raum Oesede einschneidend bemerkbar machen, wie der Vergleich mit der Topographischen Karte zeigt. Die Anlagen des Stahlwerks Georgsmarienhütte, 1856 im westlich benachbarten Malbergen gegründet, haben sich bis an den Ortsrand vorgeschoben; weitere Fabrikanlagen, öffentliche Gebäude, ausgedehnte Wohnsiedlungen, Eisenbahnstrecken, die kreuzungsfrei ausgebaute Bundesstraße 51 nach Osnabück, haben die Landschaft so weit umgestaltet, daß nur wenige Teile der alten Gemarkung heute noch agrarisch genutzt werden.

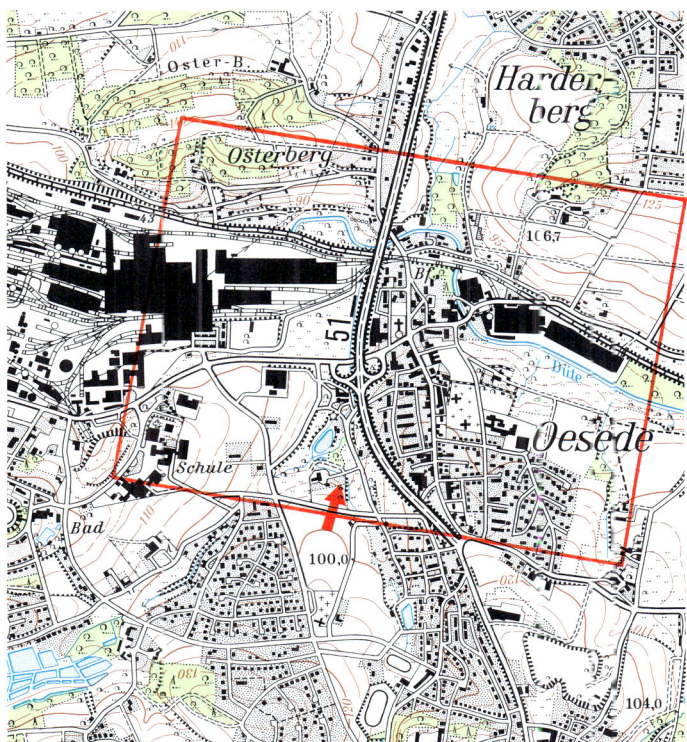

Topographische Karte 1:25 000
Rotes Rechteck: ungefähre Lage des abgebildeten Kartenausschnitts
Pfeil: Blickrichtung

Nr. 71

Kurhannoversche Landesaufnahme: Blatt Herzberg

Aufgenommen 1785. Kopie um 1830 von August Friedrich Papen, Leutnant des Ingenieurkorps.

In der Reihe der Landesvermessungen in Nordwestdeutschland im 18. Jh. nimmt die kurhannoversche Landesaufnahme einen besonderen Rang ein, nicht nur wegen des Umfanges, sondern auch wegen der hervorragenden Ausführung, bei der sich topographische Genauigkeit mit hoher Anschaulichkeit verbindet.

In den Anfängen (1764–66) ging es zunächst darum, die Moore zwischen Bremen und Stade kartographisch aufzunehmen, um die geographischen Voraussetzungen für einen Weser-Elbe-Kanal zu erkunden. Beeindruckt von dieser Karte befahl Georg III., das ganze Kurfürstentum zu vermessen. Dabei trat gegenüber der landesplanerischen die militärische Zielsetzung in den Vordergrund; für die Landesverteidigung erschien, nicht zuletzt nach den Erfahrungen im Siebenjährigen Krieg, der Besitz einer zuverlässigen Karte von größter Bedeutung. Für die Grundvermessung, die eigentliche Landesaufnahme, wählte man einen mittelgroßen Maßstab von 1:21 333⅓, dessen seltsam ungerade Zahl sich durch das Verhältnis von einer Landesmeile (ca. 9,3 km) in der Natur zu anderthalb Fuß in der Karte ergab. Das Gebiet Kurhannovers wurde in gleich große Kartenblätter – sogen. „Planchen" – aufgeteilt. Nach der Numerierung sind es 165, einschließlich der a- und b-Nummern 172 Blätter.

Durchgeführt wurden Vermessung und Kartierung von Offizieren des seit 1732 bestehenden Ingenieurkorps, einer kleinen Spezialtruppe, die beim Festungs-, Straßen- und Wasserbau eingesetzt wurde. Die Leitung lag in den Händen von General Georg Josua du Plat (1722–1795). 23 Jahre, von 1764 bis 1786, dauerte die systematisch vom nördlichen Flachland zum südlichen Bergland fortschreitende Vermessung des rund 28 000 qkm großen Territoriums. Von diesem Kartenwerk sind nur zwei vollständige Exemplare nachweisbar, das eine für den König – es liegt heute in der Staatsbibliothek in Berlin –, das andere für die Regierung in Hannover (1945 vernichtet). Durch dreifache Verkleinerung gewann man aus diesem Kartenwerk die „Militärkarte" im Maßstab 1:64 000 und daraus wieder die „Generalkarte" im Maßstab 1:192 000. Für Verwaltungszwecke wurden Auszüge aus der Landesaufnahme angefertigt, die die Gebiete einzelner Ämter umfassen – man nannte sie „Amtsextrakte".

Von den Blättern der südlichen Landesteile ist nach 1827 eine vorzügliche Kopie angefertigt worden. Hierzu gehört das Blatt Herzberg, von dem hier ein Ausschnitt im Verhältnis 1:1 abgebildet ist. Es zeigt besonders anschaulich die Kunst der Schummerung. Bei diesem Verfahren zur Darstellung des Geländereliefs deutet die Intensität der grauen Farbe die Steilheit der Hänge an; ebene Flächen, mithin auch Bergkuppen, bleiben weiß. Höhere Lagen, wie hier die Harzberge, werden zusätzlich durch feine Bergstriche wiedergegeben. Naturnahe Signaturen unterscheiden den Nadelwald vom Laubwald. Die eingezeichneten Parallelstreifen auf den Ackerfluren sind Signatur, geben also nicht die Parzellengrenzen wieder. Die Zahlen bei den Ortsnamen bedeuten die Anzahl der Feuerstellen.

Vermessungstechnisch ist das kurhannoversche Kartenwerk eines der letzten, das ohne Haupttriangulation und als reine Horizontalvermessung aufgenommen wurde, woraus sich zwar nicht im topographischen Detail, aber im Gesamtwerk in geodätischer Hinsicht eine größere Ungenauigkeit ergibt. Der Wert der kurhannoverschen Landesaufnahme liegt heute vor allem darin, daß diese Karten das einzige geschlossene, in hohem Maße getreue Bild der Landschaft vor den tiefgreifenden Veränderungen des 19. und 20. Jhs. geben.

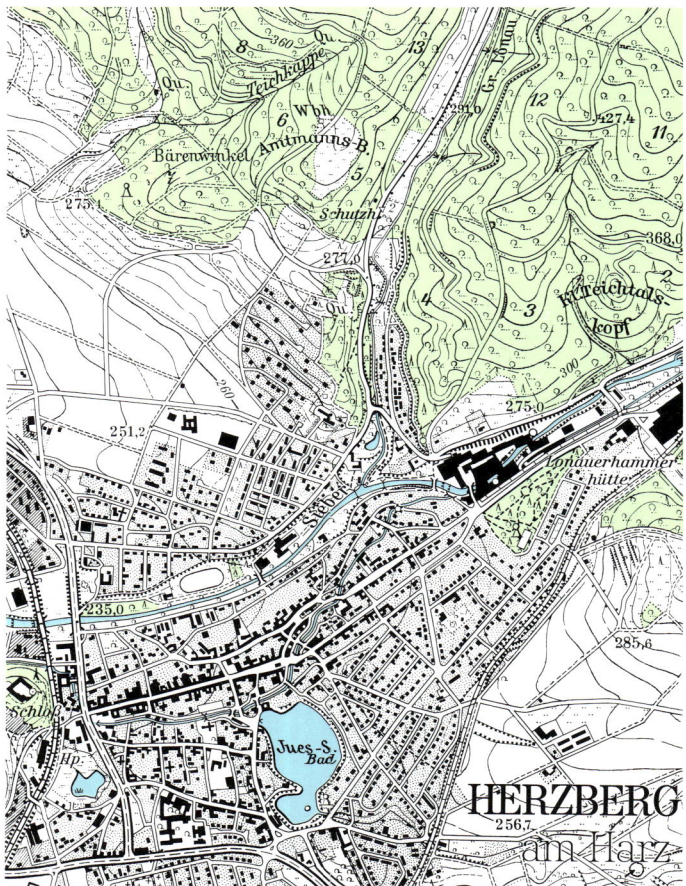

Topogr. Karte 1:25 000 (entspricht ungefähr dem oberen linken Viertel des abgebildeten Kartenausschnitts)

Oldenburgische Landesvermessung: Vogtei Moorriem an der Unterweser
Gemessen von Carsten Behrens 1797, gezeichnet von G. A. Nienburg

Die 1781 begonnene Landesvermessung im Herzogtum Oldenburg ist die erste in Nordwestdeutschland, für die zuvor eine Triangulation durchgeführt wurde. Initiator war der Landvogt und Stiftsamtmann Georg Christian von Oeder (1728–1791), ein vielseitig tätiger, aufgeklärt-liberaler Mann. Er wurde während seiner 20jährigen Tätigkeit in Dänemark vor allem durch die Herausgabe der „Flora Danica" und seine Schriften zur Bauernbefreiung und Einführung der allgemeinen Wehrpflicht bekannt. Nach dem Sturz des Kabinettsministers Struensee aber schob man ihn 1773 nach Oldenburg ab. Oeder, 1781 zum Direktor der Landesvermessung ernannt, kannte die Triangulierungsarbeiten von Prof. Thomas Bugge in Dänemark und ließ sich von diesem einen seiner Mitarbeiter, den dänischen Landmesser Caspar Wessel, empfehlen. Wessel hat daraufhin in den Jahren 1782–1785 das Herzogtum Oldenburg mit einem Netz von Dreiecken überzogen, deren Seiten 2 bis 10 km lang waren. Zur Orientierung seines Netzes bestimmte Wessel auf astronomischem Wege in Oldenburg einen Ausgangspunkt und führte außerdem eine schmale Dreieckskette durch hannoversches Gebiet nach Nordosten bis nach Glückstadt, wo sie mit einem Fehlerwert von weniger als einem Tausendstel mit der von Kopenhagen bis zur Elbe sich erstreckenden dänischen Triangulation zusammentraf. Die abgebildete „Probekarte" zeigt einen Teil des Dreiecksnetzes in der näheren Umgebung von Oldenburg. Im Rahmen der Triangulation wurden zugleich zahlreiche Hochpunkte wie Kirchen und Mühlen bestimmt, auf die die dünn gezogenen Linien zielen.

Nach Oeders Plan der Landesvermessung sollten auf der Grundlage der Triangulation als erstes „Spezialkarten" im großen Maßstab 1:4000 entstehen, die dann zu Vogteikarten im Maßstab 1:20 000 zusammengefaßt werden konnten. Aus Kostengründen stellte man nach Oeders Tod die Spezialvermessung ein und begann mit der Aufnahme im Maßstab 1:20 000, die nach acht Jahren abgeschlossen werden konnte. Das Ergebnis sind 28 sogenannte Vogteikarten, die teilweise mehrere Blätter umfassen. Aus diesen Vogteikarten gewann man die Generalkarte 1:160 000, die 1804 als Kupferstich von Georg Heinrich Tischbein herausgebracht wurde.

Damit hatte die oldenburgische Landesvermessung ihren Abschluß erreicht, die nach Oeders Niederschrift „Über das cui bono bei unserer Landesvermessung" nicht nur dem Landesherrn und seinen Behörden einen allgemeinen Überblick über das Land gewähren, sondern auch die Unterlagen verschaffen sollte für gerechtere Verteilung der Steuern, für die Urbarmachung der Moore und Heiden, für die Einleitung von Gemeinheitsteilungen, für die Aufgaben der Wegepolizei und anderes mehr.

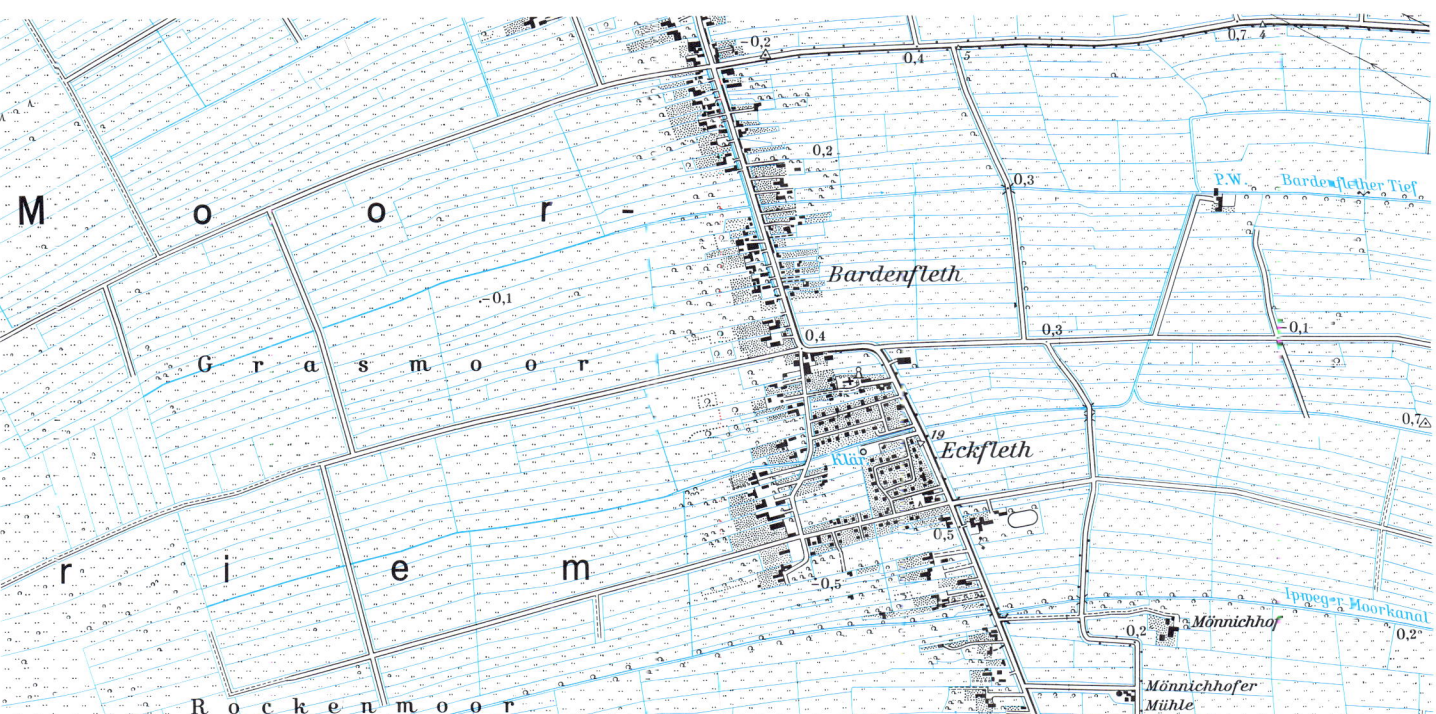

Topographische Karte 1:25 000 (entspricht ungefähr dem Mittelteil des abgebildeten Ausschnitts)

Aus der Serie der Vogteikarten ist auf der Farbtafel leicht vergrößert ein Ausschnitt aus der Karte der Vogtei Moorriem wiedergegeben. Diese Karte besteht aus zwei sich überlappenden Blättern, wie an dem rechten Streifen ohne Flächenkolorierung zu erkennen ist. Das Gebiet der Vogtei Moorriem erstreckte sich von Weser und Hunte westwärts über Marsch- und Niederungsmoor hinweg bis zum Hochmoor, Ipweger Moor genannt. Auf der Grenze zwischen Marsch und Moor liegen dicht an dicht aufgereiht die Höfe mehrerer Bauerschaften, deren Anlage ins Hochmittelalter zurückgeht. Die Grundstücke der Bauernstellen ziehen sich als schmale Streifen von 8 bis 80 m Breite in einer Gesamtlänge bis zu 8 km vom Hunte- bzw. Weserdeich bis ins Hochmoorgebiet hin. Die Gräben längs dieser Hufen haben die im mittelalterlichen Landesausbau entstandene Flurform bis in unser Jahrhundert konserviert. Wie die grüne Kolorierung andeutet, wurde um 1800 der größte Teil der Ländereien als Wiese und Weide genutzt. Ackerland findet sich zwischen dem Grünland und dem noch unkultivierten Hochmoor. Die langgezogenen parallelen Striche dürfen nicht als Parzellengrenzen gedeutet werden – sie sind lediglich Signatur für Ackerflächen.

Die unzureichende Entwässerung dieses Gebietes – es liegt teilweise unter dem Meeresspiegel –, die extrem langgestreckte, schmale Form der Parzellen und andere ungünstige Faktoren machten eine umfassende Flurbereinigung erforderlich, die 1956 in Angriff genommen wurde. Hauptziele waren die Beherrschung des Wassers durch Ausbau des Entwässerungssystems (z. B. Errichtung eines Schöpfwerkes bei Elsfleth), die Anlage eines neuen Wegenetzes, die Bildung größerer Flurblöcke und die Aufstockung kleinerer Höfe zu leistungsfähigeren Mittelbetrieben. Zeigt der beigefügte Ausschnitt aus der Topographischen Karte etwa im Grabensystem und Wegenetz schon einige Auswirkungen dieser heute weitgehend abgeschlossenen, wohl bisher aufwendigsten Flurbereinigung im nordwestdeutschen Raum, so bewahrt die Vogteikarte die Erinnerung an den ursprünglichen Zustand.

Der Vergleich mit der modernen Karte läßt erkennen, mit welch bemerkenswerter Sorgfalt und Genauigkeit die Vogteikarte gezeichnet ist. Der Zeichenstrich ist so fein, daß trotz des mittelgroßen Maßstabes noch die schmalsten Grundstücke dargestellt werden können. Manches Detail, etwa die Kirchhöfe, ist fast nur mit der Lupe zu erkennen. Insgesamt wirkt das Kartenbild abstrakt, ähnelt stilistisch bereits gedruckten Karten, die im 19. Jh. die handgezeichneten topographischen Karten verdrängen. Als handgezeichnete Karte gehört die Vogteikarte noch zur Epoche der großen handgezeichneten, nur in Einzelexemplaren existierenden topographischen Kartenwerke des 18. Jhs., in ihren vermessungstechnischen Grundlagen und im Stil ihrer Ausführung aber weist sie schon deutlich darüber hinaus. Sie steht somit am Wendepunkt zur exakten Kartographie des 19. und 20. Jhs.

„Probekarte" zu der trigonometrischen Vermessung des Herzogtums Oldenburg 1782

Ausgewählte allgemeine Literatur

Ernst Pitz: Landeskulturtechnik, Markscheide- und Vermessungswesen im Herzogtum Braunschweig bis zum Ende des 18. Jhs. Veröffentlichungen der niedersächsischen Archivverwaltung 23. Göttingen 1967.

Arend Lang: Kleine Kartengeschichte Frieslands zwischen Ems und Jade. Norden 1962.

200 Jahre Oldenburger Landesvermessung. Festschrift zum 200jährigen Jubiläum der Oldenburger Landesvermessung. Oldenburg 1981.

Joseph Prinz: Die ältesten Landkarten, Kataster- und Landesaufnahmen des Fürstentums Osnabrück. In: Osnabrücker Mitteilungen 63 (1948) S. 251–302 und 64 (1950) S. 110–145.

Walter Großmann: Niedersächsische Vermessungsgeschichte im 18. und 19. Jh. In: Carl Friedrich Gauß und die Landesvermessung in Niedersachsen. Hannover 1955. S. 17–59.

Werner Kost: Zur topographischen Kartographie im niedersächsischen Raum von 1764 bis 1863. In: Carl Friedrich Gauß und die Landesvermessung in Niedersachsen. Hannover 1955. S. 115–140.

Hans Kleinn: Nordwestdeutschland in der exakten Kartographie der letzten 250 Jahre. Ein Beitrag zur Landeskunde. In: Westfälische Forschungen 17 (1964) S. 28–82 und 18 (1965) S. 43–74.

Topographischer Atlas Niedersachsen und Bremen. Bearb. v. Hans Heinrich Seedorf mit Beiträgen von Dieter Grothenn, Werner Kost und Wolfgang Thiem. Neumünster 1977.

Bibliographie zur Geschichte der deutschen Kartographie. Bearb. v. Lothar Zögner. Bibliographia Cartographica, Sonderheft 2. München 1984.

Nähere Angaben und Literatur zu den einzelnen Karten

(Hinweis zu den Beikarten: Die Topographischen Karten sind, sofern nicht anders vermerkt, vom Niedersächsischen Landesverwaltungsamt – Landesvermessung – herausgegeben. Die Vervielfältigung erfolgt mit Erlaubnis des Herausgebers – B4-116/85.)

Nr. 1 Herzogtum Braunschweig-Lüneburg

Titel: „Braunsvicensis et Luneburgensis ducatuum vera delineatio".
Ausführung, Maße, Maßstab: Kolorierter Kupferstich; 31×23 cm (Höhe vor Breite); ca. 1:850 000.
Signatur: Niedersächsisches Hauptstaatsarchiv Hannover, 1/99 pm.
Grundlage der Skizze: Atlas Niedersachsen. Bearb. v. Kurt Brüning. Deutscher Planungsatlas 2. Bremen 1950. Blatt 153.
Literatur: Leo Bagrow und R. A. Skelton: Meister der Kartographie. 4. Aufl. Berlin 1973. – Georges Grosjean und Rudolf Kinauer: Kartenkunst und Kartentechnik vom Altertum bis zum Barock. 2. Aufl. Bern und Stuttgart 1975 (S. 67 f. betr. Vermessungsverfahren im 16. Jh.)

Nr. 2 Ostfriesland (Florianus)

Titel: „Frisia Orientalis".
Ausführung, Maße, Maßstab: Kolorierter Kupferstich; 37×49 cm; ca. 1:200 000 bis 1:270 000.
Signatur: Niedersächsisches Staatsarchiv Aurich, Rep. 244 B 4360.
Literatur: Arend Lang: Kleine Kartengeschichte Frieslands zwischen Ems und Jade. Norden 1962. S. 22–33. – Carl Woebcken: Die Entstehung des Dollart. Abhandlungen und Vorträge zur Geschichte Ostfrieslands 24. Aurich 1928. – Nieuw Nederlandsch Biografisch Woordenboek 4. 1918. Sp. 604–606.

Nr. 3 Ostfriesland (Emmius).

Titel: „Typus Frisiae Orientalis".
Ausführung, Maße, Maßstab: Kolorierter Kupferstich; 36×47 cm; ca. 1:250 000.
Signatur: Niedersächsisches Staatsarchiv Aurich, Rep. 244 B 2686.
Skizze: Nach Arend Lang (s. u.) S. 100.
Literatur: Arend Lang: Die Erstausgabe der Ostfriesland-Karte des Ubbo Emmius (1595). In: Jahrbuch der Gesellschaft für bildende Kunst und vaterländische Altertümer zu Emden 42 (1962) S. 93–125. – Ubbo Emmius: Accurata descriptio chorographica Frisiae orientalis. Anhang zu: Rerum Frisicarum Historia. Leiden 1616 (Übersetzung: Ubbo Emmius: Ostfriesland. Aus dem Lateinischen von Erich von Reeken. Frankfurt 1982).

Nr. 4 Grafschaft Oldenburg

Titel: „Accurata descriptio comitatus Oldenburgici et Delmenhorstani cum dynastiis Ieverense et Kneiphausana eorumque finibus controversis. Annexa sunt brevia et tonnae maris navigantibus inservientes".
Ausführung, Maße, Maßstab: Kolorierte Zeichnung auf Pergament; 53×72 cm; ca. 1:160 000 bis 1:190 000.
Signatur: Niedersächsisches Hauptstaatsarchiv Hannover, 70 Ol 3 pg.
Literatur: Hans Harms: Die Landkarte der Grafschaft Oldenburg von Johann Conrad Musculus aus dem Jahre 1650. Oldenburg 1967. – Derselbe: Eine Karte der Grafschaft Oldenburg aus der Regierungszeit Anton Günthers (1603–1667). In: Museen und Sammlungen in Oldenburg. 1983. Bl. 320–822.

Nr. 5 Walkenried

Titel (Widmung): „Serenissimo principi ac domino, domino Rudolph Augusto, duci Brunsvicensium ac Lüneburgensium domino suo clementissimo hanc Walckenredae cum suis terminis accuratissimam observationem ac delineationem humillimo animi obsequio consecrare voluit Johannes Zacharias Ernst, Nordhusanus".
Ausführung, Maße, Maßstab: Kolorierte Zeichnung; 70×53 cm; ca. 1:28 000.
Signatur: Niedersächsisches Staatsarchiv Wolfenbüttel K 2478.
Grundlage der Beikarte: Ausschnitt aus der Topogr. Karte 1:100 000 Blatt C 4326 Goslar (1984), C 4726 Mühlhausen (1984).
Literatur: Ernst Pitz: Landeskulturtechnik, Markscheide- und Vermessungswesen im Herzogtum Braunschweig bis Ende des 18. Jhs. Göttingen 1967. S. 186.

Nr. 6 Mündrup

Titel: „Eygentliche Beschreybungh des Freyenstuils Muidendorf im Stift Osnabrug gelegen".
Ausführung, Maße, Maßstab: Federzeichnung; 43×30 cm; ca. 1:70 000.
Signatur: Niedersächsisches Staatsarchiv Osnabrück, Dep. 3 K 73 Nr. 1 H.
Grundlage der Beikarte: Ausschnitt aus der Topogr. Übersichtskarte 1:200 000 Blatt CC 3910 Bielefeld (1983).
Literatur: Heinrich Averdunk u. J. Müller-Reinhard: Gerhard Mercator und die Geographen unter seinen Nachkommen. Petermanns Mitteilungen, Erg.heft 182. Gotha 1914. – Rolf Kirmse: Neue Arbeiten über Gerhard Mercator, seinen Sohn Arnold und Christian Sgroten.

In: Duisburger Forschungen 5 (1961) S. 52–80. – Albert K. Hömberg: Die Entstehung der westfälischen Freigrafschaften als Problem der mittelalterlichen deutschen Verfassungsgeschichte. Münster 1953.

Nr. 7 Fallersleben

Titel: „Das Ambt Fallersleben".
Ausführung, Maße, Maßstab: Farbige Zeichnung; 40×32 cm; ca. 1:75 000 – 1:90 000.
Signatur: Niedersächsisches Hauptstaatsarchiv Hannover, Mappe 36; Kopie der Übersichtskarte (?): 30/37 pg. Weitere Atlaskopien in: Landesbibliothek Hannover, Universitätsbibliothek Göttingen, Bibliothek des Oberlandesgerichts Celle.
Grundlage der Skizze: Historisch-statistische Grundkarte des Deutschen Reiches 1:100 000. Gemeindegrenzen nach dem Stande des Jahres 1912. Sektion Wittingen 263/Braunschweig 288. Hrsg. v. d. Histor. Kommission für Hannover, Oldenburg, Braunschweig, Schaumburg-Lippe und Bremen. (Das östliche Anschlußblatt ist nicht erschienen)
Literatur: Otto v. Boehn: Dr. Johann Mellinger, ein Kartograph des 16. Jhs. und seine Landestafel des Fürstentums Lüneburg. In: Hannoversche Geschichtsblätter NF 2 (1932/33) S. 308–317.

Nr. 8 Koldingen

Titel: „Carte tres exacte du bailliage de Colding".
Ausführung, Maße, Maßstab: Kolorierte Zeichnung; 62×102 cm; ca. 1:33 000.
Signatur: Niedersächsisches Hauptstaatsarchiv Hannover 11 c/6 pg; Konzept der Grenzbeschreibung dazu: Cal. Br. 2 Nr. 94 I; vgl. 11 c/35 m; 11 c/8 pg; Cal. Br. 2 Nr. 93; Hann. 74 Hann. Nr. 153; Ms. EE Nr. 014.
Grundlage der Beikarte: Ausschnitt aus der Topogr. Übersichtskarte 1:200 000 Blatt CC 3918 Hannover (1983).
Literatur: Topogr. Atlas Niedersachsen und Bremen. Bearb. v. H. H. Seedorf. Neumünster 1977. S. 252 f. – Georg Schnath: Geschichte Hannovers 1674–1714. Band 3. Hildesheim 1978. S. 269–270 (betr. Villiers). – Georg Weber: Die Freien bei Hannover. Hannover 1898. – Bernhard Engelke: Die große und kleine Grafschaft der Grafen von Lauenrode. In: Hannoversche Geschichtsblätter 24 (1921) S. 217–271. – Werner Spieß: Die Großvogtei Calenberg. Studien und Vorarbeiten zum historischen Atlas Niedersachsens 14. Göttingen 1933. S. 136–145. – Hans Goedeke: Erbregister der Ämter Ruthe und Koldingen von 1593. Hildesheim 1973. – Margarete Werner: Der Königszins in der Amtsvogtei Ilten – eine Rodungsabgabe des Spätmittelalters. In: Niedersächsisches Jahrbuch für Landesgeschichte 48 (1976) S. 135–199 (Ihre These einer spätmittelalterlichen Entstehung der Siedlungen der „Freien" ist nicht haltbar – die frühneuzeitliche, landesherrliche Erhebung von Königshafer und ähnlichen Abgaben von einigen spätmittelalterlichen Ausbaufluren kann nicht als Beweis dafür dienen).

Nr. 9 Goslar

Ohne Titel.
Ausführung, Maße, Maßstab: Kolorierte Zeichnung; 63×81 cm; ca. 1:20 000 bis 1:35 000.
Signatur: Niedersächsisches Staatsarchiv Wolfenbüttel, K 195; aus: 26 Alt 1010; Zweitexemplar im Stadtarchiv Goslar (als Reproduktion zu beziehen vom Niedersächsischen Landesverwaltungsamt – Landesvermessung – Hannover).
Grundlage der Beikarte: Ausschnitt aus der Topogr. Karte 1:100 000 Blatt C 4326 Goslar (1984).
Literatur: Hans Bauer: Die älteste Karte des nördlichen Harzes bei Goslar. In: Harz-Zeitschrift 33 (1981) S. 45–77. – Gerhard Laub: Zu den Hüttenbetrieben und Sägemühlen der Karte des nördlichen Harzes bei Goslar um 1530. In: Harz-Zeitschrift 34 (1982) S. 17–30. – Albert Völker: Die Forsten der Stadt Goslar bis 1552. Beiträge zur Geschichte der Stadt Goslar 2. Goslar 1922. – Paul Jonas Meier: Der Streit Herzog Heinrichs des Jüngeren von Braunschweig-Wolfenbüttel mit der Reichsstadt Goslar um den Rammelsberg. Quellen und Forschungen zur Braunschweigischen Geschichte 9. Goslar 1928. – Heinrich Spier: Die Zerstörung des Goslarer Augustiner-Chorherren-Stifts St. Georg im Jahre 1527. In: Harz-Zeitschrift 30 (1978) S. 29–44.

Nr. 10 Grenze Münster-Lingen

Titel: „Beschrivinge des Snaedts tusschen den Sticht van Munster un Ampt van Linge".
Ausführung, Maße, Maßstab: Kolorierte Zeichnung, Kopie vom Anfang des 17. Jhs.; 39×117 cm; ca. 1:36 000 bis 1:70 000.
Signatur: Niedersächsisches Staatsarchiv Osnabrück, K 33 Nr. 1 H (Original im Staatsarchiv Münster, Kartensammlung Reg.-Bez. Münster Nr. 70 Bl. 1).
Literatur: Joseph Prinz: Hermann tom Ring als Kartograph. In: Westfalen. Hefte für Geschichte, Kunst und Volkskunde 31 (1953) S. 27–39.

Nr. 11 Plesse

Ohne Titel.
Ausführung, Maße, Maßstab: Farbige Zeichnung auf Pergament; 52×77 cm; ca. 1:25 000.
Signatur: Niedersächsisches Hauptstaatsarchiv Hannover, 21 d/57 pm; aus: Hann. 27 Hildesheim H 3716 Bd. V.
Grundlage der Beikarte: Ausschnitt aus der Topogr. Karte 1:100 000 Blatt C 4322 Holzminden (1981), C 4326 Goslar (1984), C 4722 Kassel (1976) hrsg. vom Hessischen Landesvermessungsamt, C 4726 Mühlhausen (1984).
Literatur: Martin Last: Die Burg Plesse. In: Plesse-Archiv 10 (1975) S. 9–249.

Nr. 12 Polle

Titel: „Eigentliche Messungh und Abriß der streitigen Örter im Geholtz zwischen dem Keiserlichen Freien Stift Corvey und dan dem Braunschwegischen Hauß und Ampt Pollo".
Ausführung, Maße, Maßstab: Handschrift mit 5 kolorierten Skizzen; Seitengröße 32×21 cm; Maßstab der abgebildeten Skizze ca. 1:13 500.
Signatur: Niedersächsisches Hauptstaatsarchiv Hannover, 12 b Polle 6 pk; aus: Cal. Br. 1 Nr. 987.
Grundlage der Beikarte: Ausschnitt aus der Topogr. Karte 1:100 000 Blatt C 4318 Paderborn (1983) hrsg. v. Landesvermessungsamt Nordrhein-Westfalen, C 4322 Holzminden (1981).
Literatur: Ernst Pitz: Landeskulturtechnik, Markscheide- und Vermessungswesen im Herzogtum Braunschweig bis zum Ende des 18. Jhs. Göttingen 1967. S. 113–119. – Topogr. Atlas Niedersachsen und Bremen. Hrsg. v. Hans Heinrich Seedorf. Neumünster 1977. S. 250.

Nr. 13 Höckelheim

Ohne Titel.
Ausführung, Maße, Maßstab: Farbige Zeichnung; 63×100 cm; innerhalb der Gemarkung ca. 1:4 500.
Signatur: Niedersächsisches Hauptstaatsarchiv Hannover, 22 l Höckelheim 3 pg; vgl. Hann. 27 Hildesheim H 3716 u. Cal. Br. 1 Nr. 1239 III.
Grundlage der Beikarte: Ausschnitt aus der Topogr. Karte 1:50 000 Blatt L 4324 Moringen (1980).
Literatur: Histor.-landeskundliche Exkursionskarte von Niedersachsen. Blatt Moringen. Hrsg. v. Erhard Kühlhorn. Erläuterungsheft. Hildesheim 1976. S. 178–184. – Karl-Heinz Bernotat: Das Kloster Höckelheim und das Erbbegräbnis des Herren von Plesse am Ende des 16. Jhs. In: Plesse-Archiv 14 (1979) S. 19–40.

Nr. 14 Katlenburg

Ohne Titel.
Ausführung, Maße, Maßstab: Farbige Zeichnung; 39×64 cm; unmaßstäblich (stark verzerrt).
Signatur: Niedersächsisches Hauptstaatsarchiv Hannover, 22 l Katlenburg 1 pg; aus: Cal. Br. 2 Nr. 1640.
Grundlage der Beikarte: Ausschnitt aus der Topogr. Karte 1:50 000 Blatt L 4326 Osterode am Harz (1983).

Nr. 15 Anderten

Ohne Titel.

Ausführung, Maße, Maßstab: Federzeichnung; 45×46 cm, unmaßstäblich (stark verzerrt).

Signatur: Niedersächsisches Hauptstaatsarchiv Hannover 12 d Anderten 1 pm; aus: Hann. 70 Nr. 932 (1568 bis 1576).

Grundlage der Beikarte: Ausschnitt aus der Preußischen Landesaufnahme 1:25 000 (sog. Urmeßtischblatt) Blatt 3221 Eystrup (1899), 3222 Rethem (1899).

Nr. 16 Rosebruch

Ohne Titel.

Ausführung, Maße, Maßstab: Farbige Zeichnung; 38×45 cm; Burgplatz ca. 1:250.

Signatur: Niedersächsisches Staatsarchiv Stade, Rep. 27 H Nr. 5927 c Bd. II.

Grundlage der Beikarte: Ausschnitt aus der Topogr. Karte 1:25 000 Blatt 2923 Bothel (1981).

Literatur: Hoyer Urkundenbuch. Hrsg. v. Wilhelm von Hodenberg. 8. Abtlg. Hannover 1854. S. 39–46. – Gernot Erler: Das spätmittelalterliche Territorium Hoya (1202–1582). Diss. phil. Göttingen 1972. – Dieter Brosius: Die Grundherrschaft in der Vogtei Visselhövede im späten Mittelalter. In: Rotenburger Schriften 56 (1982) S. 7–35 und 57 (1982) S. 25–27. – Wolf-Dieter Tempel: Landkreis Rotenburg (Wümme). Führer zu archäologischen Denkmälern in Deutschland 4. Stuttgart 1984. S. 129-131.

Nr. 17 Diepholz

Ohne Titel.

Ausführung, Maße, Maßstab: Kolorierte Zeichnung; 66×42 cm; ca. 1:40 000.

Signatur: Niedersächsisches Hauptstaatsarchiv Hannover, 11 a/32 pm; vgl. Hann. 27 Hannover Nr. 144/1 Bd. III.

Grundlage der Beikarte: Ausschnitt aus der Topogr. Übersichtskarte 1:200 000 Blatt CC 3910 Bielefeld (1983).

Literatur: Willy Moormeyer: Die Grafschaft Diepholz. Studien und Vorarbeiten zum Historischen Atlas Niedersachsens 17. Göttingen 1938.

Nr. 18 Auburg

Ohne Titel.

Ausführung, Maße, Maßstab: Kolorierte Zeichnung; 33×41 cm; ca. 1:27 000.

Signatur: Niedersächsisches Hauptstaatsarchiv Hannover, 11 a/33 pm; vgl. 11 a/29 m.

Grundlage der Beikarte: Ausschnitt aus der Topogr. Karte 1:100 000 Blatt C 3514 Diepholz (1985).

Literatur: Wie Nr. 17.

Nr. 19 Hildesheimer Stiftsfehde

Titel: „Chorographia oder Beschreibung, wie und welchergestalt Bischof Johann zu Hildesheim neben dem Thum-Capitel daselbst und andern Adhaerenten Anno 1519 erstlich das Stift Minden bekriegt, außgebrant und beraubet, und folgents vom Petershagen in das Landt zu Braunschweig getzogen vorhabens, solche Hertzogen von Landt und Leuten zutreiben ...".

Ausführung, Maße, Maßstab: Kolorierte Zeichnung; 79×124 cm; ca. 1:125 000.

Signatur: Niedersächsisches Hauptstaatsarchiv Hannover, 1/68 m; aus: Hann. 27 Hann. Nr. 264 Bd. IV.

Literatur: Udo Stanelle: Die Schlacht bei Soltau. In: Niedersächsisches Jahrbuch für Landesgeschichte 54 (1982) S. 153–188. – Karl Brethauer: Johannes Krabbe Mundensis. In: Braunschweigisches Jahrbuch 55 (1974) S. 72–89.

Nr. 20 Elbkarte

Ohne Titel.

Ausführung, Maße, Maßstab: Kolorierte Zeichnung; 28×186 cm; ca. 1:90 000.

Signatur: Niedersächsisches Staatsarchiv Stade, 40/23 k (Original: ebd. 40/6 m).

Literatur: Ernst Baasch: Der Kampf des Hauses Braunschweig-Lüneburg mit Hamburg um die Elbe vom 16. bis 18. Jh. Quellen und Darstellungen zur Geschichte Niedersachsens 21. Hannover 1905. – Jürgen Bolland: Die Hamburger Elbkarte aus dem Jahre 1568, gezeichnet von Melchior Lorichs. Veröffentlichungen aus dem Staatsarchiv der Freien und Hansestadt Hamburg 8. Hamburg 1964. – Heinrich Reincke: Hamburgische Territorialpolitik. In: Zeitschrift des Vereins für Hamburgische Geschichte 37 (1939) S. 28–116.

Nr. 21 Harburg

Ohne Titel.

Ausführung, Maße, Maßstab: Farbige Zeichnung; 43×136 cm; Lauf der Süderelbe ca. 1:25 000.

Signatur: Niedersächsisches Hauptstaatsarchiv Hannover, 31 g/47 k.

Literatur: Günter Harringer: Der Streit des Hauses Braunschweig-Lüneburg mit den Hansestädten Hamburg und Lübeck um den Gammerdeich (1481–1620). In: Zeitschrift des Vereins für Hamburgische Geschichte 51 (1965) S. 1–48. – Dieter Kausche: Harburg und der süderelbische Raum. In: Heimatchronik der Freien und Hansestadt Hamburg. 2. Aufl. Köln 1967. S. 355–476.

Nr. 22 Goldene Linie

Ohne Titel.

Ausführung, Maße, Maßstab: Kolorierte Zeichnung; 67×72 cm; ca. 1:27 000.

Signatur: Niedersächsisches Staatsarchiv Aurich, Rep. 244 C 1771.

Grundlage der Beikarte: Ausschnitt aus der Topogr. Karte 1:100 000 Blatt C 2310 Esens (1982).

Literatur: O. Tenge: Der Jeversche Deichband. 2. Aufl. Oldenburg 1898. – Niedersächsische Küste. Historische Karte 1:50 000. Hrsg. v. d. Forschungsstelle Norderney. Nr. 7 mit Beiheft. 1962.

Nr. 23 Unterweser und Jadebusen

Ohne Titel.

Ausführung, Maße, Maßstab: Farbige Zeichnung auf Karton; 46×74 cm; ca. 1:70 000.

Signatur: Niedersächsisches Staatsarchiv Oldenburg, Bestd. 298 Z 408.

Literatur: Georg Sello: Östringen und Rüstringen. Oldenburg 1928. S. 130 f. – Manfred Richter: Die Anfänge des Elsflether Weserzolles. Oldenburger Forschungen 17. Oldenburg 1967.

Nr. 24 Wischhafen

Ohne Titel.

Ausführung, Maße, Maßstab: Kolorierte Zeichnung; 48×71 cm; ca. 1:8000.

Signatur: Niedersächsisches Staatsarchiv Stade, 42 g Wischhafen 15 pm; aus: Rep. 31 Titel 16 p Nr. 2 Bd. III.

Grundlage der Beikarte: Ausschnitt aus der Topogr. Karte 1:25 000 Blatt 2221 Wischhafen (1980).

Literatur: W. H. Jobelmann: Der Oberdeichinspector Jacob Owens. Ein Beitrag zur Geschichte der Sturmflut vom Jahre 1717 und der Entstehung des königl. Amtes Wischhafen im Lande Kehdingen. In: Archiv des Vereins für Geschichte und Alterthümer der Herzogthümer Bremen und Verden und des Landes Hadeln zu Stade 7 (1880) S. 75–111.

Nr. 25 Beerbraken

Titel: „Abriß der Bähr-Bracken- und Deich-Arbeit, welche Anno 1721 unter des Herrn Ambts-Vogts Fabricii Inspection geschehen".
Ausführung, Maße, Maßstab: Farbige Zeichnung; 50×72 cm; ca. 1:1000.
Signatur: Niedersächsisches Staatsarchiv Oldenburg, Bestd. 298 FA 68.
Grundlage der Skizze: Tafel 5 in O. Tenge: Der Butjadinger Deichband. Oldenburg 1912.
Literatur: O. Tenge: Der Butjadinger Deichband. Oldenburg 1912. S. 156 f. – Friedrich-Wilhelm Schaer: Zur wirtschaftlichen und sozialen Lage der Deicharbeiter an der oldenburgisch-ostfriesischen Küste in der vorindustriellen Gesellschaft. In: Niedersächsisches Jahrbuch für Landesgeschichte 45 (1973) S. 115–144.

Nr. 26 Dauensfeld

Ohne Titel.
Ausführung, Maße, Maßstab: Kolorierte Zeichnung; 57×45 cm; ca. 1:8700.
Signatur: Niedersächsisches Staatsarchiv Oldenburg, Bestd. 298 Z Nr. 571b.
Grundlage der Beikarte: Ausschnitt aus der Topogr. Karte 1:50 000 Blatt L 2514 Wilhelmshaven (1983).
Literatur: O. Tenge: Der Jeversche Deichband. 2. Aufl. Oldenburg 1898. S. 142 ff.

Nr. 27 Altes Land

Titel: „Plan von der Lage des Elbe-Deiches der I[ten] Meyle Altenlandes, auf welchen zugleich sowohl die Abtheilung der Deichschauungen itziger Zeit mit römischen Zahlen angedeutet und beschrieben stehen, als auch deren Stärcke und Höhe durch nebenstehende Profile vorgestellet und mit ordinairen Zahlen nach der Nummer marquiret, nicht weniger die pro temp. an dem Elbe-Strohm belegenen Schleusen, Siele, Stacken und Schlingen angezeiget sind. Alles auf Verordnung Hochpreisl. Königl. Regierung zu Stade untersuchet und im Plan gebracht Mens. May et Juny 1752".
Ausführung, Maße, Maßstab: Kolorierte Zeichnung, Kopie von F.W. Wille; 51×256 cm; Grundriß ca. 1:3800.
Signatur: Niedersächsisches Staatsarchiv Stade, 41 f/14 k.
Grundlage der Beikarte: Ausschnitt aus der Topogr. Karte 1:50 000 Blatt L 2522 Harsefeld (1984).
Literatur: Peter Adolf Oehr: Das Deichwesen im Alten Land. Diss. Frankfurt 1922. – Ernst Siebert: Entwicklung des Deichwesens vom Mittelalter bis zur Gegenwart. In: Ostfriesland im Schutze des Deiches. Hrsg. von Jannes Ohling. Bd. 2 Pewsum 1969. S. 79–385.

Nr. 28 Juist

Ohne Titel.
Ausführung, Maße, Maßstab: Kolorierte Zeichnung; 32×78 cm; ca. 1:15 000.
Signatur: Niedersächsisches Staatsarchiv Aurich, Rep. 244 B 2605; aus: Rep 4 B II g 121.
Grundlage der Beikarte: Ausschnitt aus der Topogr. Karte 1:100 000 Blatt C 2306 Norderney (1982).
Literatur: Niedersächsische Küste. Historische Karte 1:50 000. Hrsg. v.d. Forschungsstelle Norderney. Nr. 5 mit Beiheft. 1964. – Willy Troltenier: Juist, gestern und heute. Juist 1971.

Nr. 29 Wangerooge

Ohne Titel.
Ausführung, Maße, Maßstab: Kolorierte Zeichnung; 60×109 cm; ca.1:2700.
Signatur: Niedersächsisches Staatsarchiv Oldenburg, Bestd. 298 Z Nr. 592.
Literatur: Friedrich-Wilhelm Schaer: Die wirtschaftliche und soziale Struktur der ostfriesischen Inselbevölkerung vor dem Aufschwung des Badewesens im 19. Jh. In: Jahrbuch der Gesellschaft für bildende Kunst und vaterländische Altertümer zu Emden 63/64 (1984) S. 74–118.

Nr. 30 Abriß von Bunderneuland

Ohne Titel.
Ausführung, Maße, Maßstab: Kolorierte Zeichnung; 42×125 cm; ca. 1:8000 bis 1:14 000.
Signatur: Niedersächsisches Staatsarchiv Aurich, Rep. 244 C 3607; aus: Rep. 101 I 261.
Grundlage der Skizze: Topographischer Atlas Niedersachsen und Bremen. Hrsg. v. H. H. Seedorf. Neumünster 1977. S. 30 (nach Sindowski).
Literatur: Heiko Leerhoff: Wem gehört der Anwachs vor den Deichen? In: Harm Wiemann u. a.: Aus vergangenen Tagen. Chronik der Samtgemeinde Bunde. Bunde 1983. S. 46–60. – Friedrich-Franz Breuel: Geschichte des Anwachsrechtes in Ostfriesland. Göttingen 1954.

Nr. 31 Karte von Bunderneuland (Sems)

Titel: „Copey der Charte von Bunder Neulande, wie solches von dem Ingenieur und Landmesser J. Sems gemessen, verfertigt von J.F. Horst, Ingenieur."
Ausführung, Maße, Maßstab: Kolorierte Zeichnung; 41×66 cm; ca. 1:10 000.
Signatur: Niedersächsisches Staatsarchiv Aurich, Rep. 244 B 772.
Grundlage der Beikarte: Ausschnitt aus der Topogr. Karte 1:100 000 Blatt C 2706 Emden (1980), C 3108 Papenburg (1984).
Literatur: Arend Lang: Kleine Kartengeschichte Frieslands zwischen Ems und Jade. Norden 1962, S. 49 f. – Nieuw Nederlandsch Biografisch Woordenboek 3. 1914. Sp. 1166 f.

Nr. 32 Neuenburger Grodenatlas

Titel des Atlasses: „Delineatio derer im Ambt Newenburg belegenen Alten und Newen Groden, wie dieselben Anno 1635 specialiter gemessen, die Area nach Jücken und Grasen calculiret, reduciret und abgerechnet worden, in unterschiedliche Particular-Tafeln verzeychnet und in eine General-Charta componirt und ubertragen".
Titel der Generalkarte: „General Chart uber die im Ambt Newenburgk belegene Newe Groden, wie dieselben zwischen Tiefen, Balgen und Schlooten itziger Zeit situiret, alles nach dem verjüngten Maasstab componirt und in Grundt gelegt".
Ausführung, Maße, Maßstab: Generalkarte: Kolorierte Zeichnung; 32×40 cm; ca. 1:12 000. Partikularkarte M: Federzeichnung; 32x20 cm; ca. 1 : 3000.
Signatur: Niedersächsisches Staatsarchiv Oldenburg, Bestd. 298 MN.
Grundlage der Beikarte: Ausschnitt aus der Topogr. Karte 1:50 000 Blatt L 2512 Jever (1984), L 2514 Wilhelmshaven (1983).
Literatur: O. Tenge: Der Jeversche Deichband. 2. Aufl. Oldenburg 1898, S. 30 ff. – Heinrich Schmidt: Politische Geschichte Ostfrieslands. Leer 1975.

Nr. 33 Lübbertsfehn

Titel: „Charte von dem Lübbers Fehne, wie solches in dem Jahr 1704 von dem Ingenieur Tönnies gemessen worden ist."
Ausführung, Maße und Maßstab: Kolorierte Zeichnung, Kopie von Mitte des 18. Jhs.; 40×61 cm; ca. 1:6000.
Signatur: Niedersächsisches Staatsarchiv Aurich, Rep. 244 B 306; vgl. Rep. 6 Nr. 11627.
Grundlage der Beikarte: Ausschnitt aus der Topogr. Karte 1:50 000 Blatt L 2510 Aurich (1984), L 2710 Leer (1983).
Literatur: J. C. Freese: Über die Vehne oder Torfgräberei. Aurich 1789. – Jürgen Bünstorf: Die ostfriesische Fehnsiedlung als regionaler Siedlungsform-Typus und Träger sozial-funktionaler Berufstradition. Abhandlungen und Vorträge zur Geschichte Ostfrieslands 45. Aurich 1966.

Nr. 34 Papenburg

Titel: „Abridts von der papenborgischen und ostfrisischen Landscheidung".
Ausführung, Maße, Maßstab: Kolorierte Zeichnung; 70×130 cm; ca. 1:10 000.
Signatur: Niedersächsisches Staatsarchiv Osnabrück, K 52 Papenburg Nr. 2 H.
Grundlage der Beikarte: Ausschnitt aus der Topogr. Karte 1:100 000 Blatt C 3108 Papenburg (1984).
Literatur: A. Hugenberg: Innere Colonisation im Nordwesten Deutschlands. Straßburg 1891. – Jürgen Meyer: Vom Moor zum Meer. Papenburger Schiffahrt in drei Jahrhunderten. Norderstedt 1976.

Nr. 35 Moore zwischen Bremen und Bremervörde

Titel: „General-Charte derer zwischen Bremen und Bremervörde belegenen Mohre, welche insonderheit die theils bebaueten und theils noch anzubauenden Mohr-Gegenden enthält".
Ausführung, Maße, Maßstab: Kolorierte Zeichnung; 44×115 cm; ca. 1:60 000.
Signatur: Niedersächsisches Staatsarchiv Stade, 40/45; über den Endzustand der Findorffschen Moorkolonisation vgl. die gestochene Generalkarte von Friedrich Findorff von 1795, koloriertes Exemplar: Niedersächsisches Hauptstaatsarchiv Hannover, 250 K / 43 pm.
Grundlage der Beikarte: Ausschnitt aus der Topogr. Übersichtskarte 1:200 000 Blatt CC 3118 Hamburg-West (1977).
Literatur: Karsten Müller-Scheeßel: Jürgen Christian Findorff und die kurhannoversche Moorkolonisation im 18. Jahrhundert. Veröffentlichungen des Instituts für historische Landesforschung der Universität Göttingen 7. Hildesheim 1975.

Nr. 36 Elze

Titel: „Compend. Plan der Stadt Eltzer und Mehler Holtzes".
Ausführung, Maße, Maßstab: Kolorierte Zeichnung; 26×45 cm; ca. 1:12 500.
Signatur: Niedersächsisches Hauptstaatsarchiv Hannover, 22 f Elze 13 pm; aus: Hann. 27 Hildesheim Nr. 2781 Bd. V.
Grundlage der Beikarte: Ausschnitt aus der Topogr. Karte 1:50 000 Blatt L 3922 Hameln (1982), L 3924 Hildesheim (1982).
Literatur: August Seidensticker: Rechts- und Wirtschaftsgeschichte norddeutscher Forsten besonders im Lande Hannover. 2 Bde. Göttingen 1896.

Nr. 37 Blankenburger Forsten

Titel der Übersichtskarte: „Geometrische Grundrisse der Hüttenröder, Wentefurter, Heimburger, Wienröder und Blanckenb. Forsten, Felder und Landesgrenzen, so von 1722 bis 1732 aufgenommen worden durch ... von Langen fecit". (Zur Autorfrage vgl. E. Pitz: Landeskulturtechnik usw. Göttingen 1967, S. 276).
Ausführung, Maße, Maßstab: Farbige Zeichnung; Übersichtskarte 52×74 cm; ca. 1:40 000.
Signatur: Niedersächsisches Staatsarchiv Wolfenbüttel, K 20025.
Grundlage der Beikarte: Ausschnitt aus der Topogr. Übersichtskarte 1:200 000 Blatt CC 4726 Goslar (1980).
Literatur: Hans Klages: Die Entwicklung der Kulturlandschaft im ehem. Fürstentum Blankenburg. Forschungen zur deutschen Landeskunde 170. Bad Godesberg 1968. – Zoltan Rozsnyay: Johann Georg von Langen (1699–1776) und seine Bedeutung für die Forstwirtschaft. In: Forstarchiv 47 (1976) S. 140–145, 170–174.

Nr. 38 Wildemann

Ohne Titel.
Ausführung, Maße, Maßstab: Kupferstich (gestochen von Daniel Lindemeier, Maler, Holzschneider und Kupferstecher in Goslar); 23×33 cm; unmaßstäblich.
Signatur: Niedersächsisches Staatsarchiv Wolfenbüttel, K 136
Literatur: Herbert Dennert: Die erste erhalten gebliebene Darstellung vom Stande des Oberharzer Bergbaus im Jahre 1606. In: Harz-Zeitschrift 21 (1969) S. 165–170. – Ernst Pitz: Landeskulturtechnik, Markscheide- und Vermessungswesen im Herzogtum Braunschweig bis zum Ende des 18. Jhs. Göttingen 1967. S. 70 f.

Nr. 39 Stollen zwischen Wildemann und Zellerfeld

Titel: „Grundt- undt Seiger-Abriß folgender Zellerfeldischen Stolln als des Himlischen HeerStollns, 13-Lachter-, 19-Lachter-, 16-Lachter-Stollns undt Francken-Scharrn-Stollns".
Ausführung, Maße, Maßstab: Kolorierte Zeichnung; 44×57 cm; Grundriß ca. 1:1800, Seigerriß ca. 1:3600.
Signatur: Niedersächsisches Staatsarchiv Wolfenbüttel, K 20024.
Grundlage der Beikarte: Ausschnitt aus der Topogr. Karte 1:25 000 Blatt 4127 Seesen (1982), 4128 Clausthal-Zellerfeld (1983).
Literatur: Herbert Dennert: Kleine Chronik der Oberharzer Bergstädte und ihres Erzbergbaus. Clausthal-Zellerfeld 1974.

Nr. 40 St. Andreasberg

Ohne Titel.
Ausführung, Maße, Maßstab: Kolorierte Zeichnung; 43×83 cm; ca. 1:750.
Signatur: Niedersächsisches Hauptstaatsarchiv Hannover, 26 f St. Andreasberg 3 pm.
Grundlage der Beikarte: Ausschnitt aus der Topogr. Karte 1:50 000 Blatt L 4328 Bad Lauterberg (1983).
Literatur: Albrecht Wilke: Der Bergbau im Andreasberger Revier. In: Herbert Dennert: Kleine Chronik der Oberharzer Bergstädte und ihres Erzbergbaus. Clausthal-Zellerfeld 1974. S. 147–159.

Nr. 41 Wegekarte Hannover-Kassel

Titel: „Reiße- und Wege-Carte von Hannover nach Caßel und Hildesheim ...".
Ausführung, Maße, Maßstab: Federzeichnung, Grenzlinien und einzelne Wege farbig; 102×34 cm; ca. 1:120 000.
Signatur: Niedersächsisches Hauptstaatsarchiv Hannover, 21 d / 49 pm.
Grundlage der Beikarte: Ausschnitt aus der Topogr. Karte 1:100 000 Blatt C 4322 Holzminden (1981).
Literatur: Heinrich Bernhards: Zur Entwicklung des Postwesens in Braunschweig-Lüneburg. In: Zeitschrift des Historischen Vereins für Niedersachsen 77 (1912) S. 1–96. – Albert Herbst: Die alten Heer- und Handelsstraßen Südhannovers und angrenzender Gebiete. Landeskundliche Arbeiten des Geogr. Seminars der Universität Göttingen 2. Göttingen 1926. S. 96 ff.

Nr. 42 Neustadt am Rübenberge

Ohne Titel.
Ausführung, Maße, Maßstab: Kolorierte Zeichnung; 42×55 cm; ca. 1:18 000.
Signatur: Niedersächsisches Hauptstaatsarchiv Hannover, 11 f / 14 pm; dazu Cal. Br. 23 b Nr. 543, Hann. 74 Neustadt Nr. 4756 und 4683.
Grundlage der Beikarte: Ausschnitt aus der Topogr. Karte 1:100 000 Blatt C 3522 Hannover Nord (1983).
Literatur: Wilhelm Winkel: Geschichte der Stadt Neustadt a. Rbge. Neustadt a. Rbge. 1966.

Nr. 43 Chaussee Hannover-Hameln

Titel des Werkes: „Situations-Risse der neuerbauten Chausséen des Churfürstenthums Braunschweig-Lüneburg. I. Teil: Die Chaussée von Hannover auf Hameln".

Ausführung, Maße, Maßstab: Kolorierter Stich von Ingenieurleutnant Godhard Christoph Müller; 23×15,5 cm; ca. 1:22 000.
Signatur: Niedersächsisches Hauptstaatsarchiv Hannover, Dep. Bibliothek des Histor. Vereins für Niedersachsen. 1561 fol.; II. Teil: Die Chaussée von Hannover auf Cassel. o. J.: Niedersächsisches Hauptstaatsarchiv Hannover, Mappe 173.
Grundlage der Beikarte: Ausschnitt aus der Topogr. Karte 1:50 000 Blatt L 3724 Hannover (1982).
Literatur: Friedrich Rieckenberg: Aus der Geschichte der Hannoverschen Straßenbauverwaltung. In: Die Straßen im Lande Niedersachsen. Hrsg. v. K. A. Damm. Hannover 1964. S. 8 ff. – Udo Baldermann: Die Entwicklung des Straßennetzes in Niedersachsen 1768–1960. Veröffentlichungen des Nds. Instituts für Landeskunde und Landesentwicklung an der Universität Göttingen A I 87. Göttingen 1968.

Nr. 44 Ems-Aa-Kanalprojekt

Ohne Titel.
Ausführung, Maße, Maßstab: Kolorierte Zeichnung (in der Reproduktion linkes Drittel der Karte fortgelassen); 44×97 cm; zwischen Ems und Aa ca. 1:40 000.
Signatur: Niedersächsisches Staatsarchiv Osnabrück, K 53 Nr. 1 H.
Literatur: Theodor Penners: Das Kreisgebiet im Spiegel alter Landkarten. In: Heimatchronik des Kreises Aschendorf-Hümmling. Köln 1968. S. 175–192.

Nr. 45 Oker-Bode-Kanalprojekt

Ohne Titel.
Ausführung, Maße, Maßstab: Federzeichnung; 16×21 cm; ca. 1:800 000.
Signatur: Niedersächsisches Staatsarchiv Wolfenbüttel, 2 Alt 10 376.
Literatur: Theodor Müller: Schiffahrt und Flößerei im Flußgebiet der Oker. Braunschweiger Werkstücke A 2. Braunschweig 1968. – Ernst Pitz: Landeskulturtechnik, Markscheide- und Vermessungswesen im Herzogtum Braunschweig bis zum Ende des 18. Jhs. Göttingen 1967. S. 84 f.

Nr. 46 Ruthe

Ohne Titel.
Ausführung, Maße, Maßstab: Kolorierte Zeichnung; 46×54 cm; ca. 1:1100.
Signatur: Niedersächsisches Hauptstaatsarchiv Hannover, 22 g Ruthe 11 pm; aus: Hann. 88 C Nr. 631a. Vgl. Hild. Br. 1 Nr. 2077 und 2115; Hann. 74 Calenberg Nr. 217 und 218; Hann. 74 Hildesheim Nr. 337.
Grundlage der Beikarte: Ausschnitt aus der Topogr. Karte 1:25 000 Blatt 3724 Pattensen (1982), 3725 Sarstedt (1982).
Literatur: Heinrich Knösel: Ein Beitrag zur Geschichte der Holzflößerei im niedersächsischen Berglande. In: Niedersächsisches Jahrbuch für Landesgeschichte 11 (1934) S. 131–152.

Nr. 47 Wrisbergholzen

Ohne Titel.
Ausführung, Maße, Maßstab: Kolorierte Zeichnung; 63×33 cm; ca. 1:8000.
Signatur: Niedersächsisches Hauptstaatsarchiv Hannover, 22 a Wrisbergholzen 1 pg; aus: Cal. Br. 10 Nr. 721.
Grundlage der Beikarte: Ausschnitt aus der Topogr. Karte 1:25 000 Blatt 3925 Sibbesse (1982).
Literatur: Wilhelm Hartmann: Schloß Wrisbergholzen im Bild 1589. In: Alt-Hildesheim 32 (1961) S. 64 ff. – Martin Boyken: Die Spruchfliesen von Wrisbergholzen. Hildesheim 1966.

Nr. 48 Oldersum

Ohne Titel.
Ausführung, Maße, Maßstab: Kolorierte Zeichnung (auf der Rückseite Schrägansicht der Burg von Nordwesten, abgebildet bei H. van Lengen, Teil 2, S. 94); 80×61 cm; unmaßstäblich.
Signatur: Niedersächsisches Staatsarchiv Aurich, Rep. 244 B 2892; aus: Rep. 101 I Nr. 297.
Grundlage der Beikarte: Ausschnitt aus der Deutschen Grundkarte 1:5000 Blatt 2610/9 (B 1984) hrsg. v. Katasteramt Aurich.
Literatur: Hajo van Lengen: Geschichte des Emsiger Landes. Abhandlungen und Vorträge zur Geschichte Ostfrieslands 53. 2 Teile. Aurich 1973 u. 1976.

Nr. 49 Braunschweig

Ohne Titel.
Ausführung, Maße, Maßstab: Kolorierte Zeichnung, Johannes Krabbe zugeschrieben (nach J. Mertens); Grundriß 45×51 cm, Klappriß der Palasfront bis zu 7,9 cm, des Doms 7,6 cm, des Löwen 1,8 cm hoch; Grundriß ca. 1:1000.
Signatur: Niedersächsisches Staatsarchiv Wolfenbüttel, K 13 342.
Literatur: Jürgen Mertens: Der Burgplatz am Ende des 16. Jahrhunderts. Arbeitsberichte aus dem Städtischen Museum Braunschweig 28. Braunschweig 1978. – Derselbe: Die neuere Geschichte der Stadt Braunschweig in Karten, Plänen und Ansichten. Braunschweig 1981.

Nr. 50 Lüneburg

Ohne Titel.
Ausführung, Maße, Maßstab: Kolorierte Zeichnung; 28×38 cm; ca. 1:65 000.
Signatur: Niedersächsisches Hauptstaatsarchiv Hannover, 31 k/37 pk; aus: Celle Br. 71 Nr. 427. Vgl. Karte des gleichen Gebietes von Daniel Frese 1580 mit Einzeichnung der Neuen Landwehr: Niedersächsisches Hauptstaatsarchiv Hannover, 31 k/1 pm, abgebildet in Otto Jürgens: Geschichte der Stadt Lüneburg. Hannover 1891.
Grundlage der Beikarte: Ausschnitt aus der Topogr. Übersichtskarte 1:200 000 Blatt CC 3126 Hamburg-Ost (1980).
Literatur: Klaus Friedland: Der Kampf der Stadt Lüneburg mit ihrem Landesherrn. Stadtfreiheit und Fürstenhoheit im 16. Jh. Quellen und Darstellungen zur Geschichte Niedersachsens 53. Hildesheim 1953. – Eckart Thurich: Die Geschichte des Lüneburger Stadtrechts im Mittelalter. Lüneburg 1960. – Neue Deutsche Biographie 5. 1961. S. 404–405: Daniel Fre(e)se.

Nr. 51 Nienburg

Titel: „Abris der Stadt Newenburch an der Weser mit ihren Außenwerken, Revelinen und Bolwerken zu Ehren der ... Herren Burgermeistern und Radt ... in geometrischen Fues gesetzt durch Johannem Hamelmannum Mathematicum. Anno Domini 1634".
Ausführung, Maße, Maßstab: Farbige Zeichnung, am Oberrand stark beschädigt; 74×95 cm; ca. 1:1200.
Signatur: Niedersächsisches Hauptstaatsarchiv Hannover, 12 g Nienburg 1 pg; vgl. Celle Br. 10 Nr. 136.
Grundlage der Beikarte: Ausschnitt aus der Deutschen Grundkarte 1:5000 Blatt 3321/11 (B 1983), 3321/12 (B 1984), 3321/16 (B 1983), 3321/17 (B 1984) hrsg. v. Katasteramt Nienburg.
Literatur: Heinrich Gade: Geschichte der Stadt Nienburg an der Weser. Nienburg 1862. – Nachzeichnung der Karte in: Der Landkreis Nienburg (Weser). Bearb. von Hermann Tickert. Die Landkreise in Niedersachsen 17. Bremen 1959, nach S. 138.

Nr. 52 Christiansburg

Titel: „Christiansburg an der Jaade im Lande Oldenburg ohnweit Varel".
Ausführung, Maße, Maßstab: Kolorierte Zeichnung; 40×54 cm; ca. 1:4500.
Signatur: Niedersächsisches Staatsarchiv Oldenburg, Bestd. 298 Z Nr. 835.

Grundlage der Beikarte: Ausschnitt aus der Topogr. Karte 1:25 000 Blatt 2514 Varel Nord (1983), 2515 Jadebusen (1983), 2614 Varel (1983), 2615 Jade (1983).
Literatur: Ernst Wagner: Aus Varels Vergangenheit. Varel 1909.

Nr. 53 Apen

Titel: „Grundriß und Elevation von der Fortresse Apen".
Ausführung, Maße, Maßstab: Kolorierte Zeichnung (Doppelblatt mit Grundriß und perspektivischer Ansicht in gleichem Maßstab nebeneinander. Hier ist nur die „Elevation" wiedergegeben); Elevation 31×40 cm; ca. 1:730.
Signatur: Niedersächsisches Staatsarchiv Oldenburg, Bestd. 298 Z Nr. 785.
Grundlage der Beikarte: Ausschnitt aus der Topogr. Karte 1:25 000 Blatt 2712 Apen (1984).
Literatur: Dieter Zoller: Burgen und Adelssitze im Ammerland. In: Ringwall und Burg in der Archäologie West-Niedersachsens. Cloppenburg 1971. S. 67 ff.

Nr. 54 Neuenburg

Titel: „Abris von dem Herschaftlichen Hause zur Nienburg nebst dessen Prospect, wie selbiger Anno 1712 den 26 Februarij sich befunden. Par W. A. Hunrichs".
Ausführung, Maße, Maßstab: Kolorierte Zeichnung: 55×32 cm; Grundriß ca 1:550.
Signatur: Niedersächsisches Staatsarchiv Oldenburg, Bestd. 298 Z Nr. 1333a; aus: Bestd. 20–11 Nr. 1.
Grundlage der Beikarte: Ausschnitt aus der Deutschen Grundkarte 1:5000 Blatt 2613/5 (B 1984), 2613/11 (B 1984) hrsg. v. Katasteramt Varel.
Literatur: Johann Just Winkelmann: Oldenburgische Friedens- und der benachbarten Örter Kriegs-Handlungen. Oldenburg 1671 (darin Stich von dem „kunstlustigen Garten zur Nienburg"). – Wilhelm Janßen: Burg und Schloß Neuenburg. Entstehungs- und Baugeschichte. Oldenburg 1978.

Nr. 55 Clemenswerth

Titel: „Plan general des batiments et dependances du chateau de Clemenswerts".
Ausführung, Maße, Maßstab: Kolorierte Zeichnung; 50×35 cm; ca. 1:3500.
Signatur: Niedersächsisches Staatsarchiv Osnabrück, K 51 Clemenswerth Nr. 4 H.
Grundlage der Beikarte: Ausschnitt aus der Topogr. Karte 1:25 000 Blatt 3111 Sögel (1980).
Literatur: Walter Borchers: Zum Schaffen Johann Conrad Schlauns und seines Künstlerstabes im Osnabrücker Raum. In: Osnabrücker Mitteilungen 68 (1959) S. 133–220.

Nr. 56 Hannover

Titel: „Grundriß der Stadt nebst dem Project von Hannover".
Ausführung, Maße, Maßstab: Kolorierte Zeichnung; 57×49 cm; ca. 1:4300.
Signatur: Niedersächsisches Hauptstaatsarchiv Hannover, 12 c Hannover 1, 19 pm; vgl. Hann. 41 IX Nr. 16. Varianten: Niedersächsisches Hauptstaatsarchiv Hannover 250 K/311 pm und im Stadtarchiv (Faksimiledruck eines Exemplars aus dem Stadtarchiv in: Hannover Archiv. Ergänzungsedition. Hrsg. v. Henning Borek. Hannover 1980. Bd. 1 Nr. 10).
Grundlage der Beikarte: Ausschnitt aus der Topogr. Karte 1:25 000 Blatt 3624 Hannover (1982).
Literatur: Siegfried Busch: Hannover, Wolfenbüttel und Celle. Stadtgründungen und Stadterweiterungen in drei welfischen Residenzen vom 16. bis zum 18. Jh. Quellen und Darstellungen zur Geschichte Niedersachsens 75. Hildesheim 1969.

Nr. 57 Wilhelmstein

Titel: „Plan der Wilhelms-Insuln".
Ausführung, Maße, Maßstab: Kolorierte Zeichnung (J. F. A. Sustmann zugeschrieben) mit Eintragungen des Grafen Wilhelm zu Schaumburg-Lippe; 54×75 cm; Plan 1:325, Profile 1:220.
Signatur: Niedersächsisches Staatsarchiv Bückeburg, F 1 A XXXV 18. 166a Mappe 6; Ansicht F 1 A XXXV 18.214
Literatur: Wilhelm Graf zu Schaumburg-Lippe: Schriften und Briefe. Hrsg. von Curd Ochwadt. Veröffentlichungen des Leibniz-Archivs 6. Bd. 1 und 2. Frankfurt a. M. 1976 u. 1977. – Das Steinhuder Meer. Eine Sammlung von Nachrichten und Beschreibungen bis 1900. Hrsg. von Curd Ochwadt. Hannover 1967.

Nr. 58 Wilhelmsteiner Feld

Titel: „Plan des Wilhelmsteiner Feldes und der zunächst angrenzenden Gegend. Gezeichnet im Junius 1775".
Ausführung, Maße, Maßstab: Schwach kolorierte Federzeichnung (in der Reproduktion unteres Drittel fortgelassen); 63×41 cm; ca. 1:6600.
Signatur: Niedersächsisches Staatsarchiv Bückeburg, F 1 A XXXV 18. 166a Mappe 6; „Figur des Fisches": F 1 A XXXV 18. 164.
Grundlage der Beikarte: Ausschnitt aus der Topogr. Karte 1:50 000 Blatt L 3520 Rehburg-Loccum (1978), L 3522 Garbsen (1982).
Literatur: Wie Nr. 57.

Nr. 59 Altstadt Bremen

Titel des Kartenwerkes: „Ichnographia von der Kayserlichen und des Heiligen Römischen Reichs Stadt Bremen, worin sowohl in einem General-Plan die gantze Stadt..., als in einem vergrößerten Plan von der Alt-Stadt die Herrschaftlichen Dom-Capituls-Gebäude ... weniger nicht die von Königlicher Structur relevirende Plätze mit verschiedenen Farben angezeiget sind, denen von einem jeden derer privative Herrschaftl. Dom-Capituls-Häuser ... speciale Grund-Profil- und Facaden-Risse beygefüget sind."
Titel der abgebildeten Karte: „Grund-Riß von der Alt-Stadt Bremen...".
Ausführung, Maße, Maßstab: Kolorierte Zeichnung; 70×155 cm; ca. 1:1250.
Signatur: Niedersächsisches Staatsarchiv Stade, Mappe 2. Vgl. Staatsarchiv Bremen, 6.22–V.a.1.; 6,27–II.a.; 6,27–II.c.; 6,29–XIII.a.5 ; 1,501.
Grundlage der Beikarte: Ausschnitt aus der Deutschen Grundkarte 1:5000 Blatt Bremen-Altstadt (1984) hrsg. v. d. Kataster- und Vermessungsverwaltung Bremen. Vervielfältigung mit Genehmigung des Herausgebers – 1/85.
Literatur: Wilhelm Lührs: Der Domshof. Geschichte eines bremischen Platzes. Veröffentlichungen aus dem Staatsarchiv der Freien Hansestadt Bremen 45. Bremen 1979. S. 14–23, 35–37.

Nr. 60 Dekanathof in Bremen

Titel: „Grund- und Standrisse von denen Dom-Capituls-Gebäuden sub Numeris 105... (bis) 118, wie selbige nebeneinander und in einem Umfange belegen sind".
Ausführung, Maße, Maßstab: Kolorierte Zeichnung; 45×64 cm; ca. 1:190.
Signatur: Niedersächsisches Staatsarchiv Stade, Mappe 2. Vgl. Staatsarchiv Bremen, 6.2–F.3.a.I.1.Vol. II; 6,21–IV.b.12.; 6,22–XII.a.. 6,29–X.a. Nieders. Staatsarchiv Stade, Rep. 5a, Fach 319, Nr. 70; Rep. 5a, Fach 320, Nr. 89; Rep. 5a, Fach 323, Nr. 197.

Nr. 61 Hoitlingen

Titel: „Plan von den Dorfe Hoidlingen".
Ausführung, Maße, Maßstab: Kolorierte Zeichnung; 46×33 cm; ca. 1:2000.
Signatur: Niedersächsisches Staatsarchiv Wolfenbüttel K 14 005.
Grundlage der Beikarte: Ausschnitt aus der Deutschen Grundkarte 1:5000 Blatt 3530/5 (B 1984) hrsg. v. Katasteramt Gifhorn.

Literatur: Eberhard Tacke: Der Wiederaufbau des Hoitlinger „Sacks" nach dem Brande vom 16. September 1766. Mit Bemerkungen zur Theorie der Rundlingsdörfer im östlichen Niedersachsen. In: Neues Archiv für Niedersachsen 19 (1970) S. 62–72. – Wolfgang Meibeyer: Der Rundling – eine koloniale Siedlungsform des hohen Mittelalters. In: Niedersächsisches Jahrbuch für Landesgeschichte 44 (1972) S. 27–49.

Nr. 62 Pattensen

Titel: „Grundriß der meistens abgebrandten Stadt Pattensen, wie selbige vor entstandenen Brande mit Wohnhäusern, Scheuren und Ställen angebauet gewesen".
Ausführung, Maße, Maßstab: Kolorierte Zeichnung; 46×64 cm; ca. 1:1300.
Signatur: Niedersächsisches Hauptstaatsarchiv Hannover, 12 h Pattensen 2 pm; aus: Hann. 93, 44 Pattensen Nr. 4 Bd. I.
Skizze: Umzeichnung des Wiederaufbauplans von Pattensen. Von H. D. Niemeyer. 1733. Niedersächsisches Hauptstaatsarchiv Hannover, 12 h Pattensen 3 pm.
Abbildung zweier Bürgerhäuser: Aus Heinrich Jürgens (s. u.) S. 70.
Literatur: Heinrich Jürgens: Baugeschichte der niedersächsischen Kleinstädte im Kalenberger und Hildesheimer Land insbesondere der Stadt Pattensen an der Leine. Wirtschaftswissenschaftliche Gesellschaft zum Studium Niedersachsens e. V. A 54. Oldenburg 1940.

Nr. 63 Vorwerk Jade

Titel: „Der Wurp".
Ausführung, Maße, Maßstab: Kolorierte Zeichnung; 26×39 cm; Flurgrundriß ca. 1:8200.
Signatur: Niedersächsisches Staatsarchiv Oldenburg, Bestd. 298 Z Nr. 619.
Grundlage der Beikarte: Ausschnitt aus der Topogr. Karte 1:25 000 Nr. 2615 Jade (1983).
Literatur: Hermann Goens: Die Bauernhöfe der Moormarsch und des Wüstenlandes. In: Oldenburger Jahrbuch 33 (1929) S. 1–96, bes. S. 72 f. – Graf Anton Günther von Oldenburg (1583–1667). Archivalienausstellung des Niedersächsischen Staatsarchivs in Oldenburg. Veröffentlichungen der Niedersächsischen Archivverwaltung, Beiheft 7. Göttingen 1967. S. 49 f.

Nr. 64 Uphusen

Ohne Titel.
Ausführung, Maße, Maßstab: Kolorierte Zeichnung; 52×58 cm; ca. 1:8700.
Signatur: Niedersächsisches Staatsarchiv Aurich, Rep. 244 Nr. Mp 139 j.
Grundlage der Beikarte: Ausschnitt aus der Topogr. Karte 1:50 000 Blatt L 2708 Emden (1984).
Literatur: Wolfgang Meibeyer: Die Kulturlandschaft östlich von Emden um 1670 mit besonderer Berücksichtigung der Flurformen. In: Jahrbuch der Gesellschaft für bildende Kunst und vaterländische Altertümer zu Emden 46 (1966) S. 159–178. – Stefan Pötzsch: Johann von Honart und Johann Baptist Regemort. Zwei niederländische Ingenieure und ihre ostfriesischen Karten. In: Jahrbuch der Gesellschaft für bildende Kunst und vaterländische Altertümer zu Emden 62 (1982) S. 103–111.

Nr. 65 Wittorf

Titel: „Plan von denen an die Dorfschaft Wittorf Amts Rotenburg gehörenden Zehnt-Ländereien, so vermessen im Aprilo und May 1754".
Ausführung, Maße, Maßstab: Kolorierte Zeichnung; 77×92 cm; ca. 1:3700.
Signatur: Niedersächsisches Staatsarchiv Stade, 42 l Wittorf 1 pg; aus: Rep. 74 Rotenburg Dom. Fach 57 Nr. 22.
Grundlage der Beikarte: Ausschnitt aus der Topogr. Karte 1:25 000 Blatt 2923 Bothel (1981).
Literatur: Hermann Bollenhagen: Das ländliche Flurbild im Kreise Rotenburg und seine Umgestaltung durch Gemeinheitsteilung und Verkoppelung. In: Rotenburger Schriften 3 (1955) S. 15–30.

Nr. 66 Wüstung Steder

Titel: „Accurate Carte von den zu Gehren Amts Calenberg belegenen, dem Closter Amte Barsinghausen zustehenden Zehnten. Vermessen und aufgetragen Mense October et November 1764".
Ausführung, Maße, Maßstab: Kolorierte Zeichnung; 77×181 cm; ca. 1:1900.
Signatur: Niedersächsisches Hauptstaatsarchiv Hannover, 12 e Gehrden 5 k; Zehntbeschreibung dazu: Hann. 75 Nr. 847.
Grundlage der Beikarte: Ausschnitt aus der Topogr. Karte 1:25 000 Blatt 3623 Gehrden (1982).
Literatur: Georg Friedrich Fiedeler: Das Kirchspiel Gehrden. In: Zeitschrift des Historischen Vereins für Niedersachsen, Jg. 1862. S. 145–242. – August Kageler: Gehrden. Entwicklung und Schicksale einer calenbergischen Kleinstadt. Gehrden 1950. – Käthe Mittelhäußer: Die Siedlungen des Calenberger Landes. Ein siedlungsgeographischer Beitrag zur Landeskunde. Diss. rer. nat. TH Hannover. Hannover 1948. – Dieselbe: Landschaftsgefüge der Gehrdener Berge im Wandel der Zeit. In: 117. Bericht der Naturhistorischen Gesellschaft zu Hannover. 1973. S. 281–294.

Nr. 67 Marienburg

Titel: „Geometrica arcis et praefecturae Marienburgensis descriptio qua omnes et singuli agri, campi, prata et pascuae eo pertinentes, viae et semitae aliaeque res notatu dignae distincte et acurate ostenduntur".
Ausführung, Maße, Maßstab: Kolorierte Zeichnung, 70×115 cm; ca. 1:3600.
Signatur: Niedersächsisches Hauptstaatsarchiv Hannover, 22 i Marienburg 5 m; dazu Hild. Br. 2 E Nr. 12 und 53.
Grundlage der Beikarte: Ausschnitt aus der Topogr. Karte 1:50 000 Blatt L 3924 Hildesheim (1982), L 3926 Bad Salzdetfurth (1982).
Literatur: Die Kunstdenkmäler der Provinz Hannover. II. Regierungsbezirk Hildesheim. 3. Der Kreis Marienburg. Bearb. v. Heinrich Siebern und D. Kayser. Hannover 1910. S. 106–113. – Gerda Wangerin: Die Wasserburg „Castrum Mariae" im ehemaligen Bistum Hildesheim. In: Burgen und Schlösser 18 (1977) S. 73–85.

Nr. 68 Ämter Stadthagen und Hagenburg

Titel: „Carte von den Hochgräflich Schaumburg-Lippischen Ämtern Stadthagen und Hagenburg und zwar wie das erstere vollständig von 1743 bis 1749 gemessen, das andere aber, so weit die Vermessung damit von 1750 biß 1751 gekommen".
Ausführung, Maße, Maßstab: Kolorierte Zeichnung auf Pergament; 64×99 cm; 1:24 000.
Signatur: Niedersächsisches Staatsarchiv Bückeburg, S 1 A 10061; vgl. L 2 L 27 Nr. 10, 11, 16–21, 23 u. K 1 M 194a.
Grundlage der Beikarte: Ausschnitt aus der Topogr. Übersichtskarte 1:200 000 Blatt CC 3918 Hannover (1983).
Literatur: Walter Großmann: Niedersächsische Vermessungsgeschichte im 18. u. 19. Jh. In: C. F. Gauß und die Landesvermessung in Niedersachsen. Hannover 1955. S. 27. – Richard Blohm: Die Hagenhufendörfer in Schaumburg-Lippe. Schriften des niedersächsischen Heimatbundes NF 10. Oldenburg 1943. – Jürgen Asch: Grundherrschaft und Freiheit. In: Niedersächsisches Jahrbuch für Landesgeschichte 50 (1978) S. 107–192.

Nr. 69 Groß Twülpstedt

Ohne Titel.

Ausführung, Maße, Maßstab: Kolorierte Zeichnung, unterer Teil mit Wasserschäden; 58×88 cm; 1:4000.

Signatur: Niedersächsisches Staatsarchiv Wolfenbüttel, K 3311; Dorf-, Feld- und Wiesenbeschreibung dazu: 20 Alt 156.

Grundlage der Beikarte: Ausschnitt aus der Topogr. Karte 1:25 000 Blatt 3631 Groß Twülpstedt (1981). Einzeichnung der Gemarkungsgrenze nach der „Karte des Landes Braunschweig im 18. Jh." (s. u.).

Literatur: Hartwig Kraatz: Die Generallandesvermessung des Landes Braunschweig von 1746 bis 1784. Schriften der Wirtschaftswiss. Gesellschaft zum Studium Niedersachsens e. V. NF 104. Göttingen 1975. – Ernst Pitz: Landeskulturtechnik, Markscheide- und Vermessungswesen im Herzogtum Braunschweig bis zum Ende des 18. Jhs. Göttingen 1967. S. 345 ff. – Karte des Landes Braunschweig im 18. Jh. [Umzeichnung der Feldrisse im Maßstab 1:25 000, ohne Parzellen- und Wannengrenzen]. Veröffentlichungen der Histor. Kommission für Niedersachsen XXIII. Hannover 1956–1964. (Vertrieb: Niedersächsisches Landesverwaltungsamt – Landesvermessung – Hannover).

Nr. 70 Oesede

Titel: „Carte von der Feldmark der zum Hochfürstlichen Amte Iburg im Kirchspiel Oesede belegenen Dörfer Bauerschaft, vermessen im Jahre 1787".

Ausführung, Maße, Maßstab: Kolorierte Zeichnung; 73×117 cm; 1:3840.

Signatur: Niedersächsisches Staatsarchiv Osnabrück, K 100 Nr. 1 V 3a H; Vermessungsregister Rep. 100 a V 3 II.

Grundlage der Beikarte: Ausschnitt aus der Topogr. Karte 1:25 000 Blatt 3714 Osnabrück (1982), Blatt 3814 Bad Iburg (1983).

Literatur: Joseph Prinz: Die ältesten Landkarten, Kataster- und Landesaufnahmen des Fürstentums Osnabrück. In: Osnabrücker Mitteilungen 64 (1950) S. 110 ff. – Günther Wrede (Hrsg.): Johann Wilhelm Du Plat. Die Landesvermessung des Fürstbistums Osnabrück 1784–1790. Reproduktion der Reinkarte im Maßstab 1:10 000 mit Erläuterungstext. Osnabrücker Geschichtsquellen VI. Lfg. 1 ff., 1955 ff.; Blatt Oesede in Lfg. 2, 1959.

Nr. 71 Herzberg

Ohne Titel.

Ausführung, Maße, Maßstab: Kolorierte Zeichnung; 58×87 cm; 1:21 333.

Signatur: Niedersächsisches Hauptstaatsarchiv Hannover, Mappe 102 Bl. 152.

Grundlage der Beikarte: Ausschnitt aus der Topogr. Karte 1:25 000 Blatt 4327 Gieboldehausen (1983), 4328 Bad Lauterberg (1982).

Literatur: Georg Schnath: Die kurhannoversche Landesaufnahme des 18. Jhs. und ihre Kartenwerke. In: Derselbe: Ausgewählte Beiträge zur Landesgeschichte Niedersachsens. Hildesheim 1968. S. 258–279. – Kurhannoversche Landesaufnahme des 18. Jhs. [Reproduktion des Kartenwerks im Maßstab 1:25 000.] Veröffentlichungen der Histor. Kommission für Niedersachsen XXVI. Hannover 1959–1963 (Vertrieb: Niedersächsisches Landesverwaltungsamt – Landesvermessung – Hannover). Ausschnitt aus dieser Reproduktion (Blatt 13 Stade): siehe hinteres Vorsatzblatt.

Nr. 72 Moorriem

Ohne Titel.

Ausführung, Maße, Maßstab: Vogteikarte: Kolorierte Zeichnung; 61×43 cm; 1:20 000. Probekarte: Federzeichnung; 38×33 cm; ca. 1:53 000.

Signatur: Niedersächsisches Staatsarchiv Oldenburg, Bestd. 298 Vogteikarte Nr. 12a; Probekarte: Bestd. 298 Z Nr. 12a.

Grundlage der Beikarte: Ausschnitt aus der Topogr. Karte 1:25 000 Blatt 2716 Elsfleth (1984).

Literatur: Otto Harms: Die amtliche Topographie in Oldenburg und ihre kartographischen Ergebnisse. I. Die Landesvermessung von 1781. In: Oldenburger Jahrbuch 60 (1961) S. 1–38. – Moorriem. Landes-, volks- und sachkundliche Darstellung der Entwicklung in einer Großgemeinde. Hrsg. v. Karl Veit Riedel. Oldenburger Studien 7. Oldenburg 1972. – Moorriem – eine Flurbereinigung im Küstengebiet. Eine Dokumentation von Johann Schmidt im Auftrag der Teilnehmergemeinschaft der Flurbereinigung Moorriem. Oldenburg 1981. – Oldenburgische Vogteikarte um 1790 [Nachzeichnung im Maßstab 1:25 000]. Veröffentlichungen der Histor. Kommission für Niedersachsen XXIX. Oldenburg 1960 ff. (Vertrieb: Kartogr. Verlag E. Völker, Oldenburg); Vogtei Moorriem auf Blatt 2716 Elsfleth (1965) und 2816 Berne (1964).